확신의 힘

WISHES FULFILLED
Copyright © 2012 by Wayne W. Dyer
All rights reserved.

Korean translation copyright © 2013 by Book21 Publishing Group
Korean translation rights arranged with Hay House Inc.
through EYA(Eric Yang Agency)

이 책의 한국어판 저작권은 EYA(Eric Yang Agency)를 통한
Hay House Inc.사와의 독점계약으로 한국어판권을 (주)북이십일이 소유합니다.
저작권법에 의하여 한국 내에서 보호를 받는 저작물이므로
무단전재와 무단복제를 금합니다.

Wishes Fulfilled

적극적이고 긍정적인 변화의 시작
확신의 힘

웨인다이어 지음 · 김아영 옮김

21세기북스

| 일러두기 |
이 책에서 인용하는 성경 구절은 '공동번역'을 기준으로 삼았다.

CONTENTS

서문 9

1부 확신하기 위해 알아야 할 것들

1 과거의 '나'는 미련없이 버려라

나에 대한 믿음이 '나'를 만든다 46
평범에서 비범으로 51
불가능은 없다 54
우리는 정말 생각을 할까 57
나를 변화시키는 실천 전략 60

2 내 안의 창조적 에너지를 발견하라

나는 누구인가 63
삶을 움직이는 불꽃을 찾아서 67
내 안에 전지전능함이 있다 70
창조적 에너지를 끌어내기 위한 실천 전략 73

3 내 안에 살아 있는 창조자를 만나라

준비된 사람에게는 나타난다 81
우리는 신과 같은 존재다 88
나를 결정하는 '나' 91
내 안의 창조자를 만나기 위한 실천 전략 98

2부 '확신의 힘'을 키우는 5단계 기술

4 1단계 이미 이루어진 것처럼 상상하라

상상하면 이루어진다　106
상상, 이렇게 하라　109
보이는 것을 창조하는, 보이지 않는 힘　115
상상의 힘을 키우는 실천 전략　124

5 2단계 이미 이루어진 것처럼 살아라

주문을 외워봐　129
이미 모두 이루어졌다　133
내가 바라는 삶을 쓰다　140
이상을 현실로 만들다　142
자기 확신대로 살기 위한 실천 전략　145

6 3단계 이미 이루어진 것처럼 느껴라

느낌을 바꾸면 운명이 변한다　149
생각을 만들어 각인시켜라　153
잠재의식을 움직여라　155
좋은 기분으로, 넘치는 사랑으로 갈등을 풀다　159
감각을 부인하라　164
생각을 느낌으로 잇기 위한 실천 전략　167

7 [4단계] 원하는 것에만 집중하라

선택은 우리의 몫   171
원하는 것이 떠오르면 해야 할 일들   181
몰입을 위한 실천 전략   191

8 [5단계] 잠재의식 속으로 들어가라

잠재의식을 만나는 시간   197
잠재의식은 하드디스크다   205
당신이 잠든 사이   208
깨어서도 꿈꿔라   215
잠재의식과 창조적으로 협력하기 위한 실천 전략   218

9 확신하는 대로 살기 위한 7가지 질문

질문 1 자연스러운 느낌이 드는가?   221
질문 2 아이앰 존재에게 당당히 명령을 내리는가?   225
질문 3 내가 원하는 것은 최상위 자아와 일치하는가?   229
질문 4 나는 판단, 비판, 비난에서 자유로운가?   233
질문 5 내 기도가 이미 실현된 것처럼 기도하는가?   237
질문 6 내 마음은 무한한 가능성에 열려 있는가?   241
질문 7 신의 주파수에 맞춰 명상하는가?   277

요약   281
주석   282

"지금 누가 그대를 붙잡고 있는지 알겠는가?"
"죽음."
나는 말했다. 그러나 낭랑한 대답이 울렸다.
"죽음이 아니라 사랑이다."

−엘리자베스 배럿 브라우닝

서문

나는 내 인생을 크게 바꿔준 몇몇 사건을 소개하면서 이 책을 시작하기로 했다. 그 경험들은 이 책에 담긴 핵심적인 메시지를 담고 있기도 하다. 이 책이 만들어지는 동안 일어난 이 뜻깊은 사건들은 아주 흥미롭고 희망적인 시너지와 동시성, 즉 한데 모여서 더욱 큰 의미를 전해주는 한편 단순한 우연으로만 설명할 수 없는 요소를 담고 있다. 이 책을 통해 내가 제공하려는 것은 일종의 프로그램이다. 여러분은 이 프로그램 덕분에 원하는 바를 모두 삶 속에 나타나게 하는 능력을 반드시 갖게 될 것이다. 그 소망이 자기 존재의 근원과 일치하기만 한다면 말이다. 감사하게도 나는 책을 쓰는 동안 이 프로그램이 일상에서 어떻게 작용하는지 직접 경험할 수 있었고 개인적으로 겪은 이 기적 같은 사건들을 여러분과 공유하기로 했다.

이 지구라는 행성에서 70대의 나이에 접어들면서 지난날을 돌아보니 그저 '나타난' 것으로만 보이던 중요한 인생사들이 떠오른다. 이제 와서 보니 그런 사건들이 에고(ego)에 이끌려가던 내 인생의 방향을 돌려놓는 데 영향을 미쳤음을 알 수 있다. 우리 대부분이 그렇겠지만, 이런 특이하고 주목할 만한 사건이나 사람이 삶에 나타났을 당시에 나는 넓은 시각으로 접근할 수 없었다. 그런데 지금 소원을 이루면서 살아가는 방법을 영적인 측면에서 돌아보고 글을 쓰는 입장이 되어보니, 과거 사건들은 현재의 나에게 경외심을 불러일으키고 깊은 의미를 갖는 거대한 태피스트리(색실로 그림이나 무늬를 짜 넣은 직물로, 주로 벽에 걸어 장식함—옮긴이) 안의 작은 조각처럼 보인다.

성 프란체스코

내 삶에 '나타난' 한 사람은 저 옛날 13세기 인물로, 지금은 '아시시의 성 프란체스코'라고 알려져 있다. 나는 어린 시절 위탁 가정을 전전했기 때문에 특정 종교의 영향을 거의 받지 않았다. 가톨릭에 대해서도 전혀 몰랐고 성자나 교리에 대해서도 들어본 적이 없었다. 하지만 불가사의한 (하지만 지금은 훨씬 덜 불가사의해진) 이유로, 이 수도사는 내 인생 여정에 가장 강렬하고 놀라운 인상을 남기게 된다.

성 프란체스코는 크고 아름다운 액자에 담긴 '성 프란체스코의 기도문'을 통해 내 인생에 처음으로 영향을 미치기 시작했다. 약 25년 전에 어떤 강연회에서 받은 액자였다. 나는 그 액자가 맘에 들었고 기도에 담긴 메시지가 인상적이었기 때문에 아이들 방 앞의 복도에 걸어두었다. 그리고 10여 년 동안 최소한 만 번 이상 그 기도문 앞을 지나쳤을 것이다. 나는 종종 그 앞에 서서 기도문을 몇 줄 읽고 그 안에 담긴 놀라운 기적을 묵상했다. "저로 하여금 미움이 있는 곳에 사랑을, 어둠이 있는 곳에 빛을 가져오게 하소서."

이 구절은 기도라기보다 일종의 기법 같았다. 신에게 간구하기보다는 우리 스스로 사랑과 빛이 됨으로써 미움을 사랑으로 바꾸고 어둠을 빛나게 할 수 있다고 생각하는 것은 멋진 일이었다. 이 기도는 우리 인류가 스스로 변한다면 괴로움과 고통을 완전히 다른 것으로 바꿀 수 있다는 말처럼 들렸고, 나는 정말로 그렇게 되면 어떨까 하는 생각을 자주 했다. 하지만 지금 생각해보면 당시 내가 성 프란체스코의 메시지대로 살 준비가 되어 있지 않았음을, 아니 이렇게 책을 쓸 준비도 되어 있지 않았음을 알겠다.

어쨌든 피에트로 디 베르나르도네의 아들 프란체스코가 내 삶에 들어와 서서히 나에게 영향을 미치기 시작했다. 1990년대에 아시시를 방문했을 때 이유는 알 수 없지만 마치 고향에 머무는 것처럼 편안했다. 나는 성 프란체스코가 거닐던 들길을 걸었고 그가 기도하던 작은 예배당에서 묵상했다. 그의 무덤 앞에 섰을 때는 800년 전에 살았던 그와 하나가 된 것 같은 강렬한 느낌에 넋을 빼앗기기도 했다.

나는 성 프란체스코에 대한 글을 읽기 시작했다. 그리고 어떤 것도 자신의 목표를 방해하지 못하게 하겠다는 결심과 다르마(dharma, 광범위한 의미가 있지만 운명 혹은 법칙 속에서 진리로 나아가는 길이나 의무를 의미하며 흔히 법法으로 풀이함-옮긴이)를 이루려는 불타는 소망에 대단히 감명을 받았다. 나 역시 그때까지 하던 일을 계속해야 한다는 내면의 사명을 느꼈기 때문이다. 그 내면의 목소리는 한때 길을 벗어났던 나를 신성한 사명, 즉 날마다 글을 쓰며 살아가는 길로 다시 인도해주었다.

약 10년 전 나는 '모든 문제엔 영적인 답이 있다(There's a Spiritual

Solution to Every Problem, 우리나라에는 '마음의 습관'이라는 제목으로 소개되었다 – 옮긴이)'라는 제목으로 책을 쓰려고 했지만 어떻게 써야 할지는 확실히 알지 못했다. 하지만 깊은 명상 중에 힘찬 목소리가 들려왔다. "너의 집 벽에 걸린 '성 프란체스코의 기도'를 바탕으로 써라." 너무나 명확하고 순수한 환상을 경험한 순간 이미 책이 쓰인 것 같은 느낌이 들었다. 내가 할 일은 '성 프란체스코의 기도'가 말하듯이 나 자신이 '평화의 도구가 되도록' 하는 것뿐이었다.

나는 아시시로 돌아가서 또 한 번의 기적을 경험했다. 내 몸이 치유된 것이었다. 이 일은 지금까지도 의사인 내 친구들과 내게 불가사의한 일로 남아 있다(치유 및 성 프란체스코의 환상에 대한 이야기는 내가 출연한 영화 『시프트』에도 나온다). 이 13세기 수도사는 내 앞에 나타남으로써, 그리고 신의 존재를 깨닫고 살아가는 사람에게는 아무런 한계도 없이 어떤 일이든 일어날 수 있음을 보여줌으로써 다시 한 번 내 삶을 바꿔놓았다.

나는 두 번째 아시시 방문에 대해 자세히 기록한 후에 힘들이지 않고 이 책을 계속 써나갔다. 게다가 '모든 문제엔 영적인 답이 있다'라는 주제가 공영 방송에서 특집으로 다뤄졌고, 삶을 변화시키는 이 심오한 진리에 대해 내가 글을 쓴 덕분에 수많은 사람들이 손쉽게 성 프란체스코의 가르침을 접하게 되었다.

몇 년 전 나는 우리 시대의 위대한 작가인 니코스 카잔차키스가 성 프란체스코의 생애를 각색한 소설에 빠져들었다. 나는 요즘도 종종 이 놀라운 소설을 읽고 나면 늘 눈시울을 적시거나 더 높은 의식 상태로 옮겨가게 된다.

　1년 전쯤 깊은 명상 도중에 유럽에 있는 영적인 도시 세 곳에 사람들을 데려가야겠다는 강한 소명을 느꼈다. 그 세 도시는 프랑스의 루르드, 보스니아헤르체고비나의 메주고레, 그리고 당연하게도 이탈리아의 아시시였다. '기적 체험'이라고 불린 이 여정에는 세계 각국에서 162명의 사람들이 참여했다. 이 여정의 주요 일정은 13세기, 19세기, 20세기에 실제로 기적이 일어났던 성지를 방문하는 것이었다. 나는 이 비범한 세 장소에서 각각 두 시간씩 강연을 했다. 여행의 첫날 밤, 아시시에서 열린 모임에서 나는 우리가 진정으로 성 프란체스코의 목표를 실현하고 있다고 모두에게 말했다. 성 프란체스코의 목표는 세계 전역에 그리스도에 대한 인식을 전파하되, 하나의 교구에서 시작하여 한 도시, 한 나라를 대상으로 하나씩 실행하는 것이었다. 10대 청소년부터 80대 노인까지 각 대륙에서 모여든 온갖 직종과 종파에 속한 사람들이 모두 같은 생각을 품고 있었다. 즉 '평화의 도구'로 쓰이기를 원하는 사람들이 이 세상에 가득하도록 도움으로써 우리의 가장 깊은 소원이 이루어진 세상을 만들고자 하는 것이었다.

　나로서는 두 번째로 방문한 신성한 도시 아시시에서 맞는 두 번째 날, 162명 모두 오래된 교회에 모였다. 수백 년 전에 지어진 이 교회는 성 프란체스코가 머물면서 프란체스코회를 창설한 곳이었다. 이 거룩한 건물에서 두 시간짜리 강연이 거의 끝나갈 때쯤 뭔가 내 몸을 차지하고 있다는 느낌이 들면서 아무 말이 나오지 않았다. 40여 년간 대중 강연을 하면서 단 한 번도 경험해보지 못한 일이었다. 카잔차키스의 『성자 프란체스코』를 낭독하고 있던 나는 결국 굳어버리고 말았다. 몸을 움직일 수가 없었다. 나는 갑자기 흐느끼다시피 격렬하게 헐떡이기 시작했고, 청중은 모두 일어나 말없이 내 쪽으로 손을 뻗었다. 정말로 초자연적인 일이 일어나고 있음을 모두 알고 있었던 것이다.

이때 내가 예수의 초상 아래에서 강연하고 있는 사진이 많이 찍혔다. 그런데 그 사진들을 보면 커다란 구체(球體)가 곳곳에 찍혀 있다. 이 구체에 대해서는 책을 읽어나가면서 차차 알게 될 것이다.

확실히 말할 수 있는 것은 내가 성 프란체스코의 힘을 몸속에서 또 한 번 느꼈다는 사실이다. 성 프란체스코의 말이나 내 주변 상황을 통해서만이 아니다. 나는 그가 '내 안에서' '나 자신이 된' 사건도 경험했다. 이 사건을 지켜보던 162명은 집단적인 다르마를 이루기 위해 모인 사람들로서 처음에는 내 머릿속에만 존재했지만 나중에는 활발히 활동하는 세력으로 이 세상에 자리 잡았다. 지금 생각해보면 이들은 세상의 영적 각성에 일종의 촉매와 같은 역할을 했던 것 같다. 성 프란체스코가 내 인생에 들어온 계기들을 돌이켜보면 당시 나는 그저 소명을 다했을 뿐, 그 계기들의 중요성을 알지는 못했던 것 같다. 또한 성 프란체스코가 내 삶에 들어와 나를 영적으로 각성시킨 것은 단순한 우연이 아니었고 정말로 그의 주관 아래 내가 나아갈 방향을 바꾸었음을 고백하지 않을 수 없다. 당시 성 프란체스코는 말 그대로 내 안에 살다시피 했다.

이제 성 프란체스코의 이야기는 이 정도로 하고 6년 전 내 인생에 들어와 빛을 발했던 또 하나의 존재에 대해 이야기해보겠다.

노자

2005년경 나는 영적인 내용을 담은 『도덕경(道德經)』을 다시 공부하게 되었다. 『도덕경』은 2500년 전 고대 중국의 영적 지도자였던 노자(老子)의 가르침을 모은 책이다. 81수의 짧은 시(詩)로 구성된 이 작은 책은 인류 역사상 가장 지혜로운 가르침을 담은 책으로 불리기도 했다. 도(道)는 내 인생에서 그리 중요한 가르침이 아니었다. 적어도 내가 도에 대해 잘 몰랐을 때는 그러했다. 하지만 65세의 나는 『도덕경』을 읽고 또 읽으면서 교훈을 얻고 있음을 깨달았다. '도덕경'이라는 제목을 해석하면 '위대한 마음으로 사는 법' 정도가 될 것이다.

나는 『도덕경』에서 자주 인용되는 구절을 내 책에 인용하기도 했지만, 어쩐 일인지 2005년에는 『도덕경』이 매일같이 내 삶에 등장하다시피 했다. 식당 메뉴판에 『도덕경』의 내용이 몇 줄 쓰여 있는 것도 보았고 텔레비전에서 그보다 길게 인용되는 장면도 보았다. 또 서점에서는 내 책 바로 옆에 『도덕경』 번역본이 잘못 꽂혀 있기도 했고, 절친한 친구가 자신이 어떻게 노자 철학에 심취해 평화를 얻게 되었는지 말해주기도 했다. 또 모르는 사람이 보낸 카드 한 벌에는 『도덕경』에 쓰인 81수의 시와 함께 황소를 탄 노자의 그림도 들어 있었는데 그 그림은 마치 나에게 말을 거는 듯했다. 전에는 겪어보지 못한 일이었다.

그러던 어느 날 아침, 명상을 하던 나는 『도덕경』을 전부 읽어야겠다는 강한 충동을 느끼고 그날로 바로 실행했다. 그날 저녁에는 출판사에 전화를 걸어 『도덕경』에 대한 책을 써보고 싶다고 말했다. 고대 철학자인 노자의 지혜를 현대에 적용하는 방법에 대해서 81수의 시 하나하나를 짧게 해설하고 『서양이 동양에게 삶을 묻다』라는 한 권짜리 책을 낼 생각이었다. 이때부터 나는 지난 10여 년간 성 프란체스코에게 느꼈던 유대감을 노자에게도 똑같이 느끼기 시작했다. 이른 아침 명상에서는 노자의 목소리가 들리기 시작했다.

나는 'HayHouseRadio.com'에서 일주일에 한 번씩 방송하는 라디오 프로그램을 통해 이런 일들을 이야기했다. 방송 중에 매갈리라는 이름의 화가가 영적으로 노자의 화상(畵像)을 보고 거의 무의식 상태에서 그림을 그려 나에게 보냈다고 말했다. 바로 다음 날 그림을 받은 나는 2006년 한 해 동안 그 그림에 실제로 말을 건네며 지냈다.

나는 일주일 중 나흘하고도 반을 『도덕경』 연구, 묵상, 사색, 분석에 할애했다. 마지막 반은 노자의 화상을 놓고 명상을 한 뒤 떠오르는 대로 자유롭게 글을 썼다. 이렇게 2006년 한 해는 온전히 노자와 교감하면서 보냈다. 노자의 화상을 응시하고, 집필실을 이리저리 돌아다니는 나를 따라다니는 그의 눈을 바라보면서 말이다. 더 중요한 사실은 마음속에서 그의 이야기를 듣고 그 이야기가 자유롭게 종이 위로 흘러나오도록 했다는 점이었다.

『도덕경』에 푹 빠져 지낸 한 해는 내 인생을 바꿔놓았다. 이때 나는 겸손의 본질을 배우고 실천했고, 삶에서 신비함과 만족, 단순함과 평온함을 느꼈으며, 신앙이 아닌 자연에서 신을 발견했다. 노자는 나에게 한결같은 친구가 되어주었고 『도덕경』은 나뿐만 아니라 수많은 사람들을 깨우침의 길로 이끌었다. PBS 방송에서는 미국과 캐나다를 주요 시청 지역으로 하여 기금 모금 방송을 수천 번이나 했고 가끔 황금 시간대에도 방송을 내보냈는데, 나는 그 시간에 노자가 주창한 고대 지혜의 정수를 전할 수 있었다. 나는 노자가 떠나고 25세기가 지난 이 시대에 그 설득력 있는 메시지를 수많은 사람들에게 전파하는 도구가 되었다. 보이지 않는 도나 신성한 영혼만이 알 수 있을 신비한 방식으로 말이다.

성 프란체스코와 노자 그리고 그들의 가르침은 여전히 내 삶에서 아주 중요한 위치를 차지한다. 나에게 중요한 영적 스승이 되어주었을 뿐 아니라 내 삶에 들어옴으로써 이 책을 읽을 여러분을 포함해 수많은 사람들에게 영향을 미쳤다.

브렌다의 편지

이번에는 이 책의 머리말을 준비하고 있던 며칠 전에 받은 놀라운 편지를 소개하겠다. 부디 열린 마음으로 읽어주기 바란다. 이 책을 읽기 시작한 여러분에게 이 편지가 무슨 의미가 있는지는 편지를 소개한 후에 설명하겠다.

웨인 박사님께,
기적은 정말 일어나네요. 제가 최근에 겪은 일을 박사님과 꼭 나누고 싶어요. 박사님도 제가 경험한 이 기적과 관련이 있으니까요.

몇 달 전 박사님의 '기적 체험' 여행에 대해 듣고는 저도 가야겠다는 생각이 들더군요. 그런데 지금은 큰 변화를 겪는 시기라서 사정이 좀 복잡하기 때문에 유럽에 따라갈 계획을 세우려면 그야말로 기적이 일어나야 할 것 같았어요. 하지만 전 어떤 일이든 불가능하지 않다고 생각하며 제 의도를 소리 내서 말했어요. "나는 웨인 박사님과 함께 기적을 체험할 거야." 그다음 일은 신에게 맡겼지요.

몇 달이 지났지만 상황이 좀처럼 변하지 않았기 때문에 기적 체험 여행은 여전히 신청하지 못했어요. 하지만 저는 박사님과 함께 기적을 체험하리라는 사실을 알고 계속해서 믿었어요. 비록 현실은 "그럴 일은 없을 것 같은데"라고 말하고 있었지만요. 4월이 시작될 무렵 바쁜 와중에 열네 살배기 딸 에밀리와 함께 캐나다의 킬로나에서 열리는 음악제에 가야 했어요. 여덟 시간이나 운전해야 했지만 에밀리가 오페라에 푹 빠져 있었기 때문에 킬로나에 가서 전문가들과 함께 활동할 기회를 갖는다는 건 분명 기쁜 일이었죠. 저는 마침 거기 사시는 부모님께 그쪽으로 가겠다고 전화를 드렸어요.

엄마에게 우리가 언제 도착할지 알리고 잠깐 이런저런 이야기를 나누는데 뒤에서 아버지가 뭐라고 중얼거리시더군요. 엄마가 전해 주었죠. "너희 아빠가 그러는데 웨인 다이어 박사가 화요일 밤에 버넌에 온다는구나." 저는 정신을 차리고 바닥에 떨어진 전화기를 집어 들고서 우리가 가는 날짜에 박사님이 오시는지 아버지에게 물어본 다음 인터넷으로 표를 샀어요. 신이 절 유럽에 데려다놓는 대신 친절하게도 박사님을 저에게 데려다주다니. 말할 필요도 없이 너무나 짜릿한 기분이었어요.

강연이 있던 날 밤, 저는 잔뜩 기대에 들떠 열네 번째 줄에 앉았어요. 그런데 박사님이 무대로 걸어 나왔을 때 이상한 일이 벌어졌어요. 예전에 어떤 남자아이가 〈아베 마리아〉를 부르자 커다란 후광이 그 아이 주변에 나타난 적이 있어요. 처음에는 제 편두통 때문인가 싶었지만 빛은 그 아이 주변에서만 보였거든요. 그때와 똑같은 빛이 박사님을 감싸고 있었어요. 박사님이 무대 어느 쪽으로 움직이든 그 빛은 박사님만 따라다녔어요. 전 그게 무대 조명이나 연출인 줄 알았는데 박사님을 소개하는 여자분 주변에는 후광이 없더라고요.

그때 더 이상한 일이 일어났어요. 성 프란체스코에 대해 이야기하고 있을 때 바로 제 눈앞에서 박사님의 모습이 변했어요. 아시시의 성 프란체스코다운 생김새에 긴 옷을 입은 모습으로요. 단 몇 분이었지만 굉장히 강렬하고 감동적인 사건이었죠. 그리고 너무나 진짜 같았어요.

하지만 그보다 더욱 이상한 일이 일어났어요. 박사님이 노자에 대해 이야기하자 노자의 모습으로 변한 거예요! 머리는 길게 땋아 내렸고, 얼굴은 완전히 노자로 바뀌었어요. 이번에도 아주 잠깐 동안이었지만 영원히 기억에 남을 경험이었죠.

휴식 시간에 아버지는 화장실에 가셨고, 저는 눈물도 좀 닦고 다리도 펴줄 겸 자리에서 일어나 있었어요. 그때 제 손을 잡는 따뜻한 손이 느껴져 내려다보니 나이가 아주 많고 체구가 작은 부인이 멋진 미소를 띠고서 저더러 옆에 앉아보라고 하더군요. 제가 앉자 그 부인은 제 눈을 똑바로 들여다봤어요. 저한테서 빛이 나고 있어서 저를 계속 쳐다봤다면서요. 마치 천사를 보는 것 같았다고 하더라고요. 저는 사로잡힌 듯 부인의 눈을 바라보면서 그 반짝이는 녹색 눈동자를 어디서 본 것 같다는 생각을 했어요. 우리는 이야기를 나누면서 동시에 같은 말을 하기도 했어요. "우리는 모두 똑같은 존재예요"라든가 "사랑밖에 없죠"라는 말, 그리고 깊은 영적인 문제들에 대한 얘기였어요. 그 대화는 마치 꿈같았지만 그걸 깨닫기도 전에 박사님이 다시 등장해서 마술처럼 멋진 무대를 만들기 시작했어요. 저는 그 부인과 연락하고 지내야겠다고 마음먹고 프로그램이 끝나면 그분께 이름과 연락처를 받으려고 했어요. 이렇게 좋은 맘을 먹었지만, 끝나고 자리에서 일어나자 그 부인은 사라지고 없더군요. 고작 두 자리 옆에 앉았는데도 그분이 나가는 모습을 보지 못했기 때문에 저는 깜짝 놀랐어요.

아버지와 함께 그곳을 나와 주차장에서 차를 뺄 때 백미러로 제 눈을 보았어요. 바로 그때 저는 그 반짝이는 녹색 눈동자를 어디서 봤는지 깨달았어요.

있을 수 없는 일일까요? 글쎄요, 가능한 일인지도 모르죠. 그날 밤 일을 설명할 수는 없지만, 그렇게 특이하고 멋지게 웨인 박사님과 함께 '기적 체험'을 할 수 있었다는 것에 대해 매일 감사해요.

나마스테, 브렌다 바빈스키 드림.

'반짝이는 녹색 눈동자'에 대한 이야기가 의아하게 느껴질 수도 있지만, 나는 그 이야기를 충분히 이해한다. 이 이야기를 듣고 우리 일곱 아이의 엄마인 마르셀린이 바로 떠올랐기 때문이다. 마르셀린이 맏아들 셰인을 낳을 때 겪었던 일을 이야기해준 적이 있다. 마르셀린은 마취를 하지 않으려고 했기 때문에 병원 침대에 누워 산통을 겪고 있었다. 그때 눈에 띌 정도로 붉은 머리의 간호사가 다가와서 땀을 닦아주고 어떻게 호흡해야 할지 부드럽고 다정하게 이야기하면서 아기를 낳는 동안 쭉 곁에 있어주었다. 다음 날 마르셀린이 그 놀라우리만치 헌신적이었던 간호사에 대해 묻고 어떻게 감사해야 할지 모르겠다고 말하자 그런 간호사는 없다는 대답이 돌아왔다. 어쩌면 천사의 인도였는지도 모르겠다. 브렌다가 그 자그마한 노부인을 만난 일도 어쩌면 최상위 자아와의 조우였는지 모른다(3장을 참조하라).

브렌다의 편지를 소개한 이유는 소원이 성취된 느낌을 마음속에 품으면 어떤 일이 가능한지 보여주기 위해서다. 여기에 대해서는 6장에서 자세히 이야기할 것이다. 브렌다의 편지를 읽고 제일 먼저 떠오른 생각은 나의 에고에서 그대로 나온 것이었다. '난 전생에 노자로 태어났다가 다시 성 프란체스코로 태어났던 것은 아닐까? 내가 얼마나 중요한지, 그리고 내가 이곳을 영적으로 깨우치기 위해서 하고 있는 일이 얼마나 중요한지 보라고.' 그 후 홍콩에 거주하는 작가 아니타 무르자니와 통화하면서 브렌다의 편지를 읽어주었더니 아니타는 에고에서 나온 내 생각들을 금세 잠재워주었다. 아니타가 말하기를 '저쪽 세상에서의 경험으로 얻은 교훈은 단 하나, 모든 것이 동시에 일어나고 있다는 사실이라고 했다. 과거와 미래는 없고 모두 하나로서 지금에만 존재한다는 것이다. 다시 말해 우리가 동시에 진행되는 여러 개의 평행 인생(parallel lives)을 살고 있다고 말하는 것이 가장 그럴듯하다고 했다.

과거와 미래, 즉 시간에 따른 의식의 변화가 존재하지 않는다는 개념이 얼마나 혼란스러운지는 나도 안다. 이런 생각을 할 수 있는 유일한 수단인 뇌마저 탄생과 죽음을 맞이하고 시간에 따라 변하는 신체의 일부라고 생각하면 특히 그렇다. 모든 일이 동시에 일어난다는 생각은 굉장히 불가사의하지만 나는 꿈속이나 깊은 명상 상태에서 이 비선형성(非線形性)을 어렴풋이 느껴보았다. 사망 판정을 받은 아니타가 치유의 여행을 시작할 때 만물의 하나됨(oneness)과 지금(now)이 그녀에게 어떤 느낌으로 다가왔는지 더 자세히 알고 싶다면 아니타의 『그리고 모든 것이 변했다』를 읽어보기 바란다.

· · ·

이 책을 읽으면서 세상에 나타나게 하고 싶은 대상을 몸으로 느낄 수 있다는 것이 얼마나 중요한지에 주목해보기 바란다. 특히 우리가 이 지구의 물질계에서 진정으로 성스러운 존재임을 안다는 것이 어떤 의미인지에 주의를 기울여보라. 앞으로 거듭 강조할 것은 소망을 이루면서 살고자 할 때 상상이 중요하다는 점이다. 하지만 상상은 생각으로 통제할 수 있는 영역이다. 일단 어떤 사람이 되고 싶은지 상상했다면 그 상상의 결과에 따라 살라고 권하고 싶다. 그 모습이 물질적 영역에서 이미 실현된 것처럼.

내가 여러 해 동안 성 프란체스코와 노자의 가르침에 따라 해온 일은 지적인 측면에서 그 메시지를 실천하는 것이었다. 즉 나는 그들에 대해 글을 쓰고 강의하고 분석하고 해석했고, 이 작업은 모두 내 머릿속에서 이루어졌다. 하지만 성 프란체스코와 노자의 존재를 만난 그 시기에는 이 신성한 스승들의 가르침을 단지 지적인 측면에서만 다루지 않았다. 그날 밤 버넌에서 무대에 올랐을 때, 그리고 아시시에서 강연하면서 성 프란체스코에게 압도당했을 때 나는 그들을 몸으로 느꼈고 마치 내가 그들 자신이 된 것처럼 메시지를 실천했다. 다시 말해 그들이 설파한 진리를 깨닫고 싶다는 소망이 이미 이루어진 느낌을 받아들였다. 되고자 하거나 갖고자 하는 대상을 열정적으로 느낄 수 있다면 그것이 최상위 자아와 어긋나지 않는 이상 나는 그것이 되고 그것은 내가 된다.

이 심오한 메시지를 가르치는 일은 단순한 지적 활동을 넘어선다. 나는 그 메시지를 느낀다. 내가 무대에 섰을 때 브렌다 바빈스키가 순간적으로 목격한 현상도 바로 그런 것이다. 상상하라. 그것이 현실인 것처럼 살라. 비난하지 마라. 하지만 여기서 가장 중요한 점은 그 대상에 대한 느낌을 받아들이는 것이다. 그러면 나는 그것이 되고 그것은 내가 된다. 내가 소망과 하나가 되므로 그 둘은 더 이상 분리되어 있지 않다.

브렌다가 나를 보러 왔던 날, 내가 무대 위에 앉아서 책에 사인을 하는 동안 그 하키 경기장 전체가 빛나는 구체로 가득 찼다. 마치 내가 성 프란체스코와 노자의 영적 진리를 느끼고 존재의 중심에 받아들임으로써 두 개의 진리가 하나로 통합되는 듯했다. 이 구체는 아시시의 교회에서 찍은 사진에도 나타난다. 바로 성 프란체스코가 살면서 이야기하던 장소에 내가 서서 이야기하며 몸소 그의 존재를 느꼈던 그때다(본문 컬러 화보 참조). 내가 그 위대한 스승들의 모습으로 바뀌는 현상을 누군가 보았다고 해서 내가 몇 세기 전에 그들이었을지도 모른다고 생각하지는 않는다. 나는 그저 우리가 가장 바라는 것을 이미 존재하는 사실로 느끼고 지성의 차원을 넘어 꾸준한 열정으로 그 안에서 살아갈 때 그 소원과 하나가 된다는 것을 알았다. 더불어 '신을 깨달은 존재에게는 물질계의 법칙이 적용되지 않는다'는 진리를 깨달았을 뿐이다.

니콜레트

이 책의 독특한 주제를 고스란히 전하기 위해 일화를 하나 더 소개하기로 한다. 말하자면 우리 모두의 내면에는 '나는 곧 나(I am that I am)'로 불리는 신성한 불꽃이 있는데, 그것을 싹틔우고 길러주면 놀라울 정도의 기적을 일으킬 수 있다는 것이다.

2011년 5월 나는 마우이 해변을 산책하다가 한 무리의 여자들과 마주쳤다. 그중에는 스무 살 난 아가씨와 그녀의 엄마도 있었다. 엄마인 린다가 나를 알아본 덕에 우리는 간단히 이야기를 나누기 시작했다. 그리고 린다의 딸 니콜레트를 바라보다가 문득 그녀가 안면 마비로 고생하고 있음을 알아차렸다. 그녀의 얼굴은 마비되어 일그러져 있었다. 왼쪽 얼굴 전체의 근육이 굳어버린 것 같았다. 나는 무언가에 끌린 듯이 손을 뻗어 니콜레트의 얼굴을 만져보면서 왜 이렇게 되었느냐고 물었다. 이것이 바로 두 모녀의 허락을 받아 여기에 싣게 된 기나긴 이야기의 시작이었다. 이 이야기를 실은 이유는, 신성과 조화를 이루는 소원을 성취하는 데 우리의 가장 본질적인 부분인 내면의 힘('아이앰 존재'라고 부르자)을 사용하면 어떤 일이 가능한지 사례를 보여주기 위해서다.

나는 그 여자들을 우리 집으로 초대해서 내가 몇 달간 글을 쓰고 몰두하던 소원 이루기에 대해 이야기해주어야겠다는 생각을 했다. 나는 니콜레트의 엄마와 할머니 그리고 니콜레트 엄마의 두 친구가 지켜보는 가운데 니콜레트와 한 시간 남짓한 시간을 보냈다. 그동안 뭔가 몽롱하고 신비로운 기운이 나뿐만 아니라 방 전체에 활기를 불어넣고 있는 것이 몸으로 느껴졌다.

니콜레트와의 대화가 끝나갈 때쯤 나는 그녀에게 내 친구인 케이트 매키넌과 한 시간 정도 만났으면 한다고 말했다. 두개천골 치료사(두개천골 치료란 두개골과 엉덩이뼈인 천골에 손으로 미세한 압력을 주어 뇌 척수액의 흐름을 조절하는 대체의학 요법-옮긴이)인 케이트는 나를 치료해주기 위해 근처에 와 있었다. 나는 다음 날 내 이름으로 예약된 시간에 나 대신 니콜레트를 보냈다. 다음 이야기는 당시 사건에 대한 서술이다. 첫 번째 글은 니콜레트의 엄마 린다가 케이트에게 쓴 편지다.

안녕하세요, 케이트 선생님.

하와이에 오기 전까지 니콜레트는 웨인 다이어 박사님을 전혀 몰랐다는 사실을 말해주고 싶군요. 대학생이라서 평소엔 수업, 약속, 과제, 파티로 정신이 없어요. 웨인 박사님의 강연을 듣거나 책을 읽어본 적도 없죠. 지금은 『의도의 힘』이라는 책을 읽고 있긴 하지만 여전히 웨인 박사님에 대해서는 거의 아는 게 없어요.

토요일에 저는 남편 고드, 아들 제이슨과 함께 하와이에 도착했어요. 그다음 날 니콜레트가 브리티시컬럼비아 주의 빅토리아 시에서 전화를 했어요. 전날 밤에 이상하게 머리가 아프더니 이젠 얼굴 왼쪽에 점점 감각이 없어지고 있다더군요. 한쪽 얼굴은 미소 짓는 것조차 힘들어서 걱정이라고 말이에요. 그 애가 휴대전화로 자기 사진을 찍어서 보내주기에 혹시 뇌졸중 같은 병일지 모르니 응급실에 가서 검사를 받아보라고 했어요. 니콜레트는 과제도 너무 많고 기말고사도 준비해야 하는 데다 몸 상태도 안 좋아서 병원에 갈 수가 없다고 하더라고요. 저는 전문가의 의견을 들어봐야 한다고 주장했죠. 니콜레트는 곧바로 병원에 가서 여러 가지 검사를 받았어요.

한 시간쯤 지나 니콜레트에게서 전화가 왔어요. 원인불명의 심각한 안면 신경 마비로 진단받았다고 하더군요. 의료진은 안면 마비를 일으킬 수 있는 다양한 원인을 검토해봤지만 안면 마비 말고는 딱히 다른 증상이 없었기 때문에 어떻게 손을 대야 할지 몰랐죠. 니콜레트는 항바이러스제와 다량의 소염제를 투여받았어요. 생명이 위험한 상태는 아니었기 때문에 의사들은 "안됐지만 모든 조치를 취했습니다. 이제 기다리는 수밖에 없어요"라고 말했고, 니콜레트는 퇴원해서 집으로 돌아갔어요.

니콜레트는 슬픔에 빠져 제정신이 아니었어요. 무척 속상해하면서 우리에게 전화를 했죠. 전 이렇게 제안했어요. "의사 선생님이 괜찮다고 했으니 너도 하와이에 올래? 아니면 엄마가 집에 가서 같이 있어줄까"라고요. 니콜레트는 하와이에 가도 되는지 확인받기 위해 이틀 동안 여러 의사에게 진찰을 받은 후 화요일에 하와이에 도착했어요.

니콜레트가 하와이에 도착했을 때는 마비가 더 심해진 상태였어요. 확실히 상태가 나빠지고 있었죠. 그 후로도 며칠 동안 계속 상태가 악화됐어요. 저는 평소 우리를 봐주던 의사에게 연락하고 얼굴이 완전히 마비된 니콜레트의 사진을 보냈어요. 사진으로 봐선 심각한 상태라고 하더군요. 일부만 회복될 수도 있고 아예 회복되지 않을 가능성도 크다면서 마음의 준비를 해야겠다고 했어요. 게다가 람세이-헌트 증후군(바이러스가 주요 원인인 안면 신경 마비-옮긴이)으로 보이는 이런 종류의 마비는 꽤 고통스러울 수도 있고 신경이 손상되면 심한 부작용이 나타날 수도 있다고 했죠.

전 의사의 조언대로 약국에 가서 눈을 완전히 덮는 안대와 인공눈물을 샀어요. 니콜레트의 왼쪽 눈이 감기지 않았기 때문에 궤양을 방지하기 위해서였죠.

일주일쯤 지나도 마비 증상에는 차도가 없었어요. 왼쪽 얼굴을 움직일 수 없었고 혀 왼쪽으로는 아무런 맛도 느끼지 못했어요. 왼쪽 눈썹 부근의 신경이 완전히 망가져서 눈을 감을 수도 없었고 콧구멍과 입도 움직일 수 없었어요. 뭔가를 씹기도 어려웠고요. 니콜레트는 스트레스를 받고 괴로워하면서 쿡쿡 쑤시는 통증에 시달리는 상태였어요.

이때 우주가 끼어들었죠. 산책로에서 웨인 다이어 박사님을 만난 거예요.

우리는 웨인 박사님의 콘도에 한 시간 정도 있었어요. 웨인 박사님은 니콜레트의 마음과 치유에 온전히 집중했어요. 니콜레트는 자신에게 치유의 힘이 있다는 말을 듣고 당장 치유되기를 원했지만 뭘 어떻게 시작해야 할지는 몰랐죠. 웨인 박사님은 니콜레트의 얼굴에 손을 얹고 그 아이가 받아들일 때까지 같은 말을 반복했어요. 바로 "난 마비되지 않았다!"라는 말이었어요. 그 모습을 지켜보던 제 친구들은 눈물을 흘렸고, 저희 어머니는 놀라워했어요. 우리가 콘도에서 나올 때, 웨인 박사님은 니콜레트에게 다음 날 두개천골 치료사에게 반드시 치료를 받아야 한다고 했어요. 문제는 시간이었기 때문에 박사님 이름으로 잡은 시간에 니콜레트가 대신 가게 얘기를 해두었죠.

니콜레트는 치유되리라는 새로운 기대에 크게 감사하며 치료받기 시작했어요. 하지만 니콜레트는 스트레스를 받아 절박한 상태였기 때문에 온전히 '문제를 내려놓고 신에게 맡길' 수 없고, 바로 그것이 치유를 가로막는 장애물이라고 말했어요. "긴장을 푸는 법도 모르는데 어떻게 육체적으로 이완하고 스스로 치유할 수 있겠어요?"라고 말이에요.

니콜레트는 선생님에게 이런 걱정을 표현했고 선생님도 그 아이의 말을 이해하셨죠. 웨인 박사님처럼 선생님도 니콜레트에게 얼굴이 마비되기 전에 무슨 일이 있었느냐고 물으셨고, 니콜레트는 이렇게 대답했죠. "아무 일도 없었는데요. 다 잘되고 있었어요. 경제학과 컴퓨터공학 과목의 기말고사 공부를 하고 있었어요. 미술 수업 때문에 그림을 한 장 그려야 했고 글도 한 편 써야 했어요. 룸메이트는 이사 나갈 예정이었고, 저는 몬트리올 맥길 대학교의 편입 허가를 초조하게 기다리고 있었죠. 할 일이 많긴 하지만 잘 처리하고 있었어요."

선생님은 니콜레트에게 이렇게 말씀하셨죠. "니콜레트, 그건 아무것도 아닌 게 아니야. 많은 일이 있잖니. 이렇게 보면 마음과 그 속에 가득한 스트레스가 몸에 어떤 영향을 미치는지 알 수 있지. 이 문제는 몸과 마음의 연결에 대한 문제이기도 하고, 몸과 마음의 '단절'에 대한 문제이기도 해."

니콜레트와 저는 밴쿠버로 돌아오자마자 주치의를 만났어요. 그 사람은 제 딸이 그야말로 '아주 적절한' 사례라고 말하더군요. 그의 표정이나 하와이에 있을 때의 통화 내용으로 미루어보아 사실상 심각한 상태라는 말이었고 니콜레트도 그 말뜻을 알아들었어요. 자기 상태가 심각하다는 사실은 알았지만 신경 쓰지 않았어요. 이미 치유되고 있다고 생각했죠. 이어서 주치의는 통계적으로 회복

속도가 다양할 수 있음을 보여주고, 이런 유형의 마비는 (그나마 회복이 가능하다는 전제하에) 치유에 2년 이상 걸릴 수도 있다면서 마음의 준비를 하라고 했어요. 우리는 4주 안에 한 번 더 약속을 잡아 신경과 전문의에게 진찰을 받아볼 예정이었어요.

니콜레트는 하와이에 다녀올 동안 미뤄둔 일들을 처리하느라 곧바로 빅토리아 대학교로 돌아갔기 때문에 언제부터 눈에 띄게 회복되었는지는 확실히 말씀드릴 수가 없네요. 그 아이는 상태가 진전되리라고 확신하면서 학교로 돌아갔어요. 니콜레트가 주치의의 말을 듣고도, 또 여전히 얼굴이 마비된 상태였음에도 우리 곁에 있지 않고 바로 학교로 돌아간 것이 놀라웠죠.

제가 뭐라고 말하든, 어떻게 생각하든, 니콜레트는 정말로 확신에 차서 이렇게 말했어요. "엄만 뭘 모르시네! 웨인 박사님 말씀 못 들었어요? 전 치유되었고 더 이상 마비된 상태가 아니에요. 저도 그렇게 말했는데, 못 들었어요? 어디가 이해가 안 되는 거예요? 전 치유됐어요. 엄마랑 세상 사람들이 아직 못 보는 것뿐이죠."

4주가 지난 지금 니콜레트는 완전히 회복되었어요.

나마스테, 린다 드림.

니콜레트는 자신의 몸이 소원과 완전히 반대되는 모습을 보이는데도 "나는 치유되었다", "나는 마비되지 않았다"라고 말했다. 이 말이 여러분에게는 이상하거나 터무니없게 들릴 수도 있다. 하지만 이 책을 읽어나가다 보면 이해되리라고 장담한다. 이번에는 니콜레트가 그

당시를 회상하며 두개천골 치료사인 케이트 매키넌에게 보낸 편지를 살펴보자.

안녕하세요, 케이트 선생님.

웨인 다이어 박사님의 라디오 프로그램이 오늘 방송된다고 엄마에게 알려주셔서 정말 감사해요. 오늘 저녁에 가족들과 함께 들었어요. 우리 모두에게 이렇게 놀라운 이야기를 들을 수 있게 해주셔서 감사드려요. 라디오로 웨인 다이어 박사님을 만나는 건 정말로 놀라운 경험이었어요. 선생님께 어떻게 감사를 드려야 할지 모르겠어요.

4월의 첫날, 처음으로 안면 마비라는 진단을 받았을 때는 왼쪽 아랫입술이 오른쪽만큼 잘 움직이지 않는 정도였지만 나흘 후에는 왼쪽 얼굴 전체가 움직이지 않았어요. 왼쪽 눈이 감기지 않아서 밤마다 눈꺼풀을 테이프로 붙여둬야 했지요. 좋아질 거라고 아무리 생각해도 마비 증상은 날마다 악화되더라고요. 전 스스로 왼쪽 얼굴을 전혀 통제할 수 없다는 결론을 내렸어요. 영영 나을 수 없을지도 모르고, 낫는다 해도 몇 년이 걸린다더군요. 전 좌절했고, 비참한 상태로 괴로움에 시달리고 있었어요.

그러다 마우이를 떠나기 전날 웨인 다이어 박사님을 만났죠. 전 그분이 누군지도, 무슨 일을 하는지도 몰랐어요. 다이어 박사님은 제 상태를 살펴보신 후에 제 얼굴에 손을 얹고서 저에게 스스로 치유할 힘이 있음을 가르쳐주셨어요. 저는 그저 마비되지 않은 상태가 어떤 느낌인지만 생각하면 되었죠. 그래서 전 작년에 친구가 찍어준 사진 속에서 마비되지 않은 얼굴로 미소 짓던 제 모습을 떠올렸어요. 마음속, 상상 속에서 원하던 바가 그대로 몸에 표현된다는 말이 무슨 뜻인지 알겠더라고요. 여기서 현현(顯現)과 치유가 시작되는 거죠. 저는 이렇게 생각하기 시작했어요. 사고방식을 바꿔서 마비되지 않았다는 인식과 저 자신을 연결지으면 결국 제 몸이 새로운 생각을 반영할 거라고 말이에요. 이때 다이어 박사님이 선생님에게 치료를 받으라고 강력히 권하면서 선생님의 연락처를 주셨어요. 그래서 선생님께 전화를 했고, 친절한 다이어 박사님 덕택에 다음 날 치료를 받게 된 거예요.

다이어 박사님과 만난 직후에는 제가 마비되지 않았다고 생각하기가 힘들었어요. 뭘 하든지 마비된 상태를 의식할 수밖에 없었으니까요. 제대로 씹을 수도 없었고, 맛을 느끼기도 어려웠고, 단어를 발음하기가 불편했거든요. 낮에는 눈이 종일 말라 있었고 밤에는 인공눈물을 넣고 테이프로 눈꺼풀을 붙여놔야 했어요.

또 생각할 것도 많았어요. 성적에 60퍼센트 이상 반영되는 기말고사를 일주일 안에 두 번 봐야 하는 데다 빅토리아 대학교에 계속 다니면서 맥길 대학교로 옮겨갈 기회를 잡으려면 학점도 유지해야 했어요. 새집도 3주 안에 알아봐야 했고요. 생각할 건 많고 마비 때문에 뭘 하든 불편했어요. 그 스트레스를 전부 붙들고서 마비된 상태에 집중하고 있었던 거예요. 그것들이 제 생활에 부정적인 영향을 주길 바라지는 않았지만 그렇게 되어버렸어요.

다이어 박사님과 만난 다음 날 저는 선생님에게 치료를 받으러 갔어요. 선생님은 저에게 마비가 일어나기 전에 무슨 일이 있었느냐고 물으셨고 전 이렇게 대답했죠. "아무 일도 없었는데요. 다 잘되고 있었어요." 저는 스스로 공부 시간도 잘 관리하고 있고, 경제학, 컴퓨터공학, 미술 수업도 잘 따라잡고 있다고 느꼈어요. 룸메이트는 이사할 예정이었고, 저도 마찬가지였어요. 맥길 대학교에서 편입 허가가 나기를 초조하게 기다리고 있기도 했고요.

일이 많다고 생각하기는 했지만 스트레스를 받고 있다고 느끼지는 않았어요. 오히려 스트레스를 좀 더 받아야 된다고 생각하기까지 했죠.

선생님은 이렇게 말씀하셨어요. "니콜레트, 그건 아무것도 아닌 게 아니야. 많은 일이 있잖니. 이렇게 보면 마음과 그 속에 가득한 스트레스가 몸에 어떤 영향을 미치는지 알 수 있지. 이 문제는 몸과 마음의 연결에 대한 문제이기도 하고, 몸과 마음의 '단절'에 대한 문제이기도 해."

제가 눕자 치료가 시작되었어요. 선생님은 손을 제 발목에 올려놓으면서 치료를 시작하셨어요. 그리고 엄마에게 우리가 어디 사는지 등등의 질문을 하셨어요. 한 번도 들어보거나 상상해보지 않았던 일을 하려는 참이었지만 선생님이 이것저것 물어봐주신 덕분에 제 마음이 좀 더 편해지더군요. 전 그 상황을 어떻게 생각해야 할지 몰라서 어떻게 하면 그 치료가 더 효과적이 될까를 생각하기 시작했지요. 그 전날 다이어 박사님께 들은 이야기와 아니타 무르자니의 임사체험에 대해 읽은 내용을 생각했어요. 그리고 끊임없이 저 자신에게 "나는 마비되지 않았다"라고 말하면서 1년 전에 찍은 사진 속에서 웃고 있던 제 모습을 생각했어요.

선생님은 저에게 바다를 좋아하느냐고 물으셨고, 그렇다고 대답하니까 선생님은 저더러 파도가 해변에 부딪히는 소리를 들어보라고 말씀하셨죠. 고요한 파도소리를 들으면서 하얀 천장을 바라봤던 기억이 나네요. 천장을 보는 동안 몸에 감각이 없어진 것 같았고 다리에 닿은 선생님의 손도 더 이상 느껴지지 않았어요.

선생님은 제 왼쪽 갈비뼈까지 올라와서는 저에게 복통이 있느냐고 물어보셨죠. 저는 뭔가 먹은 후면 늘 위장 쪽에 심한 통증이 느껴지긴 했지만 마비 증세로 먹는 약 때문인 줄 알았다고 설명했어요(하지만 그 약을 끊은 지 일주일이나 됐는데 아직도 복통이 있답니다). 선생님이 제 복부와 흉곽 주변에 집중하시는 동안 저는 천장을 보고 있었어요. 갈비뼈 바로 아래쪽에 압박감이 느껴졌지만 말을 해야 할지 모르겠더라고요. 그때 선생님이 "어디가 눌리는 느낌이 들면 말해줘"라고 말씀하셨어요.

순간 그 지점에 압박감이 더 심하게 느껴져서 그렇게 말했어요. 천장을 쳐다보고 있는데, 천장의 색이 바뀌기 시작했어요. 선생님이 그 통증을 모양과 색깔로 표현해보라고 하셔서 노란색 타원형이라고 대답했어요. 또 선생님이 그 타원형에 이름이 있느냐고 물으셨지만 딱히 떠오르는 이름이 없었어요. 그래서 선생님은 그것을 노란 타원이라고 부르자면서 노란 타원이 저와 조화를 이루고 있느냐고 물어보셨죠. 저는 그것이 저와 맞지 않는다는 느낌이 들어서 그렇게 말했어요. 선생님은 "곤란하네"라고 하셨고, 전 속으로 선생님 말씀이 맞다고 생각했죠.

선생님이 저더러 그 노란 타원에게 말을 걸어보고 그것과 함께 지낼 수 있겠느냐고 물어보셔서 전 그대로 했어요. 그런데 잠시 후에 노란 타원이 없어진 것이 느껴졌어요. 그 타원은 산산이 부서져서 엄청난 수의 조각이 되어 제 몸 위를 떠다니다가 저와 하나가 된 듯했어요. 완전히 긴장이 풀리고 편안한 느낌이었죠. 그런 경험을 하고 나니 선생님의 도움으로 제 몸에 대한 통제력을 인식하게 되었다는 걸 알겠어요. 선생님은 제 몸과 마음 사이의 소통을 활성화하도록 도와주셨어요. 제 몸과 마음이 어떻게 하나로 연결되어 있는지를 처음으로 배운 거죠.

파도소리를 들으면서 저 자신에게 계속 "난 마비되지 않았다"라고 말했던 기억이 나요. 선생님은 제 머리까지 올라오셨어요. 척추 제일 위쪽, 목 위쪽에서 선생님의 손가락이 느껴졌죠. 선생님은 잠시 그곳에 손을 대고 계셨어요. 그때 등 아랫부분이 바닥에 닿는 느낌이 났어요. 지금껏 저를 그토록 불편하게 했던 것이 제 몸을 떠난 느낌이었어요. 숨을 깊이 들이쉬자 공기가 아주 편안하게 들어오던 기억이 생생해요. 공기가 정말로 편안하게 드나드는 것을 느끼면서 제 몸과 교감하고 있다고 느꼈어요.

그러고 나서 선생님은 제 입 왼쪽에 집중하면서 왼쪽 위 어금니에 몇 분 동안 손가락을 대고 계셨어요. 그 후에는 제 왼쪽 얼굴을 만

지셨고요. 저는 편안한 느낌으로 제가 웃고 있는 모습을 마음속에 그리면서 마음을 열고 선생님이 제 치유 과정에 길을 터주시리라는 생각을 받아들였어요.

선생님은 저에게 치유에 도움이 될 단어와 색깔을 말해보라고 하셨고 저는 '느끼다'라는 단어와 하늘색이 떠올라 그대로 말씀드렸죠.

선생님은 제 얼굴에 닿는 손길을 느껴보라고 하셨고, 제 얼굴이 선생님의 에너지를 빨아들이는 하늘색 스펀지라고 상상하게 하셨어요. 전 선생님의 손길을 느끼면서 그 하늘색 스펀지가 쭈그러드는 모습을 상상했어요. 그리고 마음속으로 스펀지를 보면서 저 자신에게 "나는 마비되지 않았다"라고 계속 말했죠. 선생님의 손길을 느끼는 동안 그 스펀지를 마음속에 그리면서 완전히 편안한 상태에서 잔잔한 파도소리를 들었어요. 저는 제 몸과 일체감을 느꼈어요. 그리고 스스로 몸을 통제할 수 있고 마비가 사라진 상태로 미소 짓고 있다고 느꼈지요.

정확하지 않을지도 모르지만 선생님이 제 얼굴에 손을 얹고 5분 정도 지난 후에 손을 떼시기에 저도 눈을 떴어요. 선생님은 저를 내려다보시며 기분이 어떠냐고 물으셨죠. 그때 전 굉장히 편안한 상태였고 제 몸 안팎에서 무슨 일이 일어나고 있는지 알았는데도 뭐라고 대답했는지는 기억나지 않아요. 제가 왼쪽 이를 갈았다고 말씀하신 것과 이마가 어떻게 된 건지 물으신 기억은 나네요(나중에 말씀드렸듯이 하와이로 가기 전날 제 차 지붕에 머리를 부딪쳤어요). 또 선생님은 긴장을 푸는 데서 치유가 시작되기 때문에 제가 평소에 긴장을 풀고 편안해지고 싶을 때 하는 행동을 더 많이 더 자주 해야 한다고도 말씀하셨죠.

앞서 말씀드린 느낌들 말고는 전체 치료 과정이 어렴풋하게만 기억나요. 마지막엔 실제로 몸에서도 마비가 사라진 상태로 미소를 지을 수 있으려니 했는데 그렇게 되지 않아서 약간 실망했어요.

하지만 그런 실망스러운 생각이 마음속에 들어오고 얼마 지나지 않아 다른 생각이 뒤따라 들어왔어요. 바로 절 치유해주는 생각이었죠. 치료를 받기 전에 벗어놓은 신발을 신고 나서 몸속에서 이상한 느낌이 든다는 사실을 깨달았어요. 뭔가 분명히 변했더라고요. 저는 고생이 끝났다는 사실을 알았고 평화를 느꼈어요. 몸도 더 이상 불편하지 않았어요. 신이 나고 에너지가 가득 찬 기분이었어요. 전 제가 치유되고 있음을 '알았어요.'

그 후 몇 주 동안 편안하게 치유가 어떻게 일어나는지에 대한 선생님의 말씀을 계속 생각했어요. 그래서 (치료 직후 엄마와 이야기하면서 몇몇 단어를 제대로 발음할 수 없었던 때처럼) 신체적 감각 때문에 여전히 얼굴이 심각하게 마비되었음을 깨달을 때면 제 얼굴에 닿았던 선생님의 손길과 하늘색 스펀지를 떠올렸어요. 그러면 갑자기 몸에서 고통과 불편이 사라지면서 그때의 완전한 편안함이 되살아나요. 파도소리가 들려와 몸의 감각이 저에게 일깨우는 것들을 잠재우고 나면 마음속에는 미소 짓고 있는 제 모습만 남아요. 마우이를 떠날 때쯤 저에겐 치유되리라는 벅찬 느낌과 심상(心像)이 있었어요. 나

> 는 마비되지 않았다. 나는 마비되지 않았다. 나는 마비되지 않았다!
> 니콜레트 드림.

처음이자 마지막으로 니콜레트와 만나고 10주가 지났을 무렵 나는 캐나다 캘거리에 있는 주빌리 극장에서 저녁 강연을 하게 되었다. 니콜레트의 엄마 린다는 나에게 전화를 걸어 딸의 마비 증세가 완전히 없어졌으며 그 경험으로 인생의 사명이 180도 달라졌다는 이야기를 전해주었다.

내가 전화를 걸자 니콜레트는 들뜬 목소리로 말했다. 고작 스무 살에 자신의 내부에서 놀라운 '나'의 존재를 깨달았다는 것이 얼마나 굉장한 기분인지 모른다고, 그리고 그 심오한 발견을 모든 사람들에게 말해주고 싶다고 말이다. 나는 니콜레트와 린다를 캘거리로 초대해서 내 강연을 들으러 온 수천 명의 사람들에게 그 경험을 들려달라고 부탁했고 모녀는 정말로 그렇게 해주었다.

니콜레트는 그날 밤 내 강연이 현실 세계에서 생생하게 적용된 증거를 보여주며 단 몇 분 만에 청중을 사로잡았다. 기립 박수를 받으며 무대에서 내려온 니콜레트는 나에게 두 장의 사진이 인쇄된 카드를 주었다(본문 컬러 화보 참조). 하와이에서 나와 니콜레트 그리고 린다가 함께 찍은 사진에는 니콜레트의 왼쪽 얼굴이 마비된 상태다. 다른 사진에서는 니콜레트가 아름다운 드레스를 입고 마비가 사라진 얼굴로 미소 짓고 있으며, 그녀의 왼쪽 어깨에 뚜렷한 구체가 나타나 있다. 카드에는 이런 말이 적혀 있다. "이루어진 소망. 사랑을 담아,

니콜레트와 린다 드림."

이제 여러분은 나에게 정말로 기적과 같은 여행이었던 이 책을 계속 읽어나가면서 이 중 어느 것도 내 공이 아니라는 점을 명심하기 바란다.

1977년에 나온 영화 〈오, 하느님!〉에서 조지 번스가 연기했던 신의 대사 중에 "기적이 일어나길 바란다면 아무것도 없는 데서 물고기를 만들어내려고 해봐"라는 말이 생각난다. 그런 능력을 갖춘 것은 오직 '나'라는 존재, 아이앰 존재뿐이다.

이 모든 공을 그 존재에게 돌린다. 그리고 그 존재와 접촉하는 것은 여러분의 공로임을 알기 바란다.

시작해보라, 아무것도 없는 데서.

확신하기
위해
알아야 할
것들

1부

나는 내가 패배자가 아닐까 의심하기도 하고 내가 전능한 신이 아닐까 생각하기도 한다.

― 존 레넌

과거의 '나'는 미련없이 버려라

> 건강, 부유함, 아름다움, 재능은 만들어지지 않는다.
> 이것들은 마음을 어떻게 먹느냐에 따라,
> 즉 나 자신을 어떻게 생각하느냐에 따라 나타날 뿐이다.
> 자신에 대한 생각이란 우리가 진실이라고 인정하고 받아들이는 모든 것이다.[1]
> - 네빌

아마 낯설게 들리겠지만 우리가 도달할 수 있는 어떤 의식의 수준이 존재한다. 이 의식 수준은 우리가 가장 익숙하게 느끼는 평범한 의식 수준을 뛰어넘는다. 우리를 비롯해 지금까지 태어난 모든 사람이 이런 높은 존재 수준에 얼마든지 접근할 수 있는데 이런 수준에서는 소원을 이룰 수 있다. 반드시. 이런 상태에서 우리는 머릿속으로 그려온 것보다 많은 것들이 삶에 들어오도록 결정할 권한이 훨씬 커진다. 1장은 그런 상태로 가는 준비 과정이다.

나는 18개월 동안 세상과 떨어져 조용히 연구하고 사색하면서 '평범', '정상'이라는 꼬리표가 붙은 그 무엇이든 넘어서서 놀라운 존재 수준에서의 삶이 어떤지 온전히 경험한 다음 소원 이루기에 대해 쓰는 이 즐거운 과업에 착수했다. 나는 내가 관심을 기울였던 거의 모든 소원과 갈망이 머릿속에 맴돌던 생각에서 실재하는 사실로 변하는 것을 직접 목격했다.

하지만 이론상으로만 존재하는 낙원으로 이끌어줄 난해한 공식을 외우라고 제안하는 것은 아니다. 내가 강조하려는 것은 우선 생각이 정말로 현실화된다는 점이다. 두 번째로 강조하려는 점은 인생이라는 오랜 시간 속에서 매 순간 우리가 어떤 사람인지, 무엇을 이룰 수 있는지에 대한 생각을 바꾸겠다고 구체적으로 결정할 때 현실화가 일어난다는 사실이다.

나는 여러분이 자신에 대해 완전히 새로운 생각을 받아들이려는 태도를 가졌으면 한다. 앞으로 받아들일 생각이 완전히 새로운 이유는, 우리가 어머니의 자궁에서 빠져나올 때부터 이미 평범한 의식 수준에서 평범한 삶에 만족하도록 도와주는 문화적 훈련을 받아왔기 때문이다. 여기서 평범한 의식 수준이란 일반적으로 삶이 우리에게 무엇을 건네든 그대로 받아들이는 의식 수준을 말한다. 이처럼 우리는 소원과 갈망을 이루어서 현실화할 능력이나 지혜가 없다고 믿도록 온갖 방식으로 학습되었다.

이제 시작할 이야기를 최대한 알기 쉽게 말해보면 이렇다. 어떤 의식의 수준이 있고 우리는 그 의식 수준에서 살기로 선택할 수 있다. 그리고 이러한 의식 수준에서는 자신이 평범한 존재라는 생각을 바꾸기로 한다면 어떤 소원이든 이루어짐을 깨달을 수 있다. 나는 살아오면서 이 현실화의 힘에 대해 연구하고, 배우고, 체득하고, 실천해 온 것들을 여러분과 함께 살펴보고자 한다. 그 과정은 우리 자신에 대한 생각을 바꾸는 데서 시작한다.

먼저 '평범'과 '비범'이라는 두 가지 개념에 대해 몇 마디 해두고 싶다.

평범이란 그야말로 평범한 상태다. 다시 말해 사회와 가정에서 우리에게 무언가를 하도록 학습시킨 일들을 하는 것이다. 평범한 상태에서 우리는 사람들과 어울리고, 열심히 공부하고, 규칙을 따르고, 의무를 다하고, 서류를 작성하고, 세금을 내고, 직장을 구하는 등 법을 준수하는 시민이라면 누구나 하는 일을 한다. 그 후에는 은퇴하고, 손자들과 놀아주고, 결국 죽음을 맞이한다. 이 시나리오 자체에는 아무런 문제가 없음을 강조하고 싶다. 오히려 아주 훌륭한 시나리오다. 하지만 이런 삶이 정말로 마음에 든다면 여러분은 이 책을 읽으려고 하지 않을 것이다.

우리 모두 똑같이 물질세계에 살고 있으므로, 비범은 평범의 대부분을 포함한다. 비범한 의식 수준에 도달한 사람이라도 역시 작성해야 할 서류가 있고, 지켜야 할 규칙이 있고, 지불해야 할 청구서가 있고, 힘써야 할 가족으로서의 의무가 있다. 하지만 비범한 의식은 우리의 영혼과 관련이 있다. 눈에 보이지 않고 경계 없이 무한한 에너지로서 우리 머릿속에서 바깥세상을 내다보는 영혼이라는 존재는 평범한 자아와는 관심사가 완전히 다르다.

우리 영혼이 갈망하는 이상(理想)은 더 많은 지식을 얻은 상태가 아니다. 영혼은 비교에도, 승리에도, 재능에도, 소유에도, 심지어 행복에도 관심이 없다. 우리 영혼이 추구하는 이상은 공간, 확장, 광대함이며 영혼에게 무엇보다도 필요한 한 가지는 자유롭게 확장하고 뻗어나가 무한함을 받아들이는 상태다. 왜일까? 영혼은 무한함 그 자체이기 때문이다. 영혼은 제약도 한계도 없으며 갇히기를 거부한다. 우리가 규칙과 의무로 억누르려고 하면 영혼은 괴로워한다.

눈에 보이지 않는 자아가 비범한 까닭은 그것이 무한하고 전 우주적인 영혼의 일부이기 때문이다. 우리의 일부인 이 비범한 자아는 우리 자신이 위대하다는 사실을 아는 한편, 어떤 제약이든 모두 없애면서 확장하고자 하는 우리의 의지에 영향을 받는다. 이것이 이 책에서 다루는 내용이며 영혼에 영향을 받는 새로운 자아 개념이다.

그럼 먼저 이 새로운 자아 개념에 대해 살펴보고 우리가 원하는 삶과 자아 개념을 일치시키려면 어떻게 해야 할지 알아본 다음 우리의 합리적 소원을 이뤄줄 공동 성취자로 여겨도 될 만큼 중요한 자아 개념에 대해 생각해보자.

나에 대한 믿음이 '나'를 만든다

간단히 말해서 자아 개념이란 우리가 진실이라고 믿는 모든 것이다. 그리고 우리가 자신에 대해 진실이라고 믿는 모든 것이 우리가 날마다 숨 쉬면서 살아가는 이 환경 속으로 우리를 데려다놓았다. 우리 자신에 대한 믿음은 자아 개념을 만드는 재료다. 이 재료, 즉 믿음은 두 갈래로 나뉜다. 바로 외부 자아 개념과 내부 자아 개념이다.

외부 자아

자아 개념의 재료인 믿음에는 육체가 있는 존재인 우리의 능력에 대해 스스로 진실이라고 받아들이는 모든 것이 포함된다. 여러분도 동의하겠지만 외부 자아 개념에는 어느 정도의 지적 능력이 필요하다. 천재적인 재능까지는 아니더라도 어떤 영역에서는 다른 영역에서보다 더 똑똑할 수 있다. 이를테면 다른 영역보다 기술적 지식 영역에서 뛰어난 능력을 보이는 사람도 있을 것이다. 글쓰기 능력보다 숫자를 다루고 수학 문제를 푸는 데서 더 유능할 수도 있다. 어떤 영역에서는 우리의 외부 자아에 대한 믿음이 강할 수도 있고 또 어떤 영역에서는 믿음이 거의 절망적인 수준이거나 약할 수도 있다. 아마 여러분은 머릿속에 자신이 얼마나 똑똑한지에 대한 체계가 있을 것이고 초등학생 때부터 그 체계에 따른 믿음을 고수해왔을 것이다.

외부 자아 개념은 선천적·후천적 재능과 능력에 대한 우리의 믿음을 모두 포괄한다. 조화롭게 움직이는 능력, 서투름, 활동성, 음악적·미술적 재능 등에 대한 믿음은 우리라는 존재를 구성하는 재료의 일부다. 이런 식으로 우리의 외부 자아와 관련된 모든 것을 묘사해볼 수 있다. 이를테면 건강과 관련해서 자신을 바라보는 관점, 즉 온갖 질병에 걸리기 쉬운 정도나 면역력도 외부 자아 개념에 포함된다. 우리는 자신이 설탕, 카페인, 지방, 고기, 유제품 등에 얼마나 중독되기 쉬운지 알고 있다. 또한 감기에 걸리기 쉽다거나 살이 잘 찐다거나 뾰루지가 잘 난다거나 에너지 수준이 낮다거나 잠을 많이 자야 한다는 식으로 자신을 정의한다.

요컨대 외부 자아 개념은 우리 몸이 무엇을 할 수 있는지 혹은 할 수 없는지에 대한 우리 스스로의 믿음으로 구성된다. '네/아니오'로 대답할 수 있는 질문들을 해본다면 "네, 제 이야기 맞아요"라고 확실히 대답할 수 있을 것이다. 우리가 우리 자신을 만들어내는 데 사용하는 구성 요소가 바로 이 믿음들이다.

외부 자아 개념에는 지적 능력, 재능, 신체적 특질과 더불어 성격적 특질도 들어간다. 우리는 자신이 적극적인지, 수줍은지, 시끄러운지, 조용한지, 강압적인지, 아부를 잘하는지, 겁이 많은지, 용감한지를 안다. 또한 여기에 나열한 특질이 빙산의 일각에 불과할 정도로 다양한 성격적 특질이 존재한다. 이렇게 다양한 개개인의 성격적 특질은 우리가 어떤 사람인지, 사회적으로 어떤 역할을 하는지에 대해 우리에게 좀 더 익숙한 말로 변형되어 표현된다.

외부 자아 개념을 형성하는 모든 재료와 요소들을 계속해서 일일이 살펴볼 수도 있지만 나는 이 책을 간결하고 명료하게 쓰기로 했다. 따라서 여기서는 자아 개념에 자기 묘사가 많이 수반되며, 그런 자기 묘사란 결국 우리가 육체라고 부르는 것과 그 육체에 대해 절대적인 진실이라고 여겨지는 사실들임을 일깨우고 넘어가려 한다.

내부 자아

우리 문화에서 내부 자아 개념을 균형 있게 형성하기는 매우 어려운 일일지도 모른다. 내부 자아 개념은 우리 존재에서 가장 중요한 부분을 차지하는 무형의 에너지 및 지성에 대한 믿음과 관련 있다. 나는 내부 자아 개념을 '기계 속 영혼(the ghost in the machine, 철학자 길 버트 라일이 1949년에 출간한 저서에서 데카르트의 심신이원론을 비꼬기 위해 사용한 말-옮긴이)'이라고 자주 불러왔다. 내 방식으로 개념을 정리해 보면 우선 기계란 우리의 몸과 오감, 그리고 몸을 구성하는 모든 물리적 요소들이다. 조직, 뼈, 체액, 기관, 치아, 뇌를 비롯한 모든 것이 기계다. 이 기계 안에는 기계를 조종하는 생각들로 구성된 '보이지 않는 나'가 들어 있다. 우리는 이것을 마음이나 영혼이라고 부른다.

나는 언젠가 신경외과의사와 이야기를 나눈 적이 있다. 그는 사람 몸을 수천 번이나 갈라봤지만 단 한 번도 영혼을 보지 못했다면서 이 보이지 않는 세계를 부정했다. 하지만 뇌를 파헤쳤을 때 생각을 본 적이 있느냐고 묻자 그는 곤란한 표정을 지었다.

분명 우리 존재에는 눈에 보이는 외부뿐만 아니라 눈에 보이지 않는 내부 세계도 있다. 우리는 보이지 않고 형체도 없는 우리 존재의 일부에 대해 저마다 개념을 형성하고 있고, 이렇게 형성된 내부 자아가 우리에게 어느 정도 영향을 미치는지에 대해서도 꽤 구체적으로 알고 있다. 우리는 이 생각하는 장치의 정체를 정확히 이해할 수는 없더라도 아주 놀라운 것이라고는 생각한다. 우리 주변을 감싸고 있거나 혹은 내면에 존재하는 이 장치는 우리가 살아 있는 한, 이마를 긁거나 연필을 집거나 댄스 플로어에서 스텝을 밟는 등 마음속으로 내릴 수 있는 어떤 명령이든 수행할 수 있게 해준다.

우리에게는 내면의 역동적인 영혼이 '할 수 없는' 것에 대한 자아 개념도 있다. 심한 병을 생각만으로 고칠 수 있을까, 아니면 말도 안

되는 소리일까? 보이지 않는 지성과 상상이 돌을 금으로 바꿀 수 있을까? 당신의 자아 개념에는 마술처럼 보이기까지 하는 굉장한 변신을 가능하게 하는 힘이 포함되어 있는가?

 자아 개념은 우리보다 더 위대한 힘과의 연결에 대한 우리의 믿음을 한데 모은 것이다. 우리는 신이 존재하거나 존재하지 않는다고 믿는다. 또 신앙이 우리에게 어떤 영향을 미치는지에 대해 저마다 다양한 의견을 가지고 있다. 신비한 일이나 기적을 일으키리라고 기대되는 존재가 우리 내부에 있는지 없는지는 각자의 믿음에 따라 달라진다. 우리는 이미 마음의 힘에 대해 나름의 믿음을 형성해왔다. 일반적으로는 기억 속 어딘가에 저장되어 있는 보이지 않는 목록을 기억해낸다든가 퇴근길에 일을 보러 어딘가에 들른다거나 하는 일상적인 일을 할 때 당연히 내면의 보이지 않는 존재에게 의지할 수 있다고 생각한다. 하지만 기적을 일으키는 능력에 대해서는 어떤 믿음이 있는가? 여러분의 자아 개념에는 몸을 치유하거나 오래 염원해온 영혼의 짝을 만나리라는 믿음이 들어 있는가?

 잠시 짬을 내서 마음속에 저장된 보이지 않는 목록을 살펴보고 스스로 질문을 던져보라. 그것은 어디 있는가? 어떻게 그것을 거기에 두었는가? 지금 '거기'라고 부르는 곳은 어디인가? 그것을 떠올리기 위해 사용하는 힘은 무엇인가? 그 힘은 어디서 오는가? 이것이 내부 자아 개념을 만드는 재료들의 목록이다. 이렇게 하고 나면 여러분은 여기에 추가하고자 하는 다른 믿음들에 대해 마음을 열고 싶어지는 동시에 삶을 더 풍요롭게 해줄 다른 방식들에 대해서도 생각해보게 될 것이다.

사실 보이지 않는 목록은 불가사의한 기적의 카탈로그인 셈이다. 우리는 그 기적들을 매일 당연히 여기며 살아갈 뿐이다. 내부 자아 개념은 우리가 마음으로 무엇을 할 수 있다거나 할 수 없다고 믿는지 알려준다. 우리는 기계 속의 영혼, 즉 마음이 헤아릴 수 없이 깊다는 사실을 안다. 하지만 마음이 할 수 있는 일에는 일정한 한계가 있다는 사실도 안다.

여러분은 이런 재료들이 들어간 내부 자아 개념을 이용하여 우리가 어떻게 삶을 창조해내는지 생각해본 적이 있는가? 변화를 조금 경험해보는 것도 재미있겠다는 생각이 든다면 계속해서 읽어보기 바란다.

평범에서 비범으로

모든 소원을 이룰 수 있는 사람이 되고 싶다면 스스로 삶의 공동 창조자가 될 수 있는 차원, 우리 존재의 상위 차원으로 옮겨가야 한다. 다시 말해 종종 어렵게 여겨지는 자아 개념의 변화라는 과업에 착수해야 한다.

우리가 내적·외적 자아에 대해 사실이라고 믿는 모든 것이 자아 개념임을 상기해보자. 이 믿음들은 지금 우리의 삶을 만들어왔다. 이 작업은 내가 평범한 의식 수준이라고 부르는 의식 수준에서 이루어진다. 이 책에서 이야기하는 비범한 수준으로 옮겨가기 위해서는 우리가 사실이라고 믿는 것들을 바꾸어야 한다. 내 경험에 비추어보면 매우 힘든 작업일 수 있기 때문에 흔쾌히 이렇게 하려는 사람은 몇 명 되지 않는다. 따라서 이 책의 취지는 여러분이 바로 그렇게 할 수 있도록 아주 구체적인 지침과 도움을 주는 것이다.

나는 앞으로 네빌 고다드(Neville Goddard)라는 사람의 말을 인용할 것이다. 그는 미국에서 네빌이라는 이름으로 글을 쓰고 엄청난 관객을 대상으로 강연을 했던 인물이다. 1930년대 후반부터 1972년에 죽음을 맞을 때까지 형이상학적 주제의 강연자로 유명했던 네빌은 '창조적 영혼의 법칙'을 고스란히 담아낸 책을 열 권 써냈는데 이 작품들은 나에게 아주 깊은 충격을 주었다. 사실 그는 지난 몇 년간 나에게 훌륭한 멘토였다.

많은 사람들이 네빌의 글을 해석하기 힘들어하지만 나는 예전에 내가 썼던 현현과 공동 창조에 대한 글이 네빌의 가르침과 상당 부분 흡사하다고 생각한다. 말하자면 네빌의 가르침은 내가 지금껏 깊이 생각해보지 못한 차원을 더해준다. 나는 네빌의 책 『의식의 힘(The Power of Awareness)』을 연구하면서 그의 가르침을 다른 위대한 사상가의 견해와 결합하는 한편 네빌만의 독특한 이론을 수정하고 다듬어서 오늘날 우리가 사는 세상에 맞는 실용적인 형태로 바꾸기 시작했다.

우리 아이들에게 『의식의 힘』을 한 권씩 나눠주었더니 각자 다양하게 이 책을 이해하고 표현했다. "아빠, 이 사람 의견이 정말 마음에 들긴 하는데 한 문단을 읽고 또 읽어야 할 때도 있고, 책을 읽다 말고 무슨 말인지 생각해봐야 할 때도 있어요. 이 사람 말이 옳고 완벽하게 이치에 맞는다는 것도 알겠지만 제가 이해하고 적용해볼 수 있는 말로 좀 더 설명이 되어 있었으면 좋겠어요." 아이들의 지적은 내 욕심에 불을 붙였다. 나는 내 생각과 통하는 데가 많은 네빌의 견해를 다른 이들과 나누는 한편 21세기를 사는 우리의 소원을 이뤄줄 힘에 초점을 맞춘 종합적 이론을 만들어내고 싶었다.

이 위대한 스승의 견해가 나에게 도움을 주었듯이 나 역시 여러분에게 무엇을 해줄 수 있을지를 생각해보고 내용을 나누고 싶다. 네빌은 제자와 청중들에게 자신의 이야기를 무료로 마음껏 녹음할 수 있게 했으므로 내 의견에 반대할 성싶지는 않다. 네빌의 목소리를 담은 테이프는 오늘날에도 그의 메시지를 널리 퍼뜨리고 있다. 나도 이 책을 준비하면서 그 테이프를 들어보았다. 나 역시 지금까지 강연하면서 네빌과 똑같은 방침을 고수했고 이 위대한 스승이 나보다 한 세대 앞서 수행했던 영적 탐구에 푹 빠져 지냈던 까닭에 그에게 일종의 동료 의식을 느낀다.

삶의 향상을 위해 자아 개념을 바꾸려는 우리에게 네빌은 아마 이렇게 이야기했을 것이다. "더 새롭고 수준 높은 자아 개념이 현실 속에 모습을 드러내게 할 책임을 거부한다면 구원을 향한 수단, 즉 이상 실현에 영향을 줄 수 있는 유일한 수단을 거부하는 셈이다."[2]

1장에서 머릿속에 확실히 담아야 할 내용은 이것이다. "자아 개념을 한층 높이려면 우리가 무엇을 이룰 수 있는지에 대한 새로운 진실을 받아들이고 오래된 관점을 버려야 한다. 이것만이 소원을 이룰 수 있는 유일한 방법이다." 바로 이런 이유로 책의 첫머리에서 자아 개념을 강조하는 것이다. 오래된 믿음을 버리고 그 자리를 자신의 내면에 상위 자아가 있다는 믿음으로 대체함으로써 첫걸음을 내디뎌야 한다. 아마 여러분은 지금껏 이렇게 해보려는 생각을 하지 않았을 것이다.

한계가 포함된 자아 개념은 자기 스스로, 아니 자신만이 고칠 수 있다. 내 말이나 글은 그 작업을 손톱만큼도 대신해주지 않는다. 나는 그 작업을 혼자서 해냈고 여러분도 이 길을 가도록 도와줄 수는 있지만 자기 내부에서 변화의 가능성을 창조해내겠다는 결심은 여러분 자신의 몫이다. 더 새롭고 수준 높은 자아 개념은 우리가 삶에 얼마나 조건을 달아 규정해왔느냐에 따라 충격적이거나 거부감이 들 수도 있다. 이것은 2장과 3장에서 깊이 생각해봐야 할 문제다. 지금은 그저 자신이 수준 높은, 새로운 자아 개념을 창조할 수 있음을 상상하도록 허용하라. 하지만 이때 거의 모든 사람들은 즉각적으로 저항하기 쉬우므로, 여러분도 자기 내부의 저항을 인식해보기 바란다.

불가능은 없다

평범한 의식 수준에서 의식을 뛰어넘은 초의식 수준으로 이동하려면 근본적인 변화가 필요하다. 즉 성격이 완전히 변해야 한다. 이렇게 자신의 신성한 목적을 이루는 데 전념할 준비가 된 사람은 극히 드물다. 정말로 소원이 이루어지기를 바란다면 이 땅에서 여러분이 뭐든 될 수 있음에 대한 저항을 극복하라고 권하고 싶다. 우리는 지금 이곳에서 모두의 이익을 증진하는 방향으로 높은 차원의 소원을 의식적으로 이루기 위해 더 높은 차원으로 들어갈 능력이 있다. 이것은 공중에서 180도 방향을 바꾸어 새로운 현실에 착지하는 것에 가깝다. 이 새로운 현실이란 모든 일이 가능한 곳이다. 여기서 우리는 어릴 때부터 평범한 삶을 준비시켜온 문화적 요소와 정신적 바이러스를 통해 우리 자신의 정체성을 찾아내는 일을 그만두게 된다.

자아 개념을 바꾸는 이 신나는 모험은 기꺼이 현재의 자신을 버림으로써 시작된다. 지금까지 삶의 결정권자로 지내온 내력을 포기하면 더 이상 완전한 잠재력에 저항하지 않게 되고 배워온 사실을 바탕으로 정체성을 형성하지 않게 된다. 진실이라고 믿어왔던 모든 것이 우리를 지금 어디로 데려왔는지 상기해보라. 지금 우리는 더 높은 힘에 저항하기보다 그것을 탐색하고자 하는 상태에 있지 않은가.

몇 년 전 나폴레온 힐(Napoleon Hill)의 『놓치고 싶지 않은 나의 꿈 나의 인생』에서 읽은 구절이 기억난다. 단지 금전적 수입뿐만 아니라 풍요롭고 수준 높은 삶을 사는 사람들에게는 한 가지 뚜렷한 특징이 있다는 말이었다. 즉 이 드물고 독특한 사람들에게는 성공을 향한 불타는 소원이 있다는 것이다. 자, '불타는 소원'은 우리 마음속에서 불타고 있기 때문에 일반적인 소원이나 욕망과 아주 다르다. 일단 불이 붙으면 무슨 일이 있더라도 결코 꺼지지 않는다. 이런 성격은 가끔 강박적으로 보이기도 한다. 내가 이런 성격적 특징을 잘 아는 이유는, 나 자신이 강박적이라는 소리를 많이 들었기 때문이다. 하지만 이런 성격이 내 마음속의 열망을 이루는 데는 늘 도움이 되었기 때문에 강박적이라는 점이 나쁘지만은 않았다. 나는 이 불타는 소원에 대해 생각할 때면 최악의 일이 발생하더라도 절대 흔들리지 않는 마음속의 촛불로 상상하는 경우가 많다. 모든 변화는 변하고자 하는 소원, 강렬하게 불타는 소원에서 시작한다.

불타는 소원과 더불어 간절한 소원을 실현할 수 있는 사람이 되는 데 필수적인 요소는 내면의 앎이다. 네빌은 『의식의 힘』에서 다음과 같이 힘주어 설명한다. "변화하기 위해서는 생각의 바탕이 완전히 바뀌어야 한다. 하지만 우리의 생각은 아이디어에서 출발하기 때문에 새로운 아이디어가 없으면 생각이 변할 수 없다."[3] 그렇다면 생각을 바꾸는 데 도움이 되어줄 아이디어는 어떻게 찾을 수 있을까? 먼저 마음에 와 닿는 확언을 말하거나 글로 쓰면서 시작해볼 수 있다. 다음과 같이 자기만의 진심 어린 확언을 만들어보라. "나는 더 높은 차원을 알고 그곳에서 살아가며 변화하고 싶다는 불타는 소원이 있다. 내가 변화하고 나면 나의 새로운 자아 개념에는 어떠한 한계도 없을 것이다. 이 소원은 외부의 어떤 힘에도 꺼지지 않는 내면의 불꽃이다. 나는 더 높은 수준의 내가 되지 못하도록 하는 어떤 생각에든 기꺼이 도전하고 그것을 바꿔놓을 것이다."

이 책의 도입부인 1장을 마치기 전에, 우리가 생각이라고 부르는 것의 본질에 대해 어떤 믿음을 갖고 있는지 살펴보고 그것을 어떻게 바꿀지 알아보면 도움이 될 것이다.

우리는 정말 생각을 할까

생각이 어디에서 오고 무엇으로 이루어져 있는지 말할 수 있는 사람은 지금껏 없었다. 일반적으로 사람들은 스스로 무언가를 생각해내고 스스로 모든 생각을 만들어낸다고 여긴다. 솔직히 이야기하면 나도 상당한 시간 동안 생각을 각자의 머릿속에서 나오는 것으로 보는 관점에 가까웠다. 하지만 이 시점에서는 생각을 관찰, 숙고, 선택의 행위보다는 생각의 전체적인 과정으로 보려고 한다. 어디인지는 아무도 모르지만 어딘가에서 생각이 끊임없이 흘러나오는 것을 생각해보면 참 재미있다. 생각에는 경계나 형태가 없고, 양(量)이나 순서에도 제한이 없는 듯하다. 생각을 텔레비전 화면 아래로 지나가는 주식 시세표로 상상해본다면 짧은 한순간의 생각은 낱낱의 주가로 볼 수 있다.

우리는 짧은 순간에도 서로 반대되는 여러 생각을 할 수 있고 유쾌, 좌절, 공포, 황홀, 걱정 등 이 생각에서 저 생각으로 이리저리 옮겨갈 수도 있다. 안내나 제재도 없이 눈뜰 때부터 잠들 때까지 끊임없이 줄줄 이어지는 생각을 머릿속에 떠올린다. 심지어 곤히 자고 있을 때도 우리의 정신은 어디든 존재하는 이 생각들을 관찰하고 발견하며 숙고한다. 전 생애를 통틀어 우리가 생각을 만들어내는 과정을 중단하는 순간은 거의 없다고 할 수 있다. 정말로 자신이 생각을 모두 만들어내고 그 전 과정을 통제한다고 믿는다면, 한 번 생각을 멈춰보라. 정말로, 생각을 멈추려고 시도해보라. 생각의 흐름을 상당히 늦출 수는 있겠지만 하루 종일 아예 생각을 멈추고 생각 없는 상태로 지내기는 불가능하다.

내 제안은, 자아 개념을 바꾸도록 도와줄 새로운 아이디어에 사고 과정을 열어두라는 것이다. 우리 자신이 스스로의 생각에 선택권이 없는 사람이라기보다 신성하고 무한한 존재라고 생각해보라. 우리가 365일, 24시간 마음속의 화면에 흘러가는 끝없는 생각의 흐름 속에서 생각을 관찰하고 숙고하며 선택할 수 있는 존재라고 생각해보라. 어디서 나오는 생각이든 그 흐름을 지켜보면서 그 생각이 빠르게 변하고 결합하며 나타나고 사라지는 양상을 관찰해보라. 꼬리에 꼬리를 물고 흘러가는 생각 중에 하나를 낚아채서 깊이 생각해보라. 그 생각을 이리저리 살펴보면서 슬픔, 기쁨, 우울, 공포 등 어떤 느낌이 드는지 주목해보라. 흘러가는 생각은 모두 자아 개념에 자취를 남긴다. 먼저 생각을 관찰하고, 그다음에는 깊이 생각해보라. 그러고는 의식적으로 그것을 생각의 흐름 속에 다시 던져 넣고 좀 더 기분이 좋아질 수 있는 생각을 고르기로 마음먹어보라.

"난 괜찮아 / 난 보기 좋아 / 난 살이 빠질 거야 / 난 사랑받는 사람이야 / 난 거룩한 존재야." 우리는 예전에 습관적으로 선택했던 생각 대신 이런 생각을 무수히 많이 선택할 수 있다. 이것이 바로 자아 개념을 바꾸는 과정이다. 우리는 생각의 흐름을 움직일 수 없으며 지금 우리의 능력으로는 생각을 멈출 수도 없다는 점을 확실한 사실로 받아들여야 한다. 이 단계에 있는 우리 존재의 본질은 관찰하고, 숙고하고, 선택하는 것이다. 이 과정은 모두 순식간에 이루어질 수 있다.

생각은 주식 시세처럼 우리 마음속의 텔레비전 화면에 계속 지나갈 것이다. 하지만 이제 우리는 집중하거나 모으거나 간직하거나 흘려보내고 싶은 생각을 선택하게 될 것이다. 요컨대 생각을 선택하는 습관을 들이되 자신을 기분 좋게 해주고 스스로 강한 존재임을 느끼게 해주며 자아 개념이 상위 자아를 맞아들일 수 있는 더 높은 의식 수준으로 끌어올려줄 생각을 선택하라고 권하고 싶다.

나는 우엘 S. 앤더슨(Uell S. Andersen)이 『마법의 세 단어(Three Magic Words)』라는 책에서 이 과정을 묘사한 부분이 아주 마음에 든다. 우리가 너무 오래 머물렀던 평범한 의식 수준이 아닌 비범한 의식 수준에서는 우리 안에 잠들어 있는 자아가 실현되기를 간절히 원하고 있다. 이 내재하는 자아와 가까워질 준비를 하면서 다음 내용을 숙고해보기 바란다.

우리는 내재하는 자아에게 받아들이고 믿는 어떤 존재든 될 수 있다고 확신시켜주었다. 이제는 그 내재하는 자아에게 건설적인 생각만 선택하는 습관을 길러주려 한다. 우리는 자신에게 좋은 것만 받아들이라고 가르치고 온갖 사랑, 친절, 희망, 기쁨, 확장, 풍요, 건강, 활력을 받아들이게 하고 있다. 또한 온갖 고생, 슬픔, 우울, 병, 열등, 통증, 고통을 거부하게 하고 있다. 우리는 위대함, 선함, 아름다움이 우리에게 주는 것만이 진실이라고 말하고 있다.

우리는 생각을 선택하는 이런 새로운 방식을 통해 최상위 자아와 처음으로 만나게 된다. 다시 말해 이루고 싶은 소원이 있다면 우선 자기부터 그 소원에 기대야 한다는 점을 명심해라.

나를 변화시키는 실천 전략

- 지금까지 자신에 대해 사실이라고 생각해왔던 모든 것에 이의를 제기함으로써 자아 개념을 다시 정의해보라. 과거의 생각들 가운데 어떤 식으로든 자신을 제한하는 것이 있으면 전부 다시 검토해보라. 확언의 예로는 다음과 같은 것을 들 수 있다. "지금부터 나는 내가 되고자 하고 이루고자 하는 모든 대상에 한계나 제한을 두지 않는다."
- •• 여러분이 속한 비물질적 현실을 의식할 수 있게 바꿔보라. 보이지 않는 높은 차원의 존재나 천사들에게 관심을 가져보라. 과거 이곳에 살았던 존재들의 인도와 안내에 접근할 수 있음을 알라. 명상할 때 상위 차원의 의식이 어떤 느낌인지 느껴보는 시간을 마련하라.
- ••• 불편함이나 슬픔을 느낄 때마다 그 감정 뒤에 숨겨진 생각을 바꾸려 하지 말고, 끝없는 생각의 흐름에 그 생각을 도로 집어넣고 다른 생각을 선택하라. 불행한 생각을 만들어냈다고 더 이상 자신을 비난하지 말고 기분 좋은 생각이 선택될 때까지 이 과정을 계속하라.

내 안의 창조적 에너지를 발견하라

> 처음부터 나는 이 인생과 사명이 운명적으로 주어졌음을 감지했다.
> 이 의식은 나의 내면에 안정감을 주었다.
> 비록 내가 운명을 스스로 증명해낼 수는 없었지만
> 운명이 나를 통해 스스로를 증명했다.
> 내가 운명을 확신한 것이 아니라 운명이 나를 확신했다.
> - 카를 융

지난 18개월 동안 나는 '비전학(秘傳學)'으로 알려진 학문에 심취했다. 비전학의 핵심 목표는 여러분이나 나 같은 수련자들이 상위 자아에 대해 알고 믿도록 도와주는 것이다. 이 고대의 가르침은 육체의 욕구에만 치중하고 상위 자아의 욕구를 무시한다면 결국 영혼이 굶주리고 목말라 죽어가게 된다고 되풀이해서 설명한다. 옛 수련자들은 상위 자아에 대한 인식이 중요하다고 주장했다. 이 인식이 성장과 진보, 그리고 무엇보다도 소원을 이루는 능력에 엄청난 가능성을 열어주기 때문이다.

우리 자신이 상위 자아와 하위 자아로 나뉜다고 상상하기는 어려울지도 모른다. 평소 생각하던 '진짜 자아'보다 더 높은 차원의 자아가 내면에 있다는 견해는 생소하게 느껴진다. 오랫동안 나는 이 하위 자아 혹은 거짓 자아를 에고(ego)라고 일컬어왔다. 우리의 일부인 에고는 얻고 이루고 소유하는 대상에 따라 자신이 정의된다고 믿는다. 다시 말해서 지금껏 쌓아온 지위나 상황은 우리가 특정한 장점이나 한계가 있고 각각 분리된 존재임을 증명한다는 믿음이다. 하지만 우리가 열망하는 행복, 성공, 건강의 길로 반드시 가게 해줄 또 다른 믿음들이 있다는 사실은 그리 놀랍지 않다.

에고와 거의 모든 면에서 동일하지만 '나'라는 존재에 대한 설명을 뛰어넘는 상위 자아가 있다는 생각은 받아들이기 어려울지도 모른다. 하지만 1장을 읽었다면 진실이라고 믿는 대상을 바꾸어야 한다는 사실을 깨달았을 것이다. 내가 누구인지에 대한 현재의 생각이 우리를 바로 이 상황에 데려다놓았다는 사실을 상기해보라. 좀 더 힘 있는 사람이 되는 법에 대한 책을 읽고 있는 상황 말이다.

여러분은 급진적이고 새로운 견해를 기꺼이 받아들여 자아 개념을 크게 바꿀 수 있겠는가? 에고의 관심사로 정의할 수 없는 상위 자아가 존재한다는 사실을 받아들일 준비가 되어 있는가? 한계 없는 상위 자아가 우리 안에 있다는 생각을 받아들일 수 있는가? 우리를 평범한 의식 수준에 붙들어두는 에고의 제한적인 요구들을 피하는 자신의 모습을 상상할 수 있는가? 다시 말해 '나는 누구인가'라는 질문에 대해 생각해볼 수 있는가? 상위 자아 개념을 받아들이는 일은 각자의 내면에서 솟아오르는 '나는 누구인가'라는 의문에서 시작된다. 그러니 먼저 우리가 누구인지부터 살펴보자.

나는 누구인가

태어나서 지금까지 얼마나 많은 몸을 거쳐왔는지 생각해보라. 과거의 몸을 떠나 또 다른 몸으로 들어가기를 반복하는 '나'는 누구인가? 알다시피 '나'라는 존재는 3~4킬로그램 정도밖에 되지 않는 작은 아기의 몸에서 시작되었다. 작은 아기의 몸에 들어간 '나'라는 존재는 한동안 그 몸을 차지하고 있었다. 그 후 작은 아기의 몸에서 점차 벗어나 기고, 걷고, 달리는 유아의 몸으로 조금씩 옮겨가다가 완전히 새로워진 몸 안에 있게 되었다. 두 살 때 우리의 자아는 예전에 머물다 완전히 떠나보낸 아기의 몸을 더 이상 찾아보기 어려웠을 것이다. 우리는 이 유아의 몸에서 잠시 머물다가 태어날 때부터 있었던 모든 세포들과 마찬가지로 그 몸조차 떠나보냈다. 그다음에 우리가 들어간 몸은 유아기의 몸과 비슷하지만 완전히 다른 아동의 몸이었다.

'나는 누구인가'라는 질문의 답은 아직 나오지 않았지만 내가 내 몸과 동일한 존재가 아니라는 사실은 확실해졌다. 왜일까? 끊임없이 한 몸을 떠나 다른 몸으로 옮겨갔지만 나라는 존재는 여전히 그대로 남아 있기 때문이다. 하나의 몸에 들어갔다가 그 몸에서 벗어나 새로운 몸으로 들어가기를 되풀이하는 동안 '나'라는 존재가 그대로 남아 있는 이 이상한 현상은 바로 이 순간에도 일어나고 있다.

내가 지금 차지하고 있는 70세의 몸은 50년 전 내가 머물던 몸과 완전히 다르다. 나는 스무 살이었을 때 내가 머물던 몸이 어떤 모습이었는지, 무엇을 할 수 있었는지, 무엇을 알고 무엇을 몰랐는지 똑똑히 기억하지만 이제 그 몸은 환영일 뿐 어디에서도 찾아볼 수 없다. 여러분이나 내가 머물던 몸이 지금껏 그래왔듯이 내 스무 살 시절의 몸도 이 물질세계에서 사라졌다. 내 자아는 오직 한 몸에만 머물러야겠다고 고집할 정도로 한곳에 집착하지는 않는다. 오히려 예부터 거룩한 스승들이 이야기하던 고대의 영적 진리를 바야흐로 깨닫고 있다. "우리는 정말로 무언가를 하고 있는 것이 아니다. 단지 우리(의 신체)가 그렇게 '되어가고' 있을 뿐이다."

우리 몸을 움직이는 것은 무엇일까? 우리 몸을 구성하는 무형의 지성은 우리 몸의 세포를 새것으로 바꾸고 오래된 세포를 버린다. 우리가 스스로 자신이라고 생각하는 '나'는 대개의 경우 하릴없이 이러한 전 과정을 지켜본다. 우리는 이 육체를 자기 자신이라고 생각하지만, 우리 몸은 우리의 의견과 상관없는 무형의 지성이 설계한 패턴으로 재배치된다. 우리가 지금 차지하고 있는 물리적 형태이고 우리를 어디로든 데려가주는 이 몸은 '나'라는 존재가 아니다. 양자물리학에서는 지금 우리가 머무는 몸, 즉 지금 이 문단을 읽고 있는 이 몸은 바로 위의 문단을 읽던 몸과 완전히 다르다고 한다. 이것이 바로 우리 모두가 살고 있는 물질세계의 본질이다.

이에 대해 고대 철학자 헤라클레이토스는 수천 년 전에 이렇게 말했다. "만물은 움직이며, 움직이지 않는 것은 없다. …… 같은 강물에 두 번 들어갈 수는 없다." 이것은 오늘날에도 옳은 이야기다. 강은 끊임없이 변하는 현상이다. 나무, 산, 염소, 인간, 나아가 지구를 포함한 물리적 우주 또한 마찬가지다. 그러므로 어떤 대상을 정의하는 것은 사실 물질적인 요소가 아니라 형이상학적 요소다. 어떤 고대의 영적 화신은 "무엇이 진짜인가?"라는 질문에 주저 없이 대답했다. "결코 변하지 않는 것이 진짜다." 따라서 우리 몸은 끊임없이 변하는 상태에 있으므로 진짜가 아니다.

한때 여러분이 머물던 유아기의 몸 역시 더 이상 존재하지 않으므로 진짜가 아님을 알 수 있다. 오래전 그 몸에 머무는 동안에도 그것을 진짜라고 할 수는 없었을 것이다. 그 몸을 진짜라고 정의하는 바로 그 순간에도 그 몸은 새로운 몸이 되어가고 있었을 테니까. 우리가 진짜라고 부르는 것들은 이미 사라졌다. 하지만 우리는 이렇게 모든 것이 변해가는 중에도 우리 자신에게 변하지 않는 요소가 있음을 안다. 유아기의 몸 안에 있던 나라는 존재는 변하지 않은 채로 지금 몸 안에 들어와 있다. 이 존재는 상위 자아로서 변하지 않는 '진짜'다. '나는 누구인가'의 답은 바로 이 상위 자아다. 이 사실을 깨닫고 의식적으로 나라는 존재와 가까워진다면 모든 일이 가능하다.

1장에서는 '일시적으로 인간의 경험을 하는 무한한 영적 존재'라는 새로운 자아 개념을 만들어내야 한다고 설명했다. 이제부터는 '변한다면 진짜가 아니다'라는 사실을 염두에 두고 계속 읽어나가기 바란다. '나는 누구인가'라는 의문에서 나라는 존재는 육체를 가진 나와는 전혀 관련이 없다. 육체는 끊임없이 변하고 사라지기 때문이다. 따라서 우리의 몸과 다양한 재능, 성취, 업적, 신체적 능력 등에 따라 '나는 누구인가'라는 질문에 답한다면 나 자신을 가짜로 정의하는 셈이다. 나라는 존재는 변하지 않으므로 탄생과 죽음도 없는 존재여야 한다. 나라는 존재는 무형의 에너지, 즉 영혼으로, 변하지 않는 동시에 무수히 많은 몸에 머무는 존재다.

이렇게 생각해보라. 이것은 정말로 놀라운 현상이다. 우리는 변하지 않으므로, 진짜다. 우리 자신을 설명해준다고 믿어온 사실들은 환상에 불과하거나 형이상학자들이 가짜라고 부르는 것들이다. 우리는 악의 없는 친척들, 교사들, 문화에 영향을 받아 자신이 진짜로 이러한 에고라고 믿게 되었다. 하지만 에고가 우리라고 정의하는 것들은 눈에 띌 정도로 빠르게 사라지고 있다. 재산, 업적, 명성, 트로피, 은행 계좌, 심지어 가족과 자녀들까지. 이 모든 것은 변화하며 무(無)로 돌아가는 세상의 모든 측면이다. 이들은 모두 가짜다. 어느 날카로운 문인은 이 현상을 다음과 같이 시적으로 묘사했다.

이 고요한 먼지는 신사와 숙녀,
청년과 아가씨였네.
웃음과 재주와 한숨,
아가씨들의 드레스와 고수머리였네.
활기 없는 이곳은 훌쩍 지나가는 여름의 저택,
만개한 꽃과 벌들이
생명의 순회를 마치고
이렇게 멈춘 곳.

이 시에서 에밀리 디킨슨은 만물이 생을 다하고 먼지로 돌아간다는 사실을 놀라울 정도로 정직하게 일깨워준다. 우리가 믿어온 모든 것들은 정말로 우리이기는 하다. 몸으로 해낸 일들과 그 몸 자체, 웃음과 한숨까지도 말이다. 하지만 우리의 진정한 '나'는 이런 하위 자아 또는 에고의 행위들을 보며 미소 지을 수 있다. 상위 자아는 이 하위 자아, 거짓 자아 너머에 존재한다. 사실 상위 자아는 이 지상에 묶인 우리의 모든 정체성보다 높은 차원에 있다.

우리에게는 에고에 지배되는 하위 자아를 보다 고귀한 위치에서 굽어볼 수 있는 자아가 있다. 그러므로 지금까지는 계속 변하고 사라져가는 측면들이 우리 자신에 대한 마음속 그림을 그려왔지만 우리는 자신이 그보다 훨씬 위대한 존재임을 깨달아야 한다. 그러면 '나는 누구인가'라는 질문에 다음과 같이 답할 수 있을 것이다. "나는 육신의 부모가 아니라 탄생도, 죽음도, 변화도 없는 근원 그 자체에서 나온 무한한 존재다."

삶을 움직이는 불꽃을 찾아서

우리는 모두 같은 근원에서 창조되었다. 여기서 내가 내린 결론은 우리가 분명 그 근원과 비슷하리라는 것이다. 이 근원을 뭐라고 부르는지는 중요하지 않다. 『도덕경』 첫머리에는 "도라고 할 수 있는 도는 영원한 도가 아니다"라는 말이 나온다. 도라고 부르든, 신이라고 부르든, 여호와라고 부르든, 거룩한 영혼이라고 부르든 상관없다. 끊임없이 변화하는 육체는 우리가 유래되어 나온 창조적 에너지를 담고 있음이 명백하고, 우리가 관심을 쏟는 점도 바로 이런 형태의 모든 생명체의 근원에서 우리가 생겨났음을 인식하는 것이다.

비전학의 대가 옴람 미카엘 아이반호프(Omraam Mikhaël Aïvanhov)는 1967년 강연에서 이렇게 말했다.

"창조주는 모든 피조물에게 자기의 일부를 심어두었습니다. 창조주와 본질적으로 같은 이 영혼, 이 불꽃 덕분에 모든 피조물은 창조주가 될 수 있습니다. 다시 말해 인간은 외부로부터 욕구가 채워지기를 기다리는 대신 자기 내면의 생각, 의지, 영혼을 이용하여 풍요와 치유를 얻을 수 있습니다. 그렇기 때문에 제가 여러분에게 드리는 가르침이 영혼과 창조주의 메시지인 것입니다."

내가 이 인용문을 좋아하는 이유는 우리의 모든 교육적 활동과 성취에서 광범위하게 무시되어온 영역을 대상으로 하기 때문이다. 여기서 핵심 어구인 '창조주의 일부', '불꽃' 등은 우리에게 내재하지만 우리가 거들떠보지 않고 버려둔 영역을 가리킨다. 이것은 상위 자아의 위대함을 이해하게 해주는 아주 적절한 심상이다. 우리의 내면에는 내가 보이지 않는 존재라고 언급해온 신의 불꽃이 있다. 이것은 감각기관으로 느낄 수 없는 존재다. 신의 불꽃은 심장을 뛰게 하고, 머리카락을 자라게 하고, 폐가 숨을 들이쉬었다가 내쉬게 한다. 우리는 이것을 당연히 여기고 물리적(가짜) 자신이 영위하는 삶에 주된 초점을 맞추어왔다.

이 장과 다음 장의 목적은 우주의 창조적 근원에서 떨어져 나온 작은 조각, 즉 불꽃이 여러분 안에 있음을 일깨워주고 그 불꽃이 여러분의 삶에서 주요 동력이 되도록 키우는 것이다. 1장의 내용을 떠올리면서 자아 개념을 바꿔 불꽃을 인식하고 키워나가겠다는 자발적인 의지를 다져보라. 그다음 지금 이야기하고 있는 상위 자아를 살펴보는 데 온 힘을 쏟아라.

우리의 상위 자아인 그 불꽃은 육체가 있는 존재인 우리에게 거의 없으나마나 할 정도로 작은 부분이다. 체중이 약 70킬로그램 정도인 사람의 경우 그 불꽃은 0.3그램 정도일 것이다. 이런 신의 불꽃이 여러분 안에 있다고 생각해보라. 이 불꽃은 변하지 않으므로 단지 상징적인 이미지일 뿐이지만, 그 불꽃이 두 배로, 열 배로 커져 작은 파편이 되고, 조각이 되고, 덩어리가 되고, 몸의 한 부분을 차지할 정도로 커진다고 상상해보라. 그리고 신성한 존재인 상위 자아가 삶을 인도해주는 불빛으로 느껴질 때까지 신의 불꽃이 진짜 당신의 존재라고 생각하라. 관심과 애정을 쏟음에 따라 점차 모습을 드러내는 진짜 자신이라고 말이다.

나중에 다시 이야기하겠지만, 결국 이 불꽃은 에고와 감각기관에 지배되던 우리를 압도할 것이다. 그 작은 불꽃은 우리 삶의 토대가 될 것이다. 이 신성한 불꽃이 뇌와 같은 크기로 머릿속에 들어 있다고 상상해볼 수도 있겠다. 그렇다면 여러분은 머리를 쓸 필요도 없이 혹은 새롭게 머리를 써서 소원을 성취하도록 도와줄 커다란 신(神) 덩어리를 하나 갖게 된 셈이다. 오로지 무한한 신의 에너지로만 구성된 새로운 뇌를.

내 안에 전지전능함이 있다

비전학의 영적 스승인 아이반호프는 1971년 1월 강연에서 또 다른 의견을 피력했다. "우리의 상위 자아는 완벽하고, 전지전능하며, 신의 일부이고, 순수하며, 투명하고, 명쾌한 본질적 존재다."

지금까지 배워온 사실들이 거짓이었음을 받아들이고 새로운 자아 개념을 생각해보는 일은 도전에 가까울 것이다. 하지만 나는 이 고대의 영적 가르침을 연구해보라고 권하고 싶다. 이 가르침은 단지 우리가 살아 숨 쉬는 인간이라는 사실만으로도 어떤 힘을 갖게 되는지, 그 놀라운 생각에 익숙해지도록 하기 위한 것이다. 상위 의식과 접촉하는 데만 전념하려면 이 위대한 비전학 스승의 가르침을 기꺼이 받아들여야 한다.

전능한 존재가 되기 위해서는 작은 불꽃에 불과했던 상위 자아, 즉 신이 우리 존재의 본질에서 더 의미 있는 위치를 차지할 만큼 커져야 한다. 우리는 신의 일부이므로 내면에 신이 들어 있다. 따라서 스스로의 신성(神性)을 의심할 필요가 없다. 예수의 말처럼 말이다. "율법서를 보면 하느님께서 '내가 너희를 신이라 불렀다' 하신 기록이 있지 않느냐(「요한복음」 10장 34절)." 신의 불꽃이 커지는 동안 우리는 당당히 이렇게 말해야 한다. "신을 밀어내지(edged God out : ego) 않은 나의 일부는 분명 완벽하고 전지전능하다. 나 자신과 같은 존재인 이 상위 자아가 이루지 못할 일은 아무것도 없다."

다시 한 번 예수가 우리에게 남긴 말을 살펴보자. "하느님께서는 무슨 일이든 하실 수 있다(「마태복음」 19장 26절)." 단 하나라도 불가능한 일은 없다. 비전학 스승들이 나에게 자주 일깨워주었듯이 우리 자신의 신적인 부분인 상위 자아는 그 작은 불꽃을 크게 키우고 그 에너지를 삶 속으로 끌어들일 때만 우리가 원하는 대로 귀를 기울이고 관심을 쏟아주기 시작한다.

신이 나의 외부에 있는 것이 아니라 나의 일부임을 인식한다면 진실로 영적 진화에 커다란 진보를 이루는 셈이다. 우리는 "나는 완벽하다"라는 말을 진심으로 깨닫고 자신에게 말해줄 수 있다(다음 장에서 최상위 자아에 대해 깊이 생각해보면서 알게 되겠지만, 어떤 형태로 표현되든 '나는 ~이다'라는 말은 대단히 중요하다). 이 장에서 우리는 상위 자아가 어떤 존재인지 알아가고 있다. 신은 더 이상 우리 외부에 있지 않고, 우리를 차별하지도 않는다. 요컨대 우리는 인류가 멋대로 만들어낸 신의 이미지를 바꾼 것이다.

우리를 치유해줄 수 있으면서도 신의 은총을 받을 만한 이들만 치유해주는 신을 생각해보라. 화가 난 신은 또 어떤가? 인간에게 성생활의 즐거움을 주고는 다른 인간들이 만든 규칙을 따르지 않는 이들을 지옥불에 태우기로 약속한 신은 어떤가? 우리에게 두 눈을 주고는 그 앞에 모습을 보이지 않은 채 자신을 믿지 않는 사람들에게 지옥의 형벌을 내리겠노라고 협박하는 신은? 화려한 사원에서 화려한 옷을 입은 자신의 대리인을 통해 예배를 받아야겠다고 고집하는 신은? 이런 것들은 에고의 신이다.

우리의 상위 자아는 만물을 사랑하고 포용하는 창조적 근원의 일부다. 우리는 이 존재가 우리 외부에 있지 않다는 사실을 받아들이기만 하면 된다. 상위 자아는 우리 안에 있고, 사실 우리 자신이며, 우리는 이 신성한 본질에 맞춰 행동하고 생각하면 된다. 그러면 이 신성한 존재처럼 우리도 소원을 현실로 드러내는 현현의 과정을 시작하게 된다. 이것이 바로 소원을 이루는 삶의 진정한 본질이다. 여러분의 신성한 본질에 기회를 줘라(2부에서는 여러분의 소원을 이루는 과정을 상위 자아에게 맡기는 단계별 방안에 대해 다룬다).

책의 서두인 1장과 2장을 통해 내가 바라는 점은, 여러분이 문화에 따라 훈련받아 익숙해진 터무니없는 생각에서 벗어난다면 자신이 얼마나 강력한 존재인지 인식하게 되리라는 점이다. 여러분의 신성한 본질과 더불어 그 존재가 무엇을 이룰 수 있는지에 대해 스스로 한계를 긋는 생각이라면 무엇이든 던져버리기 바란다. 신성한 불꽃과 가까워지고 그것에 자문을 구하며 그것을 키우고 관심을 쏟으며 믿어라. 또 자신에 대해 생각할 때 가장 먼저 영적인 존재로 묘사하는 연습을 하라. 즉 만물을 사랑하고 모두 내어주며 늘 기뻐하는 상위 자아로 살아가도록 자주 시도해보라. 상위 자아는 말 그대로 거짓 자아보다 높고 물질적, 물리적 자아보다 높으며 그야말로 우리 존재의 근원과 일치하는 우리의 일부다.

다음 장에서는 어릴 적부터 배워온 바에 비춰볼 때 훨씬 더 믿기 힘든 이야기를 들려줄 것이다. 우리에게는 에고에 기반을 둔 거짓 자아(가장 낮은 자아)와 더불어 영적 차원에 기반을 둔 신의 일부, 즉 상위 자아뿐만 아니라 최상위 자아도 있다. 우리가 자신이라고 선언해야 할 자아는 지금껏 믿도록 훈련받아온 자아가 아니다. 3장에서는 최상위 자아가 여러분을 기다리고 있다.

창조적 에너지를 끌어내기 위한 실천 전략

• 하루에 몇 번씩 하던 일을 멈추고 자신에게 중요한 질문을 던져보라. 지금 말하거나 행동하려고 하는 욕구가 하위 자아에서 나왔는가, 상위 자아에서 나왔는가? 에고는 소유, 승리, 비판 등 전적으로 자기 이익을 위하는 쪽으로 행동한다. 상위 자아는 돕고 사랑하고 비판하지 않는 평화로운 상태에 있는 존재다. 자신에게 이 질문들을 던져보고, 신과 더욱 완벽하게 합일을 이루는 기회를 마련해보라. 그러면 우리 존재의 근원이 그러하듯이 원하는 바를 현현시키는 힘을 이용할 수 있게 된다. 위의 질문에 대해 정직하게 생각해볼 수 있다면 우리는 소원을 이루는 힘과 일치될 수 있다. 에고의 동물적 특성을 꼭 배제할 필요는 없다. 그보다는 그런 성질을 다듬고 길들여서 그것이 영혼을 가리거나 망가뜨리지 않도록 해야 한다. 위의 질문을 자신에게 던짐으로써 신성한 본질에게 기회를 주라.

•• 자신의 존재 안에서 작은 의식의 불꽃이 타오르는 장면을 시각화하면서 조용히 명상하라. 자신의 신성인 그 불꽃을 바라보면서 그것이 마음속에서 점점 커지는 장면을 상상하는 연습을 해보라. 스스로 만족할 때까지 불꽃이 커지는 모습을 바라보라. 이 불꽃이 자신의

신적 본질이라고 느끼면서 이 연습을 계속하라. 그러면 신을 자각하게 해주는 이러한 내면의 이미지에 따라 행동하게 될 것이다.

••• 이러한 확언을 자주 하라. "나는 전지전능하고 한계가 없는 존재다." 이 확언은 의심을 없애고, 아무런 제한 없이 영적 세계에 사는 자신의 일부에게 의지하도록 도와준다. 여러분이 무엇을 하고 있는지 다른 사람들에게 이야기하거나 자부심을 드러내지 말고 자기 자신에게 확언하라. 에고는 우리가 육신과 신체적 감각이 우선하는 존재임을 끊임없이 확신시키려 드는데, 이 확언은 이러한 정신적 메시지를 우리 내면에서 없애는 작업이다.

내 안에 살아 있는 창조자를 만나라

> 여러분은 그리스도 예수께서 지니셨던 마음을
> 여러분의 마음으로 간직하십시오.
> 그리스도 예수는 하느님과 본질이 같은 분이셨지만
> 굳이 하느님과 동등한 존재가 되려 하지 않으시고······.
> - 「빌립보서」 2장 5~6절

1장과 2장에서는 우리 안에 신의 불꽃이 있고, 그 불꽃이 우리의 일상에서 더 큰 자리를 차지하도록 의식적으로 키울 수 있다는 이야기를 했다. 그 불꽃은 우리의 영적 본질이며 상위 자아다. 자신이 신을 깨달은 존재라는 데까지 인식이 미치면 그 인식을 삶의 중심으로 기꺼이 받아들이게 될 것이다.

상위 자아라는 개념은 점차 발전하여 최상위 자아가 될 것이다. 최상위 자아란 진실로 전지전능하여 기적을 일으킬 수 있는 존재다. 여기서 우리는 새로운 현실, 즉 전에는 생각할 수조차 없었던 장엄한 자아 개념을 보게 된다. 이 장을 시작하면서 인용한 『성경』의 한 구절, 즉 성 바울이 빌립보 교회에 보내는 편지글에는 최상위 자아가 묘사되어 있다. 작은 불꽃이나 신의 파편에서 시작한 우리는 신성모독을 저지르고 있다거나 입에 담지 못할 말을 한다는 느낌 없이 "내가 신이다"라고 주장할 수 있는 상태까지 옮겨갈 수 있다. 우리가 신과 같다는 이 관념은 그리스도 예수에 의해 알려진 것으로, "그리스도 예수께서 지니셨던 마음을 여러분의 마음으로 간직하십시오"라는 말 또한 우리에게 힘을 주고 있다.

여기서 말하는 신은 인간이 만들어낸 신, 즉 사람들을 차별하고, 호사스러운 예배당을 요구하고, 폭발적으로 분노를 터뜨리고, 회개를 요구하고, 자기에게 순종하지 않는 자들을 격노하여 벌하는, 에고에 사로잡힌 신이 아니다. 신은 절대 그렇지 않다. 내가 지금 이야기하는 만물의 창조적 근원은 비존재를 존재로 만드는 기적을 일으키는, 형상이 없는 신을 가리킨다. 굳이 하는 일도 없지만 하지 않는 일도 없이(『도덕경』 37장) 어디에나 존재하는 신 말이다. 이것이 우리 안에 있는 신성한 무형의 존재다. 이 관념은 시대를 초월하는 모든 위대한 영적 가르침의 기반이다.

조직화된 종교의 교리에서는 신이 우리 외부의 전능한 존재라고 한다. 우리는 말귀를 알아들을 나이가 됐을 때부터 이 말도 안 되는 견해를 접해왔다. 들은 대로라면 신은 우리를 지켜보고 있다가 잘못을 저질렀을 때는 벌을 주지만, 우리가 옳은 일로 신을 기쁘게 하면 갈등을 해결해주기도 한다. 물론 우리 기도도 들어주고 말이다.

아마도 "나는 신이다" 또는 "신은 사랑이다"라고 선언하거나 "하느님은 사랑이십니다. 사랑 안에 있는 사람은 하느님 안에 있으며 하느님께서는 그 사람 안에 계십니다(『요한일서』 4장 16절)"라는 말이 가리키는 것이 우리 자신이라는 사실을 믿기는 어려울지도 모른다. 우리가 신이고 순수한 사랑의 정수(精髓)라면 우리가 나눌 것은 사랑밖에 없다. 또 우리 자신을 그러한 태도에 맞추어 바꾸어간다면 "그것은 사람의 힘으로 할 수 없는 일이다. 그러나 하느님께서는 무슨 일이든 하실 수 있다(「마태복음」 19장 26절)"라는 말대로 이루어질 것이다. 이 말처럼 신과 조화를 이루는 소원이라면 어떤 예외도 없이 모든 일이 가능하다.

처음에는 "나는 신이다"라고 스스로 주장하기가 어렵다고 느낄지도 모른다. 하지만 신이라는 존재가 우리에게 신을 깨닫게 해주고 전지전능함을 누리게 해주는 순수한 사랑이라고 생각한다면, 장담하건대 우리는 비존재(영)에서 존재(인간)로 변한 그 순간부터 우리의 본질이었던 전능함을 되찾게 될 것이다. 나는 위에 언급한 예수의 가르침을 강조하여 "나는 신이다"라는 선언이 기독교의 가르침이나 다른 영적 수행과 반대되는 것이 아니라 오히려 완전히 일치함을 보여주곤 한다. 스스로 신이라고 말하는 것이 불경하게 느껴지는 것은 인간의 가장 부정적인 특질만을 따서 우리의 에고에 바탕을 두고 만들어낸 신을 받아들여왔기 때문이다.

나는 이 책을 준비하는 동안 두 명의 위대한 스승을 오랫동안 깊이 탐구해왔다. 그중 하나는 우엘 S. 앤더슨이다. 나는 그의 책 『마법의 세 단어』를 읽고, 연구하고, 명상에 이용했으며, 지금은 그 내용을 가르치고 그에 따라 살고 있다. 이 책은 323페이지나 되지만 나는 의식, 직관, 믿음, 사랑, 성공, 불멸 등에 대해 읽고, 명상과 수행을 하고, 저자의 메시지에 시간과 에너지를 투자한 후 마지막 장에 이르러서야 세 가지 마법의 단어가 무엇인지 깨달을 수 있었다.

'열쇠'라는 제목의 마지막 장은 이렇게 시작한다.

이것은 말로 표현할 수 없는 비밀이고 궁극적인 깨달음이며 평화와 힘의 열쇠다. 당신이 바로 신이다. 당신이 이 놀라운 진실을 받아들이고 감히 이 숭고한 정점에 서려 한다면 당신의 내면에서 우주 의식이 모습을 드러낼 것이다. 신은 그곳에 있다. 이 신은 당신의 눈을 통해 세상을 본다. 이 신은 당신의 자아이고 의식이다. 당신은 단지 신의 일부에 불과한 것이 아니라 전적으로 신 그 자체이고 신이 당신 자신이다.

이것이 우리의 최상위 자아다. 실로 굉장한 가정이기는 하지만, 만물의 창조적 근원과 일치하는 상태라면 우리가 신 자체라는 관념은 소원을 이루는 능력을 터득하는 핵심이자 열쇠다. 결국 우리가 신이고 신이 우리 자신이라면 모든 일이 가능하다. 이것은 서구 세계의 가르침이나 기독교 신앙에만 국한되는 주장이 아니다. 기독교보다 앞선 베단타(정통 인도철학의 하나-옮긴이)도 우리가 이 세상에 존재하는 절대 정신의 일부에 불과한 것이 아니라 절대 정신 그 자체라는 사실을 일깨워준다.

논의를 더 진행하기 전에 여러분과 내가 실제로 신과 같다는 관념에 대해 또 한 명의 위대한 영적 스승인 네빌의 말을 소개하고자 한다.

27개의 짧은 장으로 구성되어 있는 네빌의 책 『의식의 힘』은 몇 시간이면 읽을 수 있다. 하지만 『도덕경』과 마찬가지로 읽는 시간은 얼마 걸리지 않지만 계속 연구해야 심오한 의미를 발견할 수 있는 책이다. (앞서 언급했듯이 나는 81수의 짧은 시로 구성된 작은 책인 『도덕경』을 연구하고, 명상하고, 실행하고, 결국에는 거기 담긴 지혜를 어떻게 적용할지에 대한 글을 쓰는 데 1년이 걸렸다. 그 결과물은 『서양이 동양에게 삶을 묻다』라는 제목의 해설서로 출판되었다.) 네빌의 이 짧은 책은 『도덕경』과 마찬가지로 나를 자석처럼 끌어당겼다. 나는 네빌의 책을 일곱 번째로 읽고 녹음된 강의도 몇 편 듣고 난 뒤 우리가 잠깐 이 행성에 머무는 동안 네빌의 놀라운 통찰을 좀 더 쉽게 이용하고 적용하게 하려고 이 책을 쓰기로 했다.

나는 네빌의 가르침에 대해 수없이 메모한 뒤 고스란히 내 삶에 적용했다. 또 우리의 타고난 권리일 뿐만 아니라 본질 그 자체인 신의 힘을 받아들임으로써 소원을 이루게 한다는 생각을 전하기 위해 세계 전역에서 강연했다. 나는 네빌의 말을 들으면 최상위 자아를 발견하고 싶다는 마음이 든다. 또한 이러한 의식 속에서 살기로 결심할 때마다 곧바로 평온해지면서 내 모든 소원을 이루는 과정에서 신성한 의식과 하나가 되는 느낌이 든다.

네빌의 책을 일곱 번째 읽을 때는 마지막 27장을 남겨두고 우엘 앤더슨의 『마법의 세 단어』의 결론을 읽었을 때와 같은 신성함을 또 한 번 느꼈다. 네빌은 책의 마지막 장인 '경의(敬意)'를 다음과 같이 시작한다.

모든 창조에서, 모든 영원함에서, 무한한 존재인 당신의 모든 영역에서 가장 놀라운 사실은 이 책의 첫 장에 강조되어 있다. 즉 당신은 신이다. '나는 곧 나(I am that I am)'이고 의식이며 창조자다. 또한 이것은 불가사의한 신비로서 온 시대의 예언자, 선지자, 신비가에게 알려진 위대한 비밀이다. 지적인 차원에서는 절대로 알 수 없는 진리다. …… 중요한 점은 신이 당신 안에 있고, 당신 그 자체이며, 당신의 세상이라는 점이다.[1]

이것은 기념비적인 인식으로, 오직 느낌으로만 알 수 있는 것이다. 이 느낌은 말로 표현할 수도, 지적으로 이해할 수도 없는 사랑의 느낌이다. 네빌은 결론을 내리면서 이 느낌을 완벽하게 설명한다.

당신의 창조자가 바로 당신 자신이고 창조자가 당신을 사랑하지 않았다면 창조하지도 않았을 것이라는 사실을 깨달을 때 당신의 마음은 신앙 그리고 당연히 경배로 가득 찰 것이다. …… 가장 강렬하게 경외심을 느낄 때 신에게 가장 가까이 있게 되고, 신에게 가장 가까이 있을 때 삶이 가장 풍요롭다.[2]

결론적으로, 이 장 전체의 메시지를 이해한다면 신에게 가장 가까이 다가갈 수 있다. 신 자체가 되는 것보다 신에게 가까이 가는 방법은 없다. 이 탁월한 견해를 이해한다면 더 이상 우리 존재의 근원과 멀어져서 살지 않을 것이므로 그 존재의 힘을 다시 얻게 될 것이다.

알다시피 신은 무수히 많은 형태로 나타나고, 당신 역시 그 숭고한 형태 중 하나다.

네빌은 우리 자신이 신이라고 결론을 내리면서 이렇게 말한다. "당신은 '나는 곧 나'로 불리는 존재다." '나는 곧 나'라는 말은 이 책이 말하고자 하는 가장 결정적인 요소에 해당한다. 이 말은 우리가 곧 신이라는 사실을 진실로 깨닫기까지 온갖 장애물을 넘는 데 엄청난 도움이 될 것이다. 그 이유는 뭘까? 우리는 "나는 신이다"라는 주장이 불경하다고, 신의 지위에 의문을 제기하면 신의 분노를 산다고 믿도록 훈련되어왔기 때문이다.

준비된 사람에게는 나타난다

글을 쓰면서 항상 느끼지만, 카를 융이 필생의 업적이라 표현했던 다르마를 지키면서 영적 행로를 따를 때면 보이지 않는 힘이 나를 이끌어준다는 느낌이 든다. 융과 마찬가지로 나도 종종 이 인생과 사명이 운명적으로 내게 주어졌음을 감지하고는 내면의 안정감을 얻었다. 또한 융은 자신이 운명을 스스로 증명해낼 수는 없었지만 운명이 자신을 통해 스스로를 증명했고, 자신이 운명을 확신한 것이 아니라 운명이 자신을 확신했다고도 말한 바 있다.

나는 지금껏 더 높고 새로운 영적 차원으로 이끌려간다고 느낄 때면 누군가 나를 인도해주고 있다고 느꼈다. 실제로 글을 쓰거나 말을 하기 훨씬 전에 앞으로 글로 쓰고 경험할 일에 대해 천사가 정보를 알려주는 것 같은 기분이다. 이를테면 모르는 사람이 나에게 들을 거리나 읽을 거리를 보내주어 내 안의 무언가를 깨어나게 하거나, 대화 또는 영화 예고편 따위에서 계속 언급되는 단어가 내 호기심에 불을 붙일 때가 있다. 그래서 무엇인지 모르는 일로 이끌려갔는데 알고 보니 깨달음으로 가는 다음 단계였다거나 하는 식이다.

영적으로 소원을 이룬다는 이 아이디어에 대해 조사할 준비를 하고 있을 때(혹은 준비'되고' 있을 때)도 마찬가지였다. 비전학과 우엘 앤더슨의 『마법의 세 단어』가 그랬던 것처럼 네빌의 책도 갖가지 방식으로 내 앞에 나타났다. 하지만 내가 연구하고, 경험하고, 마침내 알아야 했던 그 가르침들이 내 앞에 나타나기만 해서는 의미가 없었다. 내 선택과 의식을 통과해야만 했다. 나를 담당하는 천사의 무리는 그때까지 내 인생과 완전히 동떨어져 있다시피 했던 이 고대의 가르침을 어떻게 전해주려 했던 걸까? 여러 번 말했듯이 준비된 제자에게는 스승이 나타나기 마련이다.

지금 생각해보면 나는 그때 준비가 되어가는 중이었다. 나뿐만 아니라 여러분에게도 다르마를 따르게 하기 위한 스승과 가르침이 아주 적합한 방식으로 모습을 드러낸다. 여러분도 지금 이 책을 읽음으로써 내가 배운 모든 지식에 연결되고 있지 않은가. 분명 우리는 이 일에 다같이 관련되어 있다. 이 가르침이 나에게 그러했듯이 여러분도 신비한 방식으로 이 책을 접하고 그 메시지를 연구하게 되었는지도 모르겠다.

나는 마우이의 집필실을 떠나 몇 달 동안 가족과 이야기하며 시간을 보냈다. 마우이에 돌아오자 요가 강사에게 전화가 왔다. 어떤 사람이 내 앞으로 물건을 맡겨놓았다는 것이었다. 물건은 황금색 종이로 포장되고 아름다운 리본이 나비 모양으로 묶여 있어서 마치 미다스 왕의 선물 같았다. 나는 그 물건을 집으로 가져와서 식탁 옆에 두었다. 그리고 3주 동안 매일 흘끗거리면서 자리를 비운 몇 달 동안 산처럼 쌓인 우편물 중 하나일 뿐이라고 생각했다. 하지만 이 물건에는 왠지 특별한 느낌이 있었다. 나는 밥을 먹을 때마다 그걸 보면서도 '나중에 열어봐야지'라고 생각하고 그대로 놔두었다. 그러면서도 이상하게 그 물건에 끌렸다.

어느 날 저녁, 마침내 나는 그 선물을 열어보기로 했다. 당시에는 왜 그랬는지 당최 알 수 없었지만 그때 나는 들떠 있었다. 리본을 풀자 캐럴 앤 제이컵스라는 부인이 나에게 쓴 쪽지가 상자에 붙어 있었다. 알지도 못하고, 만나본 적도 없는 사람이었다. 내가 라하이나 스튜디오에서 요가를 배운다는 이야기를 듣고 내게 전해달라면서 물건을 놓고 간 것이었다. 쪽지에는 이렇게 쓰여 있었다.

이 황금의 선물은 빛의 옥타브에서 나오는 에테르(지상의 4원소와 대비되는 천상의 물질로서 제5원소라고도 불리는 가상의 물질—옮긴이)를 통해 전해진, 세상에서 가장 위대한 지혜의 정수입니다. 이 지혜를 받아들여서 살아 있는 내면의 불꽃으로 바꾼다면 지금 이 육신이 다되었을 때 더 높은 차원으로 상승하게 될 것입니다.

당신이 이 지구에서 진동 주파수를 높여주고 원소의 존재들(인류의 각성을 돕기 위한 존재로 알려짐—옮긴이)을 들여온 것에 진실로 감사드리며.

사랑을 담아, 캐럴 앤 제이컵스 드림.

금색 종이를 벗겨내자 작은 책이 들어 있는 상자가 나왔다. 나는 책을 보자마자 못 읽겠다는 생각이 들었다. 나에게 읽어달라거나 추천해달라거나 서문을 써달라고 세계 각지에서 보내온 책이 적어도 스물다섯 권은 되었기 때문이다. 이렇게 들어오는 책이 너무 많아서 꽤 많은 책을 자선단체에 기부하곤 한다. 아무튼 나는 그 책을 식탁에 내려놓고 중얼거렸다. "다른 책들이랑 같이 뒀다가 좋은 곳에 기부해야겠다. 읽을 수도 없잖아."

하지만 이 작은 꾸러미는 그 자체로 어떤 에너지가 있는 듯했다. 나는 그 책을 잠시 읽어본 후에 다시 내려놓았다. 절대 손대지 않을 다른 책 더미에 갖다 둘 생각이었다. 하지만 그 책은 몇 주 동안이나 내 주변에 있었다. 그 책을 갖고 있던 어느 날, 나는 어떤 에너지가 내 몸을 수직으로 관통하는 것을 느꼈다. 온몸에 소름이 돋았다. 이렇게 내 인생의 새로운 장이 펼쳐졌다. 바로 그 순간 나는 그 362페이지짜리 책을 처음부터 끝까지 읽어보기로 결심했다. 그 책을 읽어본 후 머릿속에는 의문이 꼬리에 꼬리를 물고 계속 일어났다. 결국 나는(과연 나만의 결정이었을까?) 이 귀중한 영적 진실에 대해 강연하고 글을 쓰기로 결심했고, 더 중요하게는 내 인생에 그것을 적용해보기로 결심하기에 이르렀다. 그 책은 세인트 저메인(Saint Germain)의 『아이앰 담론(The "I AM" Discourses)』이라는 시리즈 중 제3권이었다('I AM'이라는 말은 '나는 ~이다'라는 의미를 갖지만 여기서는 고유명사처럼 존재 그 자체를 나타내는 말로도 쓰이므로 음을 그대로 적었고 이후에는 문맥에 따라 뜻을 풀이하기도 했다-옮긴이).

이 책을 매일 읽으면서 나는 여러분과 나를 포함한 모두가 신이라는 메시지를 분명히 깨닫기 시작했다. 이 한 권에 담긴 33개의 담론은 1932년 10월 3일부터 이 책이 출판된 1935년 1월 1일 사이에 쓰였고 '승천한 스승'(ascended master, 높은 진동 주파수에 공명하여 물질계뿐 아니라 더 높은 차원에 존재할 수 있는 영적 스승을 의미-옮긴이)인 세인트 저메인과 예수를 비롯한 여러 스승들과 직접 채널링(인간과 다른 차원의 존재와의 영적 교신-옮긴이)한 내용이다. 이 내용을 받아쓴 가이 밸러드(Guy Ballard)라는 사람은 고드프리 레이 킹(Godfre Ray King)이라는 가명으로 책을 출판하고 다음과 같이 적었다.

이 책에 담긴 33개의 담론은 1932년 우리 집 안에서 빛과 소리가 쏟아지는 가운데 작성되었고, 이 작업에 직접적인 관심을 보인 세인트 저메인과 다른 승천한 스승들에게서 받아쓴 내용이다. 세인트 저메인의 음성은 방 안에 있던 다른 사람들이 모두 실제로 들을 수 있었다. …… 지금까지 대백색형제단(the Great White Brotherhood, 신의 계획 하에 인류의 발전과 진화를 도모한다고 알려진 고차원의 영적 존재들을 가리킴-옮긴이)의 은신처가 아닌 곳에서 '아

'아이앰'에 대해 이렇게 강력하고 초월적인 지식이 개개인에게 전해진 적은 없었다.³

    여기서는 이 책의 서문에 쓰인 내용을 그대로 보여주기만 할 뿐이다. 나는 채널링을 통해 쓰인 이 글의 진실성을 파고드는 데는 관심이 없다. 내가 보기에 모든 것은 신과의 교신에서 나오기 때문이다. 지금 쓰고 있는 이 글이 어디서 나오는지도 알 수 없다. 확실히 내 머릿속에서 나오는 것이 아니라 영감이 충만할 때 이런 내용이 빠르고 맹렬하게 쏟아져 들어오는 것 같다. 내가 관심 있는 부분은 이 메시지의 장엄함이다. 그리고 또 하나의 관심사는 이 세상이 사랑, 평화, 기쁨으로 가득 찰 수 있고 존재의 근원과 일치하는 소원을 아무런 제한 없이 이룰 수 있는 힘이 우리에게 있다고 느끼는 나의 의식이다. 이런 이유로 여기서 '아이앰'에 대한 가르침의 핵심을 제시하고 그 내용을 깊이 연구해보라고 권장하는 것이다. 핵심은 두 가지다. 첫 번째는 아이앰, 즉 나 자신이 신의 왕성한 활동이라는 점이다. 두 번째는 우리가 저마다 자신을 변화시킴으로써 우리 대부분이 지금껏 되어왔던 에고보다는 신을 반영하는 존재가 될 수 있다는 점이다.
    세인트 저메인의 첫 번째 담론에는 아주 중요한 사항이 또 한 가지 들어 있다.

말로 하든, 말없이 생각하거나 느끼든, 이 우주 어디에서든 누구나 가장 처음에 표현하는 것은 '나는 ~이다', 즉 자신이 어떤 존재임을 드러내고 그 자체의 신성함을 인정하는 것이다.
이 강력하지만 단순한 법칙을 이해하고 적용하고자 하는 수행자는 자신의 언어적, 비언어적 표현과 생각을 더욱 철저히 감시해야 한다. 스스로 알든 모르든 "난 ~가 아니야", "난 못해", "난 ~가 없어"라고 말할 때마다 우리는 내면의 위대한 존재를 목 조르고 억압하는 셈이기 때문이다.[4]

이 글은 내가 전하려는 메시지를 직접적으로 말해주고 있다. 우리가 '나는 ~이다', 즉 자신이 어떤 존재인지를 생각할 때마다 신이 활동하게 하는 셈이다. 그렇다면 "나는 산다", "나는 움직인다", "나라는 존재는 '나는 곧 나'인 신이다"라고 끊임없이 자신에게 일깨워주지 않을 이유가 없다.

이쯤에서 몇 문단을 할애하여 아마도 여러분에게 친숙할 어떤 책에 기록된 메시지로 돌아가 보려고 한다. 그 책은 바로 모세 5경(Torah, 구약의 첫 다섯 권)과 신약이 담긴 『성경』이다. 기독교나 유대교 집안에서 자랐다면 내가 여기서 전하는 영적 진리들이 여러분의 신념과 절묘하게 맞아떨어짐을 깨달을 것이다. '나는 곧 나'라는 이 말은 우리의 영혼에 입력된 메시지를 담고 있다. 예수 탄생 1300년 이전까지 거슬러 올라가는 고대의 영적 가르침에 따르면 '나는 ~이다'라는 말은 우리를 신성함과 하나가 되게 해주는 동시에 우리 자신이 신과 똑같은 창조의 힘을 지닌 신성한 존재임을 상기시킨다.

우리는 신과 같은 존재다

알다시피 아기 모세는 이스라엘 노예의 아들로 태어났기 때문에 왕골 상자에 담겨 나일 강의 갈대숲에 버려졌다. 당시 파라오가 이스라엘 노예에게서 태어난 남자아이를 모두 강에 빠뜨려 죽이라는 명령을 내렸기 때문이다. 하지만 행운이었는지 신성의 개입이었는지, 파라오의 딸은 떠내려가던 아기를 구해 가혹한 원수들 사이에서 왕자로 길러주었다.

청년이 된 모세는 이스라엘인 노예를 학대하던 이집트 병사를 죽이고 시체를 감춘다. 하지만 양할아버지인 파라오가 모세의 범죄 사실을 알아차리고 그를 죽이라고 명령한다. 모세는 미디안 광야로 도망쳐서 그곳 사제인 르우엘에게 의탁하고 그의 딸 시뽀라와 결혼한다. 모세는 40여 년 동안 양치기이자 한 여자의 남편으로서 살아간다.

이스라엘 노예로 태어나 파라오의 명령으로 태어나자마자 죽을 운명이었던 한 남자는 파라오의 딸에게 구출되어 아들로 길러지고 이제는 양치기가 되었다. 그는 양떼를 돌보러 나갔다가 계속 불타오르는 떨기나무와 마주친다. 이 고대의 성서에 따르면 모세는 그때 신의 음성을 듣게 된다.

야훼의 천자가 떨기 가운데서 이는 불꽃으로 그에게 나타났다. 떨기에서 불꽃이 이는데도 떨기가 타지 않는 것을 본 모세가 "저 떨기가 어째서 타지 않을까? 이 놀라운 광경을 가서 보아야겠다" 하며 그것을 보러 오는 것을 야훼께서 보셨다. 하느님께서 떨기 가운데서 "모세야, 모세야" 하고 부르셨다. 그가 대답하였다. "예, 말씀하십시오." 하느님께서는 "이리로 가까이 오지 마라. 네가 서 있는 곳은 거룩한 땅이니 네 발에서 신을 벗어라" 하시고는 다시 말씀하셨다. "나는 네 선조들의 하느님이다. 아브라함의 하느님, 이삭의 하느님, 야곱의 하느님이다." _「출애굽기」 3장 2~6절

「출애굽기」에서 계속되는 이 이야기에서는 신이 모세에게 말하기를, 파라오에게 가서 이스라엘의 자손들을 풀어주라고 전하라 한다. "내가 이제 너를 파라오에게 보낼 터이니 너는 가서 내 백성 이스라엘 자손을 이집트에서 건져내어라(「출애굽기」 3장 10절)."

그런 후 모세가 자기 혼자 그런 엄청난 일을 어떻게 해내느냐고 묻자 신은 이렇게 대답한다. "내가 네 힘이 되어주겠다(「출애굽기」 3장 12절)." 모세는 이어 이렇게 묻는다. "제가 이스라엘 백성에게 가서 '너희 조상들의 하느님께서 나를 너희에게 보내셨다' 하고 말하면 그들이 '그 하느님의 이름이 무엇이냐?' 하고 물을 터인데, 제가 어떻게 대답해야 하겠습니까?(「출애굽기」 3장 13절)" 신은 모세에게 이렇게 대답한다. "나는 곧 나다(I AM THAT I AM)." 또 말하기를, "너는, 나를 너희에게 보내신 분은 '나다' 하고 말씀하시는 그분이라고 이스라엘 백성에게 일러라. …… 이것이 영원히 나의 이름이 되리라. 대대로 이 이름을 불러 나를 기리게 되리라(「출애굽기」 3장 14~15절)"라고 한다.

이 이름은 여러분과 나까지도 대대로 기억할 만한 이름이다. 우리와

동일한 존재인 신의 이름은 나, 즉 아이앰이다. 이것이 『아이앰 담론』의 본질적인 가르침이며 최상위 자아와 가까워지는 길이다.

아직도 자신이 신이라고 생각하기가 어려운가? 그렇다면 이렇게 해보라. 신이 넓은 바다라고 상상해보라. 바닷물을 한 양동이 뜨면 양동이 안의 물은 바다인가? 그렇다. 어쨌든 바다임은 확실하다. 넓은 바다는 양동이의 물보다 크긴 하지만 양동이에 담긴 바다의 전체로서 존재한다. 이제 스스로를 신을 담은 양동이라고 생각해보라. 어쨌든 신임이 확실하고, 신도 당신임이 확실하다. 물이 마르는 것은 우리가 바다에서 계속 떨어져 있을 때뿐이다. 우리도 최상위 자아를 꽉 붙들고 있으려면 이와 마찬가지로 존재의 근원과 분리되지 않고 일치된 상태로 있어야 하고, "너희는 멈추고 내가 하느님인 줄 알아라(「시편」 46장 10절)"라는 신의 말을 기억해야 한다.

제임스 타이먼(James Twyman)은 『모세의 코드』라는 책에서 이 진실을 깨달으라고 강력하게 주장한다. 사실 이 책의 부제는 '세계 역사상 가장 강력한 자기실현의 도구'다(신의 이름과 관련된 모세의 질문에 대한 신의 대답에 어떤 힘이 있는지 좀 더 깊이 알아보고 싶다면 제임스 타이먼의 이 매혹적인 책을 권하고 싶다).

모세 5경은 예수가 탄생하기 1300년 전에 쓰였을 것으로 추정된다. 신이 처음으로 나타나 모세에게 신발을 벗으라고 말하는 거룩한 장소에서 모세는 자신이 신에게 한 말을 통해 처음으로 자신이 진정 누구인지를 깨닫는다. "내가 여기 있나이다(Here I am)."

절대적으로 확신하건대 우리가 태어날 때부터 머물렀던 모든 물리적 형태 안에 함께 있던 '나'라는 존재, 즉 아이앰은 바로 신이다. 아이앰이라는 두 단어가 신의 이름이다. 여러분은 이 말을 어떻게 사용하는가? 아이앰이라는 신의 이름을 사용함으로써, 소원이 현실로 나타날 수 있음을 의심하지 말고 동시에 최상위 자아라는 고귀한 존재의 인도에 따라 살아갈 수 있음을 깨달아야 한다. 신이 "너희는 멈추고 내가 하느님인 줄(I am God) 알아라"라고 가르쳐준 대로 말이다.

우리 자신이 신이라는 견해를 뒷받침하기 위해 예수라는 사람이 이 땅에 있던 시절로 돌아가 보자. 그의 말을 들어보면 우리 자신이 신이라고 선언하는 일은 뉴에이지 식의 해석도 아니고 기독교에 대한 공격은 더더욱 아님을 알 수 있다. 이 믿음을 마음속에 간직한다고 해서 신성모독의 죄를 짓는 것은 아니다. 혹시 죄책감이 느껴진다면 이 장 첫머리에 인용한 성 바울의 글을 다시 읽어보라. 정말로, 우리는 신과 같은 존재다. 그리고 이렇게 생각하는 데는 아무런 문제가 없다.

나를 결정하는 것은 '나'

「요한복음」 8장 58절에서 아브라함을 보았느냐는 질문을 받은 예수는 이렇게 대답한다. "정말 잘 들어두어라. 나는 아브라함이 태어나기 전부터 있었다(I AM)." 여기서 예수는 우주의 창조적 근원이자 사랑으로 정의되는 신이 아이앰으로 불린다는 사실을 보여준다. 신약을 통틀어 우리 모두에게 전해진 가장 중요한 메시지 중 다수가 신의 이름(I AM)으로 시작된다. 우리 역시 이 이름을 사용하게 되었다. 하지만 우리가 그 이름을 사용하는 경우는 자신을 근원에서 멀어진 존재나 근원의 일부에 불과한 존재로 정의하는 경우일 때가 많다. 우리는 "나는(I am) 약해", "나는(I am) 아파", "나는(I am) 가난해", "나는(I am) 슬퍼"와 같이 말할 때가 너무 많다.

아이앰이라는 말을 사용함으로써 예수는 우리에게 자신이 신과 하나임을 말해준다. 그 이름을 말하기만 하는 것이 아니라 자신이 신과 같은 존재임을 주장하고, (여러분도 곧 알게 되겠지만) 우리에게도 똑같이 하라고 당부한다. 제임스 타이먼은 『모세의 코드』에서 이렇게 말한다.

> 그래서 그들은 예수님이 홀연히 나타나서 '내가 하느님이다'라고 선언했을 때, 그렇게도 거친 반응을 보였던 것이다. 바로 이것이 모세의 코드의 핵심이다. 하느님과 우리가 하나라는 사실을 깨닫는 순간, 하느님이 행하셨던 놀라운 기적들을 우리도 일으킬 수 있다는 사실 말이다. 바로 예수님이 이와 같이 했을 때, 그가 가는 곳에는 어느 곳이든지 기적이 따라다녔다.

여기서 내가 강조하고 싶은 것은, 이 메시지를 이해하고 받아들인다면 우리도 삶에서 기적을 체험하게 되리라는 점이다.

다음 구절들은 강력한 메시지를 담은 예수의 가르침이다. 그는 우리에게 보내는 권고 한마디 한마디마다 신의 이름(I AM)을 언급한다.

"나는(I AM) 문이다. 누구든지 나를 거쳐서 들어오면 안전할 뿐더러 마음대로 드나들며 좋은 풀을 먹을 수 있다(「요한복음」 10장 9절)."

"나는(I AM) 착한 목자다(「요한복음」 10장 11절)."

"내가(I AM) 바로 생명의 빵이다. 나에게 오는 사람은 결코 배고프지 않고 나를 믿는 사람은 결코 목마르지 않을 것이다(「요한복음」 6장 35절)."

"나는(I AM) 세상의 빛이다. 나를 따라오는 사람은 어둠 속을 걷지 않고 생명의 빛을 얻을 것이다(「요한복음」 8장 12절)."

"나는(I AM) 길이요 진리요 생명이다. 나를 거치지 않고서는 아무도 아버지께 갈 수 없다(「요한복음」 14장 6절)."

"나는(I AM) 참 포도나무요 내 아버지는 농부이시다(「요한복음」 15장 1절)."

"나는(I AM) 포도나무요 너희는 가지다. 누구든지 나에게서 떠나지 않고 내가 그와 함께 있으면 그는 많은 열매를 맺는다. 나를 떠나서는 너희가 아무것도 할 수 없다(「요한복음」 15장 5절)."

"나는(I AM) 알파요 오메가다(「요한계시록」 1장 8절)."

그리고 예수의 가르침 중에서 가장 중요한 아이앰은 바로 이것이리라.

"나는(I AM) 부활이요 생명이니 나를 믿는 사람은 죽더라도 살겠고(「요한복음」 11장 25절)."

예수가 "나는 십자가의 고난이라"라고 말하지 않고 "나는 부활이요"라고 말한 것에 주목하라. 이것은 신이 곧 부활이고 우리 모두의 내면에 거하는 영원한 빛이라는 의미다.

사립학교에 다니던 내 막내딸 세이지가 2학년이었을 때 예배당에 가서 십자가에 못 박힌 시체를 보는 것이 정말 싫다고 이야기한 적이 있다. 한참 힘들어하던 세이지는 교직원에게 예배 시간에 빠지게 해달라고 부탁했다. 예배당의 그 광경이 세이지의 마음을 슬픔으로 가득 채우는 바람에 아이가 공부에도 집중할 수가 없었기 때문이다. 하지만 우리는 예배 참석이 의무 사항이라는 통지를 받았다. 결국 우리는 그런 고통스러운 모습을 볼 필요가 없는 학교로 세이지를 전학시켰다.

이 행성 전체의 문제는 세이지의 문제보다 크고 광범위하지만 나는 일곱 살배기 어린아이였던 세이지의 경험이 이 행성에 사는 우리 모두의 문제와 똑같다고 종종 생각한다. 예수는 "나는 부활이요"라고 말했다. 즉 우리 모두의 내면에 있는 사랑(신은 사랑이므로)으로 만들어진 초월적인 빛의 존재라는 말이다. 하지만 전 세계의 수많은 기독교인들이 십자가에 못 박힌 예수라는 존재에 초점을 맞춘다. 손과 발에 못이 박히고 가시관을 써서 얼굴에는 피가 흐르며 옆구리에 상처를 입고 괴로워하는 존재 말이다. 이것은 우리 모두의 내면에 있는 괴롭고 고통스러운 영혼에 초점을 맞춘 심상으로 고통과 공포를 부채질한다. 이런 심상을 떠올린다는 것은 신이 곧 고통이라는 잘못된 생각에 머물러 있는 셈이다.

나는 예수에 대한 예술적 해석 중에도 그를 고통에 시달리는 영혼으로 그린 것보다는 부활로 표현한 것이 더 맘에 든다. 즉 사랑과 빛으로 가득하고 이 지상의 괴로움을 초월하며 모두 서로 사랑하도록 격려해주는 모습이 더 좋다. 십자가의 고난보다 부활에 초점을 맞춘다면 이 세상이 얼마나 달라질지 생각해보라. 우리 모두는 이러한 권한을 행사함으로써 우리의 신적인 본질을 명확히 보여주는 영원한 부활의 빛을 보게 될지도 모른다. 또 "하늘에서와 같이 이 땅에서도 이루어지게 하소서(『마태복음』 6장 10절)"라는 말에 담긴 관념을 향해 한 걸음 크게 도약할지도 모른다.

나는 이 책에 필요한 자료 조사의 일환으로 『성경』을 읽으면서 예수가 사용했던 '나(me)'라는 단어가 대문자나 이탤릭체로 강조되어 있다는 사실을 알아차렸다. 이 위대한 스승이 "나를 떠나서는(without Me) 너희가 아무것도 할 수 없다", "나를 거치지(through Me) 않고서는 아무도 아버지께 갈 수 없다"라는 말에서 사용한 나라는 단어는 누구를 가리킨 것이었을까? 우리와 함께 거닐던 한 인간으로서의 예수를 가리킨 말이라면 신의 외아들로서 신의 힘을 모두 가졌고 기름 부음 받은 유일한 존재로 그를 숭배하는 것도 이치에 맞는다. 하지만 『성경』에 따르면 예수는 그의 말을 통해 우리를 일깨워준다. "육적인 것은 아무 쓸모가 없지만 영적인 것은 생명을 준다. 내가 너희에게 한 말은 영적인 것이며 생명이다(『요한복음』 6장 63절)." 우리는 이 점에 깊이 주목해야 한다.

'나(Me)', '나는(I am) 길이요'라고 말할 때 예수는 육체를 입은 채 걷고 말하는 한 인간으로서의 자신에 대해 이야기하는 것이 아니다. 우리에게 자신의 이름이 아이앰이라고 말했던 신으로서 이야기하는 것이다. 그가 '육적인 것은 아무 쓸모가 없지만'이라고 했으므로, 자신의 육체 또한 무익하다고 말하는 것이다. "내가 너희에게 한 말은 영적인 것이며 생명이다"라는 말은 이 점을 더 확실히 보여준다.

예수라는 이름으로 살았던 이 사람은 우주의 창조적 근원이 '나는 곧 나'인 존재임을 알았다. 그는 현명하고 경건했기 때문에 아이앰이라는 말이 피와 살로 이루어진 인간의 몸이 아닌 신의 영임을 깨달을 수 있었다. 최상위 자아에 대한 이 장의 핵심 메시지는 '우리는 신'이라는 것이다. 후에 예수는 이렇게도 말한다. "정말 잘 들어두어라. 나를(Me) 믿는 사람은 내가 하는 일을 할 뿐만 아니라 그보다 큰 일도 하게 될 것이다(「요한복음」 14장 12절)." 이 구절에는 다시 나(Me)라는 말이 나온다. 우리가 스스로의 신성에 대한 모든 의심을 몰아내고 가르침에 따라 단지 신의 파편이 아닌 신 자체로 살아갈 때 신과 같은 일을 할 수 있고 그보다 큰 일도 할 수 있음을 안다면, 그리고 그 신과 일치하는 상태로 머문다면 나(Me)는 바로 우리를 가리킨다. 정말로 우리는 스스로 신과 동등해지는 것이 도둑심보라도 되는 듯이 생각할 필요가 없다. 이 논리적인 결과에 힘입어 우리는 자아 개념을 바꾸고 스스로의 신성한 본질과 핵심적인 진실을 인식할 수 있으며 앞으로 그렇게 될 것이다. 여기서 핵심적인 진실이란 우리가 창조주와 하나가 될 때 "나는 신이다"라는 말에 내재하는 모든 힘을 얻고 공동 창조자가 된다는 사실, 그리고 당연한 이야기지만 신이 사랑 그 자체라는 사실이다.

이에 대해 네빌은 간결하게 말했다. "나 자신(I AM)이 어떤 상황에서 어떤 형태로 존재할지를 결정하는 것은 나 자신이라는 관념 그 자체다. 만물은 그 자신에 대한 스스로의 태도에 따라 달라진다. 스스

로에 대해 진실이라고 확신할 수 없는 속성은 그 사람이 속한 세상에서 깨어나 실현될 수 없다."⁵

우리가 완전히 신과 같다는 새로운 자아 개념으로 이끄는 이 논리적인 귀결을 받아들일 수 있는지 알아보라.

- 신은 모세에게 이야기하고 장래 대대로 기억할 이름을 '나는 곧 나'라고 선언한다.
- 그로부터 1300년 후 예수는 신이 나라는 존재(I AM)임을 인정한다.
- 예수는 '나는 ~이다'라는 여러 번의 선언을 통해 자신도 역시 신임을 우리에게 일깨워준다.
- 예수는 우리 모두 신과 동등하다고 말한다.
- 예수는 자신이 영으로서 이야기한다는 사실과 육신이 무익하다는 사실을 우리에게 확인시켜준다.
- 예수는 우리도 그와 마찬가지로 신이므로 그가 하는 모든 일을 할 수 있다고 말한다.
- 우리는 신(I am that I am)이다. 그 사실을 알고 이 신성한 아이앰 존재와 조화를 이룬 상태에 있으라.

이제 여러분에게는 우리의 신성한 본질에 대한 주장이 그리 낯설어 보이지 않을지도 모른다. 또 신을 깨닫고 새로 깨어난 자아에게 부적절한 방식으로 자신을 묘사하지 않도록 우선 '나는(I am)'이라는 단어를 함부로 쓰지 않는 일부터 시작하고 싶을지도 모른다.

떨기나무의 불길로 나타난 신과 모세의 첫 만남을 압축적으로 보여주는 시를 하나 살펴보자.

> 천국으로 가득한 이 땅,
> 어느 떨기나무나 신의 불꽃으로 타오르네.
> 허나 볼 수 있는 자만이 신발을 벗고,
> 다른 이들은 주변에 앉아 그 열매만 딸 뿐.
> _엘리자베스 배럿 브라우닝

실로 이 땅은 천국으로 가득 차 있고, 우리는 신이 가득 차 넘쳐흐르는 이 땅에 있다. 그러니 신발을 벗고 '나'라는 성소(聖所)에 경의를 표하라.

내 안의 창조자를 만나기 위한 실천 전략

- 일상적인 대화에서 '나는'이라는 말을 정확히 어떻게 사용하고 있는지 의식적으로 지켜보라. '나는' 뒤에 따라온 말이 우주의 창조적 근원이 말할 만한 내용과 충분히 조화를 이루지 않는다면 즉시 바로잡아라. "나는 생각과 느낌 속에서 부활이요 생명이다"라고 스스로에게 이야기하라. 세인트 저메인의 『아이앰 담론』에는 이런 구절이 있

다. "이 말은 즉시 당신 존재의 모든 에너지를 존재의 근원인 뇌의 한 가운데로 향하게 한다. 이 말의 힘은 비할 데 없이 강력하다. 그 말로써 못할 일은 없다. 그 말은 예수가 고난 가운데서 가장 많이 사용했던 말이다."[6]

•• 주변인들, 특히 가족과 친구들이 '나는'이라는 말에 내재한 힘을 제대로 쓰고 있는지 잘못 쓰고 있는지 지켜보라. 많은 사람들이 "나는 약해／가난해／우울해／아파／슬퍼／두려워／불운해"라고 말하고 그런 상태를 자신의 삶으로 계속 끌어들이는 모습을 관찰해보라. 그들이 이야기를 듣고 변화할 마음이 있다면, 각자의 내면에 살아 있는 신의 존재를 인정하고 이용하지 않고서는 상황을 바꿀 수 없다고 친절하게 상기시켜주라. 다투지 말고 그저 친절히 알려주길 바란다. 아이앰 의식을 관찰하고 가르침으로써 여러분은 최상위 자아와 더욱 조화를 이루게 될 것이다.

••• 최상위 자아에 대한 오래된 거짓말을 삶에서 영원히 몰아내야 한다는 사실을 종종 상기하라. 불경하다거나 부적절하지 않음을 확신하면서 자랑스럽게 "나는 신이다"라고 말할 수 있어야 한다. 에고가 만들어낸 신은 우리가 불쾌하게 하면 격노하고 차별을 행하는, 악의 있는 초월적 존재다. 이런 신의 관념을 믿는다면 부활절 토끼를 믿으면서 문제를 해결해달라고 기도하는 것과 다를 바가 없다. "하느님은 사랑이십니다"라는 예수의 말을 마음속에서 가장 중요한 곳에 두라. 그러면 자신이 전능한 신이라는 사실이 자랑스러울 것이다.

'확신의 힘'을 키우는 5단계 기술

2부

마음속에 품고 받아들일 수 있는 것은 모두 당신의 것이다! 절대 의심을 품지 마라. 걱정이나 조급함, 두려움을 받아들이지 마라. 당신 안에 있는 전지전능한 존재는 지극히 약한 속삭임에도 귀를 기울일 것이다.

— 우엘 S. 앤더슨

1단계
이미 이루어진 것처럼 상상하라

> 상상은 지식보다 중요하다.
> 지식에는 한계가 있지만 상상은 온 세상을 끌어안는다.
> - 알베르트 아인슈타인

몇 년 전 붐비는 런던 거리를 걸어 내려오다가 영국 시인 윌리엄 블레이크(William Blake)와 관련된 물건이 진열되어 있는 것을 발견했다. 나는 진열장 안의 표지판에 적힌 글귀를 읽고 또 읽었다. 감동한 나는 내면의 목소리를 듣고 그 글을 봉투 뒷면에 적어둬야겠다는 충동을 느꼈다. 200년도 더 된 블레이크의 글은 나를 강하게 흔들어놓았다. 묘하게도 그가 말하려고 했던 것을 언젠가 글로 쓰게 되리라는 이상한 생각이 들었다.

10년이 훌쩍 지났다. 그리고 내가 4장, 그러니까 인간의 삶에서 가장 신비로운 기능인 상상에 대해 써야 할 날이 되었다. 본격적으로 글을 쓰기 직전 책상 서랍에서 세금 명세서 따위를 뒤적거릴 때였다. 생각지도 않게 오래전 휘갈겨 썼던 블레이크의 글을 넣어두었던 봉투가 튀어나왔다. 나는 10년 전의 봉투를 집어 들고서 에고는 우리 자신이 모든 일을 움직인다고 믿지만 신성한 동시성이 항상 작동하며 상황을 관장하고 있다는 생각을 했다. 하필 상상을 어떻게 사용하는지에 대해 글을 쓰려던 참에 '사라졌던' 낙서가 10년 만에 다시 나타난 것이었다. 이 동시성을 어떻게 모른 체할 수 있겠는가?

18세기에 살았던 나의 영적 멘토에게 얻은 이 글귀를 이제 여러분과 나누고자 한다.

어떤 사람을 감동시켜서 기쁨의 눈물을 흘리게 한 나무도 어떤 사람에게는 길가에 서 있는 초록색 사물에 지나지 않는다. 자연을 이상한 형상으로만 보고 비웃음거리로 삼는 사람들도 있다. …… 자연을 아예 보지 않다시피 하는 사람들도 있다. 하지만 상상력이 풍부한 사람의 눈으로 보면 자연은 상상 그 자체다.

지금까지 우리가 받은 최고의 선물은 상상이다. 신비한 우리의 내면에는 모든 소원을 이룰 수 있는 능력이 있다. 이 상상에는 우리가 아는 한, 가장 위대한 힘이 들어 있다. 바라는 대로 삶을 창조해나가는 것은 우리의 몫으로, 여기서 가장 좋은 점은 우리가 자기만의 세상을 마음대로 다스릴 힘을 타고난 왕이라는 점이다.

미국 독립혁명기에 살았던 블레이크. 직감이 뛰어난 시인이었던 그의 또 다른 의견을 살펴보면 상상이라는 위대한 선물의 본질을 발견할 수 있다. 「천국과 지옥의 결혼(The Marriage of Heaven and Hell)」이라는 시에서 블레이크의 풍자적인 문장은 창조적 자기실현의 비밀을 담고 있다. "지금 증명되는 것은 한때 누군가 상상만 했던 것이다." 이 구절을 깊이 생각해보라. 위대한 지혜를 담은 이 한 줄의 글이 의식에 충분히 스며들면 여러분에게는 상상이 더욱 중요한 위치를 차지하기 시작할 것이다.

주변을 둘러보라. 감각을 통해 경험할 수 있는 것은 모두 한때 누군가의 상상 속에 있었다. 이것은 스스로 깨달아야 하는 위대한 진실이다. 블레이크의 말처럼 만물이 존재하고 '증명되는' 이 세상에 무언가가 들어와 나타나려면 먼저 상상 속에 단단히 자리를 잡아야 한다. 앞으로의 창조를 위해 상상하지 않는다면 창조의 과정은 멈춘다. 우리는 내면에 이 위대한 힘을 지니고 있다. 이 힘은 사실상 한계가 없고 우리가 태어날 때부터 주어진 것이다.

이 선물을 작동시키기 전에 블레이크가 "지금 증명되는 것은 한때 누군가 상상만 했던 것이다"라는 통찰력 넘치는 문장에서 소개했던 힘에 대해 거의 모든 영적 스승들이 언급했다는 사실을 반드시 알아야 한다. 『서양이 동양에게 삶을 묻다』를 쓰기 위해 도를 조사하고 수행하던 시기에 『도덕경』 40장에서 이런 진실이 눈에 확 들어왔다. "유(有)는 형체가 없는 도인 무(無)에서 나온다." 노자는 이 점을 2500년 전에 언급했다. 눈에 보이는 존재의 세계는 아무것도 존재하지 않는 상태에서 나왔다. 여기서 500년이 지나 예수는 제자들에게 "영적인 것은 생명을 준다(『요한복음』 6장 63절)"라고 말한다. 위대한 영적 전통을 샅샅이 훑어보면 생명의 불꽃이 눈에 보이지 않는 무형의 영역에서 시작되었다는 이야기를 줄줄이 인용할 수도 있다.

오늘날 양자물리학의 세계에서 우주는 무형의(영적) 에너지에서 만들어졌고 입자는 입자에서 생겨난 것이 아니다. 만물은 우리의 상상과 같은 무언가에서 생겨난다. 그것은 보고, 듣고, 만지고, 맛보고, 냄새 맡을 수 없다. 경계도 없다. 수학 공식이나 과학적 검증으로 증명할 수도 없다. 하지만 그것이 존재함을 누구나 알고 있다. 우리의 이런 보이지 않는 생각, 계속 떠오르는 생각, 항상 우리와 함께 있는 상상 속의 장면들은 증명하거나 반증하는 과학의 영역을 넘어선다.

나는 양자론의 아버지 막스 플랑크(Max Planck)의 다음과 같은 견해를 아주 좋아한다. "과학은 궁극적으로 자연의 신비를 풀 수 없다. 자연을 마지막으로 분석하는 그 순간에도 우리 자신이 자연, 즉 우리가 풀어내려는 그 신비의 일부에 불과하기 때문이다." 알다시피 우리는 상상을 하고, 이 상상은 만물의 근원이다. 상상 속에 있는 모든 것을 창조하는 데 이 놀라운 능력이 작용하게 할지 말지는 우리에게 달려 있다.

상상하면 이루어진다

성공의 정의 중에 내가 가장 좋아하고 지금까지 수없이 인용해 온 구절은 19세기 중반 월든 호숫가에 살았던 헨리 데이비드 소로(Henry David Thoreau)의 말이다. "'꿈'을 향해 당당히 나아가고 자신이 '상상'한 삶을 위해 노력한다면 평소 예상치 못한 성공을 맞이할 것이다." 소로가 내린 성공의 정의에서 '꿈'과 '상상'이라는 두 단어를 강조해보았다.

소로의 말은 오늘날의 우리에게 매우 중요하다. 자발적으로 꿈을 품어보고, 되고자 하는 사람이 되어 있는 자신을 상상하라. 이 상상 속에서 산다면 우주는 우리와 조화를 이루어 우리의 소원을 모두 이루어줄 것이다. 혹은 소로가 '평소'라고 말했듯이 우리가 평범한 의식 수준에서 살아가며 상상했던 것보다 훨씬 많은 소원을 이루어줄 것이다. 이 기본적인 원리를 마음속에 간직하라. 지금 존재하는 것들이 한때 상상 속에 있었다면 앞으로 존재하기를 바라는 것들은 지금 상상 속에 있어야 한다.

확신의 힘을 키우는 기술에 대해 읽어나가면서 여러분이 알게 될 점은 바로 이것이다. 상상을 사용한다는 것은 어쩌다 한 번 소원을 떠올려보는 일보다 훨씬 강렬하다. 먼저 원하는 바를 모두 실현하는 무한한 능력을 주는 상상의 힘을 오용하거나 허비하는 습관을 버려야 한다. 소로는 이것을 '꿈을 향해 당당히 나아간다'라고 표현했다. 불행히도 우리 대부분은 상상과 반대로 행동하는 법을 배우고는 상상의 힘을 사용해서 우리의 가장 고차원적인 꿈과 정확히 반대 방향으로 나아가는 마음의 습관을 키우는 경우가 많다.

다음 장에서는 상상을 시작하면서 '나는 ~이다'라는 말을 사용하는 법과 자신이 신임을 의식하는 법을 자세히 다루려고 한다. "나는 신이다"라는 말은 우리 몸을 뜻하지 않는다는 사실을 상기해보라.

"나는 신이다"라는 말은 이 땅에서 잠시 살다갈 동안 끊임없이 형상을 바꾸는 몸 안에 머무는 영, 즉 탄생도, 죽음도, 변화도 없는 영혼을 가리킨다.

상상할 때는 자신만의 독특한 소원을 이루지 못하게 하는 실수가 있음을 알아차리는 일이 중요하다. 당신의 상상은 오직 당신만의 것이라는 사실을 기억하라. 우리는 상상을 어떤 식으로든 마음껏 사용할 능력을 타고났다. 누구도 우리의 상상을 대신해주지 않는다. 무엇이든 우리의 상상 속에 들어와 자리를 잡았다면 그것은 궁극적으로 우리의 현실이 된다.

니코스 카잔차키스가 『그리스인 조르바』에서 현재에 충실했던 기발한 인물 조르바에게 남긴 말은 상상의 힘이 중요하다는 생각을 뒷받침해준다. "존재하지 않는 것을 열심히 믿으면 그것을 창조하게 된다. 존재하지 않는 것은 충분히 열망하지 않았던 것이다." 소원을 충분히 상상함으로써 현실로 만드는 능력이 바로 상상의 힘이다. 이 위대한 선물을 우리의 신적 본질과 반대되는 방식으로 사용해서 그 힘을 약화시키지는 마라.

가장 흔히 상상의 힘을 잘못 사용하는 경우는 자신이 원하지 않는 것을 강조하는 경우다. 상상을 잘못 사용하는 경우는 대부분 여기에 해당한다. 일상적인 대화에 주의를 기울여보면 그런 경우가 엄청나게 많다는 사실에 놀랄 것이다. "내가 그렇게 잘살 자격이 있나"라든가 "난 항상 운이 없어", "나는 항상 일이 잘 안 풀리더라", "난 건강하지도 않고 낫지도 못할 거야"와 같은 표현을 할 때 떠오르는 상상은 어릴 때부터 주입받은 생각일 수 있다. 자아실현에 뛰어난 사람들은 자신의 현실이 되기를 바라지 않는 대상에 대해서는 절대 상상하지 않는다.

실현하고 싶지 않은 것은 상상하지 마라. 대신 간절히 바라는 소원으로 창조적인 생각을 가득 채우고 넘쳐흐르게 하는 연습을 시작하라. 다른 이들이 말도 안 된다거나 불가능하다고 생각하더라도 그것과 상관없이 여러분의 상상을 귀하게 여겨라. 카잔차키스의 말을 상기하면서 물질적인 차원에 존재하지 않고 여러분의 상상 속에만 존재하는 것이라도 열정적으로 믿어라.

상상, 이렇게 하라

원칙 1 실현하고 싶지 않은 생각을 절대로 상상 속에 끌어오지 마라.

원칙 2 원칙 1과 마찬가지로 중요하다. 지금까지의 삶이 어땠는지에 대한 생각으로 상상을 오염시키지 마라. 존재하지 않는 대상을 현실로 만들 힘이 자신에게 있음을 믿어야 한다. 존재하지 않던 대상이 일상에 나타나는 기적을 경험해보지 않았다고 해서 현재의 상황을 만든 생각들로 상상의 힘을 해치지는 마라. "어쩔 수가 없어", "지금까지 항상 그래 왔잖아" 같은 말은 과거에 상상을 어떻게 사용했는지를 보여줄 뿐이다. 이런 말은 1장에서 언급했던 평범한 의식 수준으로 우리를 다시 끌고 간다. 이제는 자아 개념을 바꾸겠다는 의지를 다져야 한다. 그러니 한때 우리에게 진실이었던 오래된 생각들에 매달려서는 안 된다. 그런 진실들은 꿈을 완전히 이루는 데서 우리를 멀어지게 해왔기 때문이다.

우리는 상상을 완벽하게 점검할 수 있다. '난 항상 이랬잖아', '난 원래 그래', '내가 아는 건 이것밖에 없으니까'라는 오래된 생각을 '나는 신과 같은 존재야', '나는 할 수 있어', '나는 강해', '나는 부유해', '나는 건강해', '나는 행복해'와 같은 생각으로 바꾸어야 한다. 혹은 세인트 저메인처럼 해볼 수도 있다. "'나는(I am) 정복하는 존재다!' 이러한 말로 나는 아이앰 존재에게 내 마음, 일, 가정, 세상을 완전히 지배하라고 명령한다."[1] 신을 실현하는, 신과 일치하는 소원을 모두 이루기 위해 상상을 사용하라. 우리를 평범한 의식 수준으로 제한하는 자아 개념을 뛰어넘어 상상을 펼쳐라.

원칙 3 상상은 오직 자신만의 것이라는 사실을 명심하라. 상상은 우리 내면의 광대하고 경계 없는 영역이고 그 누구도 그 안에 들어올 수 없다. 누구도 우리의 상상을 들여다볼 수 없고, 우리에게 좋다고 생각하는 것을 집어넣을 수도 없으며, 우리의 원대한 상상에 스며들어오는 생각을 단 하나도 끄집어낼 수 없다. 상상은 자기만의 비옥한 들판으로 어떤 묘목이든 심어서 열매를 거둘 수 있다. 이 세 번째 원칙은 우리가 무엇을 할 수 있고 할 수 없는지, 어떻게 생각해야 하는지, 어떤 사람이 되어야 하는지에 대한 어느 누구의 생각도 우리의 상상에 침투할 수 없게 하라는 조언이다. 상상 속에 어떤 생각이 들어 있는지 자주 살펴보라. 우리가 아주 어렸을 때부터 오늘에 이르기까지 다른 사람들이 좋은 뜻으로 권했던 생각이 얼마나 많은지 인식하라.

어쩌면 여러분은 몽상가라는 소리를 들었을지도 모르고, 마치 그것이 잘못인 양 취급받았을 수도 있다. 나도 그런 경험을 해봐서 이렇게 말하는 것이다. 가족, 친구, 선생님, 조언자들마저 내 상상 속에서 밝게 타오르는 생각을 폄하하는 경우가 많았다. 나는 이런 이야기도 많이 들어봤다. "웨인, 넌 꿈속에 사는구나. 현실을 깨달아야지. 넌 작가나 예능인이 되거나 영화에 출연할 만한 사람이 아냐. 현실적으로 생각해. 우린 너에게 뭐가 제일 어울리는지 알아."

스물두 살에 해군을 제대하던 나에게 상관들은 나같이 '늦은 나이'에 대학 생활을 시작한다는 것은 너무나 불확실한 일이고 이제 막 고등학교를 졸업한 어린아이들과 경쟁하는 것은 불리하다고 경고했다. 나에겐 이미 해군 암호병으로 근무하며 익힌 기술이 있었기 때문에 상관들은 자기들이 보기에 나에게 가장 맞는 일을 하라고 조언했다. 하지만 나에겐 꿈이 있었다. 사람들을 가르치고, 글을 쓰고, 수많은 청중 앞에서 강연하는 상상을 했다. 나는 무대에 오른 나 자신을 보았다. 또 저명한 작가인 나를 보았다. 이 상상은 내가 어떤 사람이 될 수 있다거나 되어야 한다는 다른 어떤 사람의 생각에도 방해받지 않을 나의 이상이었다.

위탁 가정에서 어린 시절을 보내던 나는 내가 어떻게 생각하거나 행동해야 한다는 다른 사람들의 생각을 거의 무시하다시피 했다. 내가 무엇을 상상해도 되는지에 대한 그들의 의견에 그저 무관심했다.

나는 외부의 의견이 나의 성지(聖地)와도 같은 영역을 없애거나 훼손하지 못하게 하면서 내 상상에 대한 이런 내면의 원칙을 분명히 고수해왔다.

최근에 사람들은 연기 경험이 없는 68세 노인인 내가 영화에 출연하는 것은 현명하지 못하다고 충고했다. 나는 다시 한 번 상상의 입구에 "방해하지 마시오"라는 표지판을 걸어놓은 후 연기 수업도 받고 스스로 훈련도 시작함으로써 영화를 만들어낼 수 있었다. 지금도 이 영화를 생각하면 자랑스럽다. 모두 세 번째 원칙을 열심히 지킨 덕분이다.

우리가 어떤 사람이 될 수 있다거나 없다고 하는 다른 사람의 의견이 절대로, 다시 한 번 말하지만 절대로 우리의 꿈을 더럽히거나 상상을 오염시키지 않도록 하라. 그곳은 우리 땅이다. 그러니 상상의 세계로 통하는 입구마다 "들어오지 마시오"라고 표지판을 똑바로 세워놓는 것이 좋다.

일반적으로 말해 우리가 어떤 상상을 해야 하는지에 대한 다른 사람들의 관점은 그 사람들 자신의 관심사와 관련이 있다. 해군 시절 나의 상관들도 교사, 작가, 강연자가 되고자 했던 나의 생각에 정말로 관심이 있었던 것은 아니다. 그들은 유망한 해군 장교가 되어가는 청년을 보았을 뿐이다. 그래서 내가 재입대해서 그들 자신의 목표와 임무를 수행하는 데 도움이 되길 바랐던 것이다. 그리고 이런 일은 우리가 미래에 대해 어떻게 생각해야 하는지를 말해주는 선의의 인물, 자칭 인생 코치들이 있을 때 종종 일어난다. 대개의 경우 이런 사람들은 다른 이들에게 조언을 해주면서 우월감을 느끼고 싶은 자신의 소원을 이루고자 한다. 우리의 상상에 간섭하려는 이러한 경향은 우리의 꿈이 어리석다고 믿게 함으로써 자기가 원하는 것을 얻으려는 방법인 경우가 많다. 우리가 삶과 관련된 상상을 하면서 보고 듣는 것 그 자체에 관심을 보여주는 사람들에게만 도움을 얻어라.

원칙 4 이 원칙은 여러분에게 놀라울지도 모른다. 이것은 상상을 맡기고 싶지 않은 대상에 관한 이야기다. 상상이 현재 조건들에 제한을 받지 않게 하라. 나는 그런 경우를 "현재 상황에 사로잡혔다"라고 표현한다. 상상에는 한계가 없지만, 만약 우리가 평범한 삶을 택한다면 당당하게 실현하고자 하는 대상보다는 '현재 상황'에 머무르려는 유혹에 빠진다. 우리가 믿어온 모든 것들이 정확히 지금 이 상황으로 우리를 데려왔다는 사실을 계속 상기하라.

다음은 이 책에서 계속 다루는 주제로서 여기서도 다시 한 번 등장한다. 즉 원하는 바를 실현하며 좀 더 나은 삶을 살고 싶다면 지금 이곳에 자신을 데려다놓은 믿음들, 다시 말해 지금까지 자신에 대해 진실이라고 믿어온 것들을 바꿔야 한다. "이게 현실이야", "세상 일이 다 그렇지 뭐", "현재 상황을 바꾸기 위해 내가 할 수 있는 일은 없어"라는 말들은 치명적인 생각으로, 창조주에게서 받은 신성한 선물인 '나는 곧 나'라는 위대한 유산을 더럽히게 될 것이다.

어제 했던 일을 오늘도 하고 내일도 똑같이 한다면 절대 성장할 수 없듯이 상상도 같은 도전에 맞닥뜨린다. 상상할 때도 '언젠가는 나아질 거야'라는 생각을 '나는 마음속에서 이미 내가 의도한 상태가 됐어'

라는 생각으로 바꿀 수 있다. 이 말은 이치에 어긋나는 것처럼 들릴 수도 있다. 우리는 감각이 현실이라고 말해주는 것을 바탕으로 삶을 평가하는 데 익숙하기 때문이다. 5장을 읽은 후 풍부한 상상력을 바탕으로 삶에 접근하는 방식에 익숙해지고 나면 생각을 바꾼다는 개념을 자신만의 방식으로 받아들일 수 있을 것이다.

잠깐 맛보기로 이야기해보면, 신이 모세에게 "내 이름은 '아이 윌 비(I will be)'다"라고 말하지 않았음을 상기해보라. 그렇게 말한다면 신은 궁극적으로 부족한 점을 채워야 하는 부족한 존재임을 인정하는 셈이기 때문에 신은 '아이 윌 비', 즉 '그렇게 되리라'가 아니라 '아이앰'을 써서 '나는 곧 나'라고 말했던 것이다. 우리도 아이앰이라는 유산을 받았다. 우리는 '바로 지금' 되고자 하는 상태가 되도록 상상을 다시 짜 넣기로 마음먹을 수 있다. 창조는 영의 세계에서 시작된다. 다르게 말하면 우리의 상상은 아직 우리 앞에 모습을 드러내지 않은 만물의 근원이다. 감각이 현실이라고 말해주는 곳에만 머문다면 상상이 우리의 모든 열망과 바람을 창조하지 못하도록 벽을 세우는 셈이다. 상상에는 한계가 없다. 오늘의 현실이 제한받는 것은 단지 오늘의 현실 때문이다.

이에 대해 아인슈타인은 예리한 의견을 내놓았다. "논리는 우리를 A에서 B로 데려다준다. 상상은 우리를 어디로든 데려다준다." 우리가 참이라고 믿어온 사실들, 즉 우리의 논리는 우리를 B점으로 데려다주었다. 이제는 우리를 어디로든 데려다줄 상상에 어디로 갈지를 다시 짜 넣으려고 한다. 우리가 마음속에 대담하게 그릴 수 있는 곳이라면 어디든지 말이다.

앞서 이야기했던 성공에 대한 인용문에서 헨리 데이비드 소로의 마지막 문장은 확신의 힘을 키우는 기술 1단계인 상상에 들어맞는다. "평소 예상치 못한 성공을 맞이할 것이다." 소로의 말은 우주가 우리와 협력하여 소원을 들어주리라고 암시한다. 우리가 열망하는 대상을 가져다주는 주체는 단지 상상만이 아니라 우리가 '나는 곧 나'와 동조한다는 사실이다. 우리가 마음속에서 '나는 곧 나'가 될 때 신이든 도든 운명을 함께하기로 한 존재와 같은 힘을 얻게 된다.

보이는 것을 창조하는, 보이지 않는 힘

우리의 본질은 일시적으로 인간의 경험을 하는 영적인 존재이고, 이 본질은 상상 속에서 길러진다. 우리 자신이자 신인 동시에 '나는 곧 나'인 자는 감각에 영향을 받지 않는다. 우리의 내면과 주변에는 보이지 않는 영역이 있고, 아인슈타인이 "우리를 어디로든 데려다준다"라고 말했던 아이앰이라는 존재와 동조하는 열쇠는 바로 상상이다. 이 영역 안에서 아이앰이라는 존재의 '인도'를 받을 수 있는 경우는 두 가지다. 첫 번째는 그 영역에 마음이 열려 있을 때고, 더욱 중요한 두 번째는 몸과 마음 그리고 영혼이 조화를 이루고 동조할 때다. 다시 말해 이는 자신의 다르마와 조화를 이루면서 사는 것, 살고자 했던 대로 살고 있음을 의도적으로 느끼는 것, 최상위 자아라는 존재가 활동함을 느끼는 것이다.

여기서 말하는 인도는, 삶이 목적에서 멀어지거나 우리가 두려움, 불안, 걱정, 증오, 슬픔 등 부정적인 감정을 선호할 때는 경험하지 못할 방식으로 나타난다. 이런 좋지 않은 감정 상태일 때 우리는 신을 깨달은 존재와 멀어진다. 신의 이름이 '나는 ~이다'라는 뜻의 '아이 앰'인데 어떻게 신이 "나는 두려워/걱정돼/화나/슬퍼"라고 말하면서도 신이라고 할 수 있겠는가? 불가능한 일이다. 신은 사랑이고 하나됨이기 때문이다. 신이 두렵고, 걱정되고, 화나고, 슬프려면 자신을 둘로 나눠야 한다. 두려워하고, 걱정하고, 화내고, 슬퍼하는 자아 말고도 다른 존재를 가져야 한다. 그러면 신이 둘이 된다. 즉 신이라는 존재와 더불어 우울해하거나 화내는 존재가 함께 있어야 한다. 화내고 슬퍼하면서도 여전히 신으로 존재할 수는 없으니 말이다.

우리도 마찬가지다. '나는'이라는 말 뒤에 신답지 않은 이야기를 한다면 성스러운 본질을 부인하는 것이다. '나는'이라는 말은 신으로서 우리의 성스러운 정체성이고 최상위 자아다. 자기가 이 말을 어떻게 쓰는지 주의를 기울여보라. '나는'이라는 말 뒤에 어떤 말이든 신에게 적합하지 않은 말을 한다면 그야말로 '신의 이름을 망령되이 이르는' 셈이기 때문이다. 최상위 자아에 걸맞게 자신을 정의하는 데 상상을 이용하는 연습을 하면 지금까지 우리를 피해가는 것 같던 행복, 사랑, 성공을 우주가 제공해줄 것이다. 이것이 바로 "평소 예상치 못한 성공을 맞이할 것이다"라는 소로의 말이 의미하는 바다. 여기서 평소란 신을 깨달은 존재라는 자신의 본질을 의식하지 못한 채 평범한 의식 수준에서 지내는 시간을 말한다. 나는 경험했던 바에 따라 이 점을 강조하고 싶다.

나는 70대에 접어들면서 내면의 신을 의식적으로 불러일으키는 일과 우주가 나를 위해 준비해주는 것 사이의 관계를 더 쉽게 이해하기 시작했다. 진정한 의미에서 나 자신이 곧 신이라는 사실을 알고 살아가는 것은 나의 신성한 의무다. 그렇게 살다 보면 이런 일과 상관없어 보이는 방식으로 나의 다르마와 완전히 일치하는 결과를 얻게 된다. 카를 융은 이 현상을 동시성이라고 불렀다. 동시성이란 기이하고도 놀라운 우연처럼 보이는 현상으로, 운명과의 공동 작품이라고도 할 수 있겠다.

보이지 않는 존재들이 오묘한 방식으로 내 삶을 이끌어준다고 느껴질 때가 있다. 그들은 내가 한때 말도 안 된다거나 불가능하다고 여겼을 다양한 일들을 통해 자신들의 존재를 알리기 때문에 나는 그 존재들을 느낄 수 있다. 세상을 떠난 이들을 포함한 이런 존재들이 있다는 사실은 나의 현실이 되었다. 천사와 같은 이런 존재들은 내가 다르마나 최상위 자아와 조화를 이룰 수 있게 한다. 나는 보이지 않는 존재들에게 이끌린다기보다는 새로운 의식의 상태에 있다고 느낀다. 그리고 내 소중한 자유의지에 따라 행동하면서도 그들에게 어떻게 영향을 받고 있는지 알게 된다. 최근에 이런 일을 겪었다.

어느 날 저녁 산책을 하던 나는 평소 다니던 길과 다른 방향으로 접어들었다는 사실을 알아차렸다. 집에 가져갈 음식을 조금 산 다음 예전에는 가본 적이 없는 길을 통해 돌아가기로 했다. 집에 가는 길에 분수가 하나 있기에 잠시 쉬어가기로 했다. 그런 후 완전히 어두워진 길을 따라 걷는데 누군가 내 이름을 불렀다. 그날은 처음 경험하는 일들이 많았기 때문에 그 어둠 속에서 나를 알아봐준 그 사람과 마음이 통했다.

나는 그 사람과 이야기를 나누었다. 그러고는 그 부부와 어린 두 자녀를 우리 집으로 초대했다. 마이클과 앤절라 부부는 9년 전 두 살 나이에 세상을 떠난 첫딸의 기일을 보내러 마우이에 왔다고 했다. 우리는 그 일에 대해 이야기했고, 앤절라는 그 아이의 존재를 매일 느낀다고 했다. 그 느낌은 아찔할 정도의 기쁨으로 일상에 스며들었다고 했다. 앤절라는 딸의 죽음이 신성한 경험이었다는 사실과 함께 천사 같은 존재가 된 딸이 항상 가족들 곁에서 지내면서 뭔지 정확히 알 수는 없지만 흥미로운 사실을 자신에게 가르쳐주려 한다는 점을 알았다.

이렇게 그들과 만나서 저녁 시간을 함께하며 내가 지금 쓰고 있는 내용에 대해 이야기하기 위해 나는 계획에 없던 행동을 얼마나 많이 했을까? 이건 내가 한 일일까, 다른 존재의 인도를 받은 것일까? 마이클과 앤절라는 나와 이렇게 만나려고 그곳까지 인도받아 왔을까? 조종받는 느낌이 들지는 않았다. 그때 일어난 일은 내가 아주 짧은 순간 의식이 깨어 있었다는 것이다. 나는 뭔가 중요한 일이 일어나려고 한다는 사실을 예상하면서 인도를 받는 상황에 그대로 따랐다. 외계인의 목소리를 듣는다거나 하는 느낌은 아니었다. 나중에 돌이켜보고서야 그날 평소와 달랐던 나의 모든 행동이 그날 밤의 만남을 위한 일종의 인도였음을 깨달았다. 나는 그 만남 덕분에 지금 이 이야기를 써야겠다는 생각이 들었다. 상상이 자유롭게 움직이도록 놓아두었을 때의 삶이 어떤지를 잘 보여주는 일이었기 때문이다. 그렇게 하면 뭔가가 힘을 발휘하여 우리의 소원을 이루는 환경을 만들어내는 듯하다.

저녁 시간을 그 부부와 함께 보내면서 나는 강연 중에 찍힌 사진에서 내 왼쪽 어깨 위에 나타난 구체(예상치 못하게 사진에 나타난, 정체를 알 수 없는 둥근 물체)에 대해 마이클과 앤절라에게 이야기했다. 그 사진을 찍은 린다 밀렉은 이 작은 반점을 확대해서 『아이앰 담론』에 대해 강의하고 있던 내 주변에 사람 얼굴처럼 보이는 형상이 여러 개 떠다닌다고 했다. 그 얼굴은 18년 전쯤 세상을 떠난 린다의 외아들로 밝혀졌다. 그는 자신이 받은 소명으로서 아이앰 존재를 이용해 엄마였던 린다와 소통하고 있었다. 린다는 소장하고 있는 카메라로 구체가 등장하는 사진을 무수히 많이 찍는다. 그녀는 다양한 형태로 장엄하게 나타나는 구체에서 아들의 존재를 느낀다. 또 아들에게 도움을 구해 이런 형상이 무슨 의미인지 밝혀내고 있다.

린다는 세인트마틴 섬에서 내 사진을 여러 장 찍었다. 이 사진들에도 구체들이 내 왼쪽과 오른쪽 엉덩이 주변에 나타나 있었다(본문 컬러 화보 참조). 이 형상들은 린다의 아들이 살았던 미시간 주에서 찍은 침실 창문 사진에 나타난 형상과 똑같았다. 린다는 이 구체의 존재를 절대적으로 확신하면서 그것이 무슨 의미인지 그리고 더 높은 차원의 소명을 이루기 위해 이런 지식을 어떻게 사용해야 좋을지 탐구하고 있다.

구체와 그 목적에 대한 주제는 매우 흥미롭다. 나는 지금 클라우스 하이네만과 건디 하이네만 박사가 지은 『구체 : 임무와 희망의 메시지(Orbs : Their Mission and Messages of Hope)』라는 책을 막 읽은 참이다. 이 책에는 눈에 보이지 않는 신비한 존재가 찍힌 컬러 사진 65장과 함께 회의적인 사람들의 마음을 돌려놓을 만큼 설득력 있는 해설과 시각적인 증거 자료가 들어 있다. 나도 이런 구체 사진을 가지고 있다. 아이앰과 관련된 생소한 여정에서 혼자가 아니라는 느낌을, 나 자신의 높아진 의식만이 아니라 사진이라는 증거로도 확인받을 수 있어서 크게 놀랐다.

린다가 찍은 영상과 산더미 같은 사진에 나타난 구체 그리고 그녀의 아들에게서 받은 메시지 등을 검토하면서 그녀는 이렇게 말했다. "이건 마치 영혼의 빵 부스러기를 따라가는 것 같아요. 우리에게 일어나던 괴상한 일들이 어느 순간 한꺼번에 이치에 들어맞기 시작하는 거죠." 린다는 자신이 저쪽 세상에 있는 사랑하는 존재에게 인도를 받고 있으며 사람의 얼굴 같은 흥미로운 형태의 구체가 우리 모두에게 강력한 희망의 메시지를 전한다고 완벽하게 확신하고 있었다. 나는 여기에 대해 린다만큼 확신에 찬 사람을 만나본 적이 없다.

마이클과 앤절라와의 '우연한' 만남이 이어지는 동안 나는 구체와 관련된 경험을 들려주어야겠다는 느낌이 들었다. 특히 딸이 세상을 떠난 지 9년이나 지났지만 얼마나 그 아이의 존재를 절절히 느끼는지 앤절라가 말한 뒤에는 구체에 대해 이야기해야 한다는 생각이 더욱 간절해졌다. 나는 그들에게 구체 사진을 보여주고, 소로의 말마따나 '평소 예상치 못한' 일들이 내 삶에 얼마나 많이 나타나는지 이야기해주었다. 그리고 그 부부도 구체가 찍힌 사진을 수백 장 갖고 있으며, 그 구체가 우리 모두에게 무언가 가르쳐주기 위해 불가사의한 방식으로 나타난 자신들의 딸이라고 해석한다는 사실을 알게 되었다.

나와 이 가족의 만남을 위해 조정되고 꿰맞춰진 모든 일은, 이 책을 읽는 누군가가 다른 영역의 존재에게 인도받을 수 있음을 알게 함으로써 자신의 상상을 새로운 방식으로 사용하게 하기 위해서였는지도 모른다. 그 누군가는 당신일 수도 있다. 상상이라는 이 새로운 에너지가 삶에 스며들어 여러분의 보이지 않는 영역을 마음껏 돌아다니게 하라. 이 책이 여러분의 새로운 존재 방식이 되어줄 곳을 여러분의 내면에서 찾아 그곳으로 이동하라.

저명한 의학박사 노먼 쉴리(C. Norman Shealy)는 구체와 관련하여 이렇게 말한다.

안톤 판 레이우엔훅(흔히 '레벤후크'로도 알려져 있다 – 옮긴이)은 현미경을 사용해서 우리에게 박테리아와 미생물의 세계를 소개함으로써 새로운 차원을 열었습니다. 이제 우리에게는 또 다른 신비의 차원, 구체의 세계가 열리고 있습니다. 저는 이 새로운 경험이 망원경보다 훨씬 더 흥미로운 세계를 열어주리라고 기대합니다. 이제 우리는 비할 데 없는 아름다움과 신비를 발견하게 될 것입니다.

'비할 데 없는 아름다움과 신비'라, 말 그대로다! 덧붙이자면 '우리를 인도하는 지성이 바로 우리 어깨에 앉아 있다는 초현실적인 증거'라고 할 수 있겠다. 어디에도 속하지 않고 모든 것에 열려 있는 마음으로 상상에 박차를 가하고 꿈을 따라라.

우리 자신과 다른 이들을 위해 실현하고자 하는 의도를 상상 속에 압축한다면 눈앞에서 펼쳐지는 놀라운 동시성의 세계를 발견하게 될 것이다. 영을 형상으로 만들어내는 강력한 신의 힘과 일체가 되기 때문이다. 여러 번 들어봤겠지만 "하느님께서는 무슨 일이든 하실 수 있다"는 의미다. 이 신성한 힘은 우리의 상상 에너지를 기다린다. 그리고 딱 맞는 시기에 딱 맞는 사람을 손쉽게 보내줄 수 있다. 당장은 최상위 자아가 어떤 반응을 보이는 건지 종잡을 수 없더라도 최상위 자아는 늘 이렇게 말한다. "물론이지, 알았어!" 우리가 내면의 신에게 주의와 상상의 방향을 돌리면 이런 일은 자연스럽게 일어난다. 올바르게 되어가고 있다는 신성한 느낌이 들면 우리는 자신이 누구이고 어떤 사람이 될 수 있는지에 대한 에고의 제한적인 생각에 따라 살지 않고 새로운 수준으로 발전하고 있다는 사실을 깨닫게 될 것이다.

우리가 힘들 때 안아서 일으켜주고 상황을 다시 정리해주는 천사라는 존재는 마치 수수께끼처럼 설명할 수 없는 상황을 현실로 만든다. 당황스럽지만 다행히도 병이 치유되는 경우, 도움이 필요할 때 당혹스러울 정도로 정확히 경제적인 원조를 받는 경우, 늘 얻고 싶어했지만 자꾸만 손에서 빠져나가던 정보를 담은 책을 희한하게도 갑자기 얻게 된 경우, 예상치 못한 전화가 와서 내가 찾던 문제의 해답을 제시해주는 경우, 거의 가망 없어 보이던 가족이나 친구의 행동이 갑자기 멀쩡하게 변하는 경우 등 가능성은 끝도 없다. 거룩한 상상 속에서 우주의 창조적 근원과 하나가 된다면 우리의 소원은 이루어질 수 있을 뿐만 아니라 그야말로 반드시 이루어지고 말 것이다.

다시 한 번 내 영혼의 반려자이자 이 책을 쓰도록 영감을 준 네빌에 대해 이야기하고 싶다. 네빌은 바울이 에베소 사람들에게 보낸 편지로 우리를 인도한다. "우리 안에서 힘차게 활동하시면서 우리가 바라거나 생각하는 것보다 훨씬 더 풍성하게 베풀어주실 수 있는 분(「에베소서」 3장 20절)." 네빌은 이 구절에서 '우리가 바라거나 생각하는 것보다 훨씬 더 풍성하게 베풀어주실 수 있는 분'이 바로 상상이며 '우리 안에서 힘차게 활동'하는 능력이라고 말한다.

> '우리가 바라거나 생각하는 것보다 훨씬 더 풍성하게 베풀어주실 수 있는 분'을 상상이라고 이해하고, 자신의 세상을 창조할 힘을 주의 또는 집중이라고 이해한다면 여러분은 이제 자신만의 이상적인 세상을 건설할 수 있다. 꿈꾸고 열망하던 이상적인 존재가 되었다고 상상해보라. 이 상상에 주의를 집중한 상태를 유지한다면, 이미 이상적인 상태가 되었다고 완전히 느끼는 때가 빠르면 빠를수록 그것은 여러분의 세상에서 현실로 모습을 드러낼 것이다.[2]

다음 장들에서는 이미 이 이상이 이루어졌다고 느끼는 일의 중요성과 더불어 새로운 현실을 실현하는 데 '주의'라는 말이 얼마나 중요한지 자세히 이야기해보려 한다. 소원을 이루는 일에 상상이 어떻게 관련되어 있고 얼마나 중요한지에 대해 마무리하면서 마지막으로 성 바울의 이야기를 마음속에 간직하라고 당부하고 싶다. 이 우주에는 '우리가 바라거나 생각하는 것보다 훨씬 더 풍성하게 베풀' 힘이 있으며, 그 힘은 우리 내면에서 작용한다. 이것이 우리 자신의 상상이 아니고 달리 무엇이겠는가? 언제든 우리가 마음먹은 대로 사용할 수 있는 이 눈부신 선물에 감사하기를 바란다.

상상의 힘을 키우는 실천 전략

• 자신만의 은밀하고 성스러운 내면의 장소인 상상을 견고하게 지켜라. 누구도 여러분의 상상을 어떤 식으로든 더럽힐 수 없게 하라. 존경의 마음으로 상상에 말을 걸어보라. 상상에 경의를 표하라. 가장 높은 '나는 곧 나'라는 존재이며 아름다운 내면의 성소인 상상에 끊임없이 감사하는 마음을 품어라. 상상은 전 우주를 창조한 근원과 우리가 공유하는 공간이다.

•• 상상에 제한을 두지 말고, 누구도 훼손하거나 좌절시킬 수 없는 내면의 은밀한 공간에 그 고귀한 생각들을 갈무리하라. 상상의 주위에 "들어오지 마시오"라는 표지판을 세워서 이곳이 사적이고 은밀한 자신만의 장소임을 스스로 상기하라.

••• 불가사의하고 보이지 않는 영혼의 세계가 여러분을 인도해주게

하라. 억지로 하는 것이 아니라 영혼의 인도를 허용하는 분위기를 조성하라. 그리고 성 바울의 조언을 떠올려보라. "우리의 눈에 보이는 것이 보이지 않는 것에서 나왔다는 것을 압니다(「히브리서」 11장 3절에 나오는 구절로, 저자는 성 바울의 조언으로 보지만 「히브리서」의 저자가 누구인지에 대해서는 논란이 있다-옮긴이)." 이 말은 마음에 새겨야 할 강력한 메시지를 담고 있다. 이 모든 것은 영에서 나오며, 우리가 그 보이지 않는 존재들과 합일된 상태에 있다면 우리의 상상이야말로 바로 그 영혼이다.

2단계
이미 이루어진 것처럼 살아라

그는 죽은 자를 살리시고 없는 것을 있게 만드시는
하느님을 믿었던 것입니다.
- 「로마서」 4장 17절

이번에 살펴볼 확신의 힘을 키우는 기술 2단계야말로 우리가 씨름해야 할 가장 골치 아프고 파격적인 개념이라는 생각이 들지도 모르겠다. 정말 그런 생각이 든다면 지금이라도 각오를 다지기 바란다. 우리는 이제 상상하기를 다시 훈련할 것이다. 이 상상의 영역에 무엇이 들어 있든 앞으로의 경험을 위한 것이 아니라 바로 여기, 바로 지금의 현실을 나타낸다는 생각을 받아들이기 위해서다. 지금 우리는 오감(五感)이 현실로 인식하는 대상을 무시해서는 안 된다고 우리를 설득하려는 그 감각들을 상자에 넣고 자물쇠로 잠가버리는 중이다. 위에 인용한 「로마서」 4장 17절에서 성 바울이 로마인들에게 쓴 편지에서 언급하듯이 우리는 새로운 차원, 익숙하지 않은 현실로 걸어 들어가고 있다.

이 책의 핵심적인 전제를 명심하라. 3장에서 설명했던 강력한 지식이며 이 책 전체에서 강조하는 점, "우리는 모두 신이다"라는 공리 말이다. "너희의 율법서를 보면 하느님께서 '내가 너희를 신이라(You are gods) 불렀다' 하신 기록이 있지 않느냐(「요한복음」 10장 34절)." 이 구절은 사람들이 예수를 돌로 치려 할 때 그가 대답한 말이었다. "당신이 좋은 일을 했는데 우리가 왜 돌을 들겠소? 당신이 하느님을 모독했으니까 그러는 것이오. 당신은 한갓 사람이면서 하느님 행세를 하고 있지 않소(「요한복음」 10장 33절)." 이 인용문을 통해 이런 말을 하는 것이 나도 아니고 21세기의 어떤 정신 나간 작가도 아니라는 점을 일깨우고자 한다. 이것은 『성경』에 쓰인 그대로다.

이제 「로마서」 4장 17절에 나타난 성 바울의 말을 살펴보자. "없는 것을 있게 만드시는 하느님을 믿었던 것입니다." 이것이 신이 일하는 방식이다. 최상위 자아의 최상위 원칙과 일치하는 상상은 곧 일하고 있는 신이다. 우리는 상상을, 우리가 주장하는 대로 사물이 있어야 하는 곳으로 만들 수 있다. 오감에 따르면 그 사물이 3차원의 현실에 나타나지 않았을지라도 말이다. 여기서 우리는 결과를 '예상'하는 것이 아니라 믿고 생각하고, 그 '결과 속에서 살아가는' 법을 배워야 한다.

여기 앉아 글을 쓸 때면 나는 저쪽에 예쁜 표지의 책 한 권이 놓인 것을 본다. 그 표지는 여러분이 지금 읽고 있는 책의 표지와 완전히 똑같다. 실제로는 책의 3분의 1정도밖에 쓰지 않았지만 나는 신성한 집필실에 들어갈 때마다 매일 완성된 책을 본다. 이것은 내가 오랜

세월 해온 연습이다. 책을 써나가는 동안 나는 상징적인 의미에서 그리고 상상 속에서 매일 완성된 책을 본다.

상상할 때 나의 생각은, 곧 신의 생각이다. 따라서 나는 내가 생각하기에 이미 존재하는 사물을 창조하는 신이다. 나는 '없는 것을 있게 만들고' 있다. 이 사실을 알고 느낀다는 말은 내가 상상할 때는 그 무엇도 이 창조적 힘과 나를 떼어놓을 수 없다는 의미다. 책을 써낸다는 것은 어찌 보면 대단한 작업이지만 두렵지는 않다. 내 마음속에서는 이미 끝난 일이기 때문이다. 나는 그저 에너지가 나에게 흘러들어와 심장을 관통하고 종이 위로 흘러나가게 할 뿐이다. 최근 내 홈페이지에서 "당신은 작가인가?"라는 주제에 대해 다음과 같이 의견을 쓴 적이 있다. "판단하기를 멈추고 자신을 놓아주라. 글쓰기에 대해 이야기할 때마다 나는 청중에게 이렇게 말한다. '글쓰기는 나의 행동이 아니라 나의 존재 상태(I am)다. 나는(I am) 곧 글쓰기다. 글쓰기는 내가 표현된 것이다.'"

'나는(I am)'이라는 단어, 즉 대대로 기억할 신의 이름이며 모세가 들었던 말에 주목하라. 최상위 자아이자 거룩한 신의 이름인 아이앰 다음에 무슨 말이 오는지 주의를 집중하라. 아이앰으로 소원을 이루는 당신의 창조적 상상의 힘을 인식하기 시작하라.

캐나다 밴쿠버에서 열린 헤이하우스 주최의 '할 수 있다(I Can Do It)!' 행사장에서 많은 청중 앞에서 강연하는 모습(위·아래)

크로아티아의 두브로브니크에서 '기적 체험' 참가자들에게 강연하는 모습. 왼쪽 엉덩이에 나타난 커다란 구체에 주목하라.

photos on this page: Kate MacKinnon

두 딸 세레나, 세이지와 함께. 프랑스 루르드에서.

photo: Kate Mackinnon

세레나, 세이지와 함께.
루르드에서 또 한 번 구체가 등장했다.

아시시의 교회에서 '기적 체험' 참가자들에게 강연하는 모습.
웨인 다이어는 그리스도 상 아래에 있다.

상담과 두개천골 요법을 받기 전 왼쪽 얼굴이 마비된 니콜레트와 그녀의 엄마 린다와 함께.

마비가 사라진 니콜레트의 모습.
왼쪽 어깨에 구체가 보인다.

레이나 피스코바가 브라질에서 주앙 드 데우스에게 수술을 받고 회복하던 호텔 방의 예수 초상화.

딸 세이지가 브라질에서 사온 양초에 그려진 똑같은 예수의 초상화.
이 책을 집필하는 동안, 그리고 주앙 드 데우스에게 원격 수술을 받고 회복하는 동안 이 양초를 매일 보았다고 한다. 어깨에 구체가 보인다.

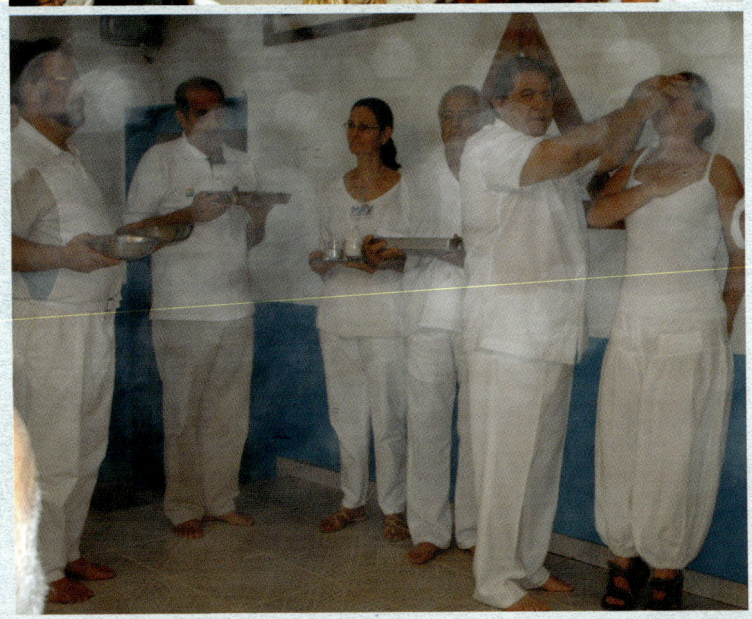

브라질에서 중재 시술을 시연하는 주앙 드 데우스.(클라우스 하이네만과 건디 하이네만의 『구체』에 실린 사진의 사본, 위·아래)

린다 밀렉의 침실에 나타난 확성기 모양의 구체.(왼쪽·오른쪽)

photos on this page: Linda L. Millek, www.lindamillek.com

헤이하우스가 주최한 세인트마틴 섬으로의 유람선 여행에서.
왼쪽 엉덩이와 오른쪽 엉덩이 부근에 똑같이 확성기 모양의 구체가 나타난 것에 주목하라.

마우이에서 여러 개의 구체가 딸들을 둘러싸고 있다.

캐나다 버넌에서 책에 사인을 하고 있는 동안 나타난 구체.

애리조나 피닉스의 컨퍼런스에서 열린 강연. 푸른 구체에 주목하라. 최근 알게 된 바로는, 푸른 구체는 '마스터 티처 에너지'를 나타낸다고 한다.

photo: www.TheOrbWhisperer.com

주문을 외워봐

: 다음에 소개하는 네빌의 말을 이마에 새겨두라. 물론 비유적인 표현이다. 다시 말해 이 구절을 외워서 거울을 볼 때마다 이마에 새겨진 글을 읽듯 자신에게 반복해서 이야기하라는 뜻이다.

겉모습이나 조건, 즉 여러분의 소원이 이루어지지 않았다고 부정하는 감각의 증거들을 전부 무시하라. 되고 싶은 모습이 이미 되었다는 가정에 머물러라. 그렇게 되었다고 단단히 가정할 때 여러분은 내면의 무한한 존재와 통합되어 하나의 창조적 공동체가 되고, 그 무한한 존재(신)와 함께라면 모든 일이 가능하다. 신은 실패하지 않는다.[1]

이렇게 하면 우리의 자아 개념은 새로운 자아 개념으로 대체된다. 새로운 자아 개념은 우리가 그것을 상상하고 새로운 관점에서 살아갈 때 시작된다. 오감은 우리가 오직 감각만을 존중하고 상상을 중요하지 않은 환상으로 여기도록 설득하려 든다. 하지만 감각이 새로운 자아 개념을 빼앗아가도록 내버려둬서는 안 된다.

바로 지금 당장 이런 연습을 해볼 수 있다. 큰 소리로 혹은 속으로 이렇게 말해보라. "새로운 나를 상상하면 미래의 꿈은 현재의 사실이 된다." 이 말을 몇 번 반복하라. 이렇게 할 때 에고의 저항이 느껴지는지, 오감 중 어떤 감각에 제일 거슬리는 느낌이 드는지 주목하고 반복하라. 신이라는 이 새로운 자아 개념, 적어도 신의 불꽃이라는 자아 개념은 우리에게 '없는 것을 있게 만드시는' 신처럼 생각하라고 요구한다.

이제 우리는 되고 싶은 이상적인 존재를 창조하면서 자신이 이미 그 사람이라고 가정한다. 네빌은 이것을 가정의 법칙(Law of Assumption)이라고 부르면서 다음과 같이 말한다. "여러분의 느낌을 지배할 때까지 계속 그렇게 가정한다면 반드시 그 이상적인 상태에 이르게 된다."[2]

상상은 우리가 마음먹은 대로 사용할 수 있는 능력이다. 물질세계인 현실에서 실현되기를 바라는 모든 것이 자라나기 위해서는 먼저 우리의 상상 속에 굳건히 자리 잡아야 함을 상기하라. 그리고 다음과 같은 네빌의 말이 여러분을 인도하게 하라.

> 그러므로 더욱 가치 있고 새로운 자신을 세상에 나타내려면 여러분은 되고 싶은 모습이 이미 되었다고 가정하고 그 가정을 믿으며 살아가야 한다. 아직 여러분의 몸으로 나타나지 않았어도 자신이 원하는 모습이 되었다는 가정을 철저히 믿는다면 그 새로운 가치나 의식의 상태가 현실 속에 나타날 것을 확신해야 한다.[3]

이것은 우리 존재 전체의 완전한 변화다.

우리는 원하는 바가 감각으로 느낄 수 있는 물리적 세계에 형상을 드러내기에 앞서 이미 이곳에 있다는 생각을 상상 속에서 품을 수 있다. 즉 다음과 같이 생각해서는 안 된다는 말이다. "나는 그렇게 될 거야", "효과가 있었으면 좋겠어", "좋은 결과가 나오기를 기도하고 있어." 그 대신 이렇게 말하라. "지금 나는 내 안에 살아 있는 신인 아이앰 존재를 인정하고 있어." 이렇게 말하면 우리의 마음은 삶 속에서 창조의 역할을 주도하게 될 것이다. 무언가를 만들어내는 이러한 힘은 우리가 그 힘을 어떻게 생각하느냐에 따라 진정한 창조력과 힘을 서서히 발휘할 것이며 그 과정에서 우리는 물리적, 지적 능력 대신 이 힘에 의존하게 될 것이다. 오감은 우리 자신이 몸이나 소유물, 업적이나 명성과 동일한 존재라는 거짓 믿음에 우리를 붙들어놓지만 우리의 새로워진 현실은 이런 감각에만 의존하지 않는다.

우리는 지금까지 머물러왔던 무수한 몸이 더 이상 감각으로 느낄 수 있는 상태로 존재하지 않음을 이미 알고 있다. 이제 우리는 감각과 상관없는 궁극의 현실, 즉 상상에 참여하겠다고 의식적으로 결정할 수 있다. 이 상상 속에서 우리는 미래의 꿈을 현재의 사실로 가정하고 그 새로운 의식의 상태로 살아간다. 이것은 단지 무엇을 하는 척하거나 자신을 속이는 일이 아니다. 물리적 형상이 아닌 영혼에게 청해 우리 현실에서 창조적인 본질을 불러일으키는 것이다. 삶을 변화시킨다는 것은 이런 의미다.

'형태(form)'라는 단어 앞에 형태를 넘어선다는 의미의 'trans'를 붙이면 '변화(transformation)'라는 단어가 된다. 한계가 있어 보이는 우리 삶에서 정말로 그 한계를 넘어서게 해줄 장소, 그곳에서 살아라. 물리적 현실 혹은 모든 존재의 근원인 상상의 세계를 탐색하라.

나는 지금까지 살아오면서 이루고자 하는 바를 추구하는 과정에서 너무 고집스럽다거나 심지어 집착한다는 말을 자주 들었다. 사실 나는 상상 속에 무엇을 끌고 들어올 때마다 그것이 이미 내게는 현실임을 마음속으로 너무나 확실히 알고 있었다. 이미 나의 현실이 된 것을 마음속에서 지워버릴 수 없을 뿐이다. 예를 들어 예전에 박사 과정에 지원했을 때 비록 학위를 따기 위한 수업은 단 한 번도 수강하지 않았어도 나는 나 자신을 이미 박사 학위자로 보았다. 박사 과정 학생들 중 열에 아홉은 논문을 통과하지 못해 학위를 받지 못한다는 이야기를 들었을 때도 나에게는 해당되지 않는 이야기라고 생각했다. 상상 속에서 나는 이미 박사였기 때문이다. 나는 끈덕지게 꿈이 이미 현실인 것처럼 행동했다.

경력을 쌓을 때도 모든 단계마다 똑같이 이 '이미 이루어진 것처럼 생각하기'를 실행했다. 어린 시절 나는 텔레비전에 나오는 나 자신을 보았고, 안 된다고 말하는 많은 사람들을 무시하며 마음속의 그림을 열정적으로 붙들고 있었다. 그리고 이 상상은 결국 내 마음속에서 끄집어내져 물질세계로 튀어나왔고 이곳에서 마침내 내 감각이 그 장면을 진실임을 확인하고 받아들였다.

말하자면 내 상상 속의 장면은 이미 나의 현실이다. 나는 그 관점에 따라 세상을 살아가고 다른 상황은 전혀 바라지 않기 때문에 그 무엇도 내게 이 관점을 포기시키지는 못한다. 나는 이미 그 상황에 있다. 온 세상이 내 꿈이 어리석다고 날 설득하려 해도 나는 상상 속에 살고 있는 내 모습을 어떻게 지워야 할지 모르겠다. 여러분도 이런 사고방식을 받아들일 수 있다.

　의심을 모두 몰아내고 시기에 대해서는 잊어라. 상상 속의 장면은 딱 맞는 시간에 물질적 사실로 발전되어 나올 것이다. 방법에 대해서도 잊어라. 그저 마음속으로 상상 속의 장면을 살아가라. 이것은 우리가 가진 위대한 힘이다. 이 힘이 우리 자신의 것이라고 인정하기만 한다면 말이다.

　이 타고난 신의 힘을 내 것이라 주장하는 한편 원하는 삶을 실현하기 위해 사용하는 일이 얼마나 중요한지는 말할 필요도 없을 정도다. 이 일에 관해서는 단호하고 꿋꿋해져야 한다. 꺾이지 말고 이 상상을 붙들되 한 걸음 더 나아가 사실은 상상 속의 생각이 현실인 것처럼 하루하루를 살아나가라. 세인트 저메인은 『아이앰 담론』에서 우리가 삶의 주인이고 지배권이 우리에게 있음을 반복해서 상기시켜준다. 일단 이것을 조금이라도 의식한다면 강력한 아이앰 존재의 에너지와 힘과 지성에 접근할 수 있다. 이것은 우리의 타고난 권리다. 이 아이앰 존재는 항상 우리와 함께 있다.

이미 모두 이루어졌다

　지금까지 우리는 '나는 ~이 아니다(I am not)'라는 생각으로 넘쳐흐르는 사고방식이 만들어낸 습관을 형성해왔다. 학생 시절 만족스럽지 못한 성적을 받았을 때 우리는 이렇게 생각한다. '난 똑똑하지 않아.' 1등을 하지 못했을 때는 이렇게 말한다. "난 재능이 없어." 비판받는 것처럼 느꼈을 때는 이렇게 말한다. "난 잘 못해." 거울을 보고 자신을 멋진 영화배우나 미인대회 참가자들과 비교하며 이렇게 말한다. "난 매력이 없어." 인간관계가 깨졌을 때는 이렇게 생각한다. '난 사랑받지 못하나 봐,' '난 사랑받을 자격이 없어.' 우리는 자라면서 그리고 어른이 되어서도 이런 생각을 수도 없이 반복하고, 이 생각들은 우리 자아 개념의 핵심으로 뚜렷이 자리 잡는다.

여러분이 이 책을 읽는 이유는 평범함을 넘어 삶을 향상시키고 싶어서다. 여러분은 상위 자아나 최상위 자아와 어울리는 새로운 진실을 받아들이려고 노력한다. 지금이 바로 내면의 신과 신 그 자체인 자기 자신을 발견하고 자아 개념을 확장할 완벽한 시기다. 여러분에게 박수를 보낸다. 자아 개념은 여러분 자신에 대해 진실이라고 믿는 모든 것이다.

'나는 ~이 아니다'라는 사고방식을 극복하려면 먼저 내면의 영적 세계를 믿어야 한다. 내면세계에는 어떤 제한도 경계선도 없다. 하지만 여러분의 자아 개념과 외부 세계에 대한 세계관은 오감에 따라 정의된다. 외부 세계는 항상 변한다. 이는 앞서 정의했던 대로 진짜가 아니라는 뜻이다. 이 사실을 인식하면 우리는 바로 지금, 바로 이곳에서 장엄한 각성을 경험할 수 있다.

자신의 한계와 자신에 대한 믿음이 대부분 환상에 바탕을 두고 있다는 사실을 깨달으면 어떤 기분이 드는가? 그 환상은 이제 더 이상 존재하지 않는 몸에 머물던 사람들이 이미 지나가버린 시간에 우리에게 헛되이 심어주었던 선의의 환상이었다. 우리의 자아 개념 중 많은 부분은 허구적인 이야기로, 우리가 처음 접했을 때도 진실이 아니었고 지금도 사실이 아닌 거짓 믿음에 바탕을 두고 있다. 임사체험을 했던 아니타 무르자니는 이런 사실을 정교하고 자세하게 설명한다. 이 임사체험은 그녀가 어떤 사람이었는지에 대한 기존의 자아 개념을 송두리째 흔들어놓았다. 아니타 무르자니의 이야기는 우리가 신과 하나가 되고 일상에서 기적을 일으킬 수 있는 또 다른 차원이 있음을 보여준다.

아니타는 호지킨 림프종이라는 병을 앓고 있었다. 장기가 모두 멈췄고, 남은 시간은 기껏해야 36시간이라는 말을 들었다. 임사체험 연구재단(nderf.org) 홈페이지에서 아니타는 이렇게 이야기한다. "그때 나는 실제로 다른 차원으로 '건너갔고', 거기서 온통 사랑에 둘러싸인 느낌을 받았다. 그리고 내가 왜 암에 걸렸는지, 애초에 왜 나란 사람으로 태어났는지, 큰 그림에서 볼 때 우리 가족 하나하나가 내 삶에 어떤 역할을 하고 있는지, 그리고 일반적으로 인생이 어떻게 돌아가는지에 대해 아주 명확히 알게 되었다."

임사체험을 하는 동안 아니타는 우리 삶에서 일어나는 모든 일이 우리가 만들어낸 주변의 에너지에 달려 있음을 보았다. 고정된 것은 없다. 우리는 이 에너지를 어떻게 사용하는지에 따라 환경과 삶의 조건을 만들어가는 창조자다. 육체가 병드는 이유는 우리가 살고 있는 에너지 수준 때문이다. 아니타는 이렇게 말한다. "내가 몸으로 돌아가면 그 몸에는 아주 건강한 에너지가 들어갈 것이었다. 그러면 제 몸은 그 에너지 상태를 즉시 따라잡고 그 상태를 지속할 것이었다. 나는 이것이 병뿐만 아니라 무엇에든 적용된다는 점을 이해하게 되었다."

아니타는 암으로 황폐해진 육체로 돌아갈 기회를 얻었다. 놀랍게도 임사체험 4일 만에 아니타의 몸은 더 이상 암의 징후를 보이지 않았다. 무엇보다도 이 여인은 우리가 앞서 살펴본 예수의 위대한 메시지이자 이 책의 교훈인 '나는 신이다'라는 점을 깨달았다.

아니타에게 연락이 닿은 나는 그 놀라운 이야기를 책으로 써서 세상 사람들과 나누는 것이 어떻겠느냐고 권했다. 아니타의 경험이 담긴 『그리고 모든 것이 변했다』는 대단히 고무적이고 흥미로운 책이다. 무수한 암세포로 덮였던 아니타의 육체는 죽음의 문턱까지 갔다. 그리고 임사체험 후 그녀의 암은 깨끗이 사라졌다. 나는 우리에게 많은 이야기를 들려주는 그녀의 책에 서문을 써준 일이 자랑스럽다.

아니타는 감각으로 느낄 수 있는 세상, 확실해 보이는 이 세상이 허상이라는 사실을 깨달았다. 진단 결과마저 바꿔놓은 그녀는 우리도 생각으로 창조하는 에너지를 바꿈으로써 뭐든 변화시킬 수 있다고 결론 내렸다. 아니타에게는 암이라는 '현실'마저도 바꿀 수 있는 대상이었다. 의식의 변화가 암을 사라지게 했기 때문이다. 그녀는 이렇게 말한다. "내가 본 것에 따르면, 우리의 에너지가 먼저고 육체는 에너지가 표현된 결과일 뿐이다. 에너지를 변화시킨다면 물리적인 현실도 바꿀 수 있다." 이것은 바로 '나는 신이다'라는 선언이 우리에게 해줄 수 있는 일이다. 신은 물리적 존재가 아니라 에너지다. 그리고 이 신성한 에너지는 우리의 감각이 전해주는 물질세계의 에너지와 다르다.

아니타는 세상에 분리란 없고, 만물과 만인이 서로 연결되어 있다는 심오한 인식을 경험했다고 전했다. 그녀가 자신의 몸을 치유하기 위해서는 그저 신의 의식과 하나가 되고 완전한 사랑이 되는 것만이 필요했다. "나는 만물과 하나가 되었음을 느꼈다. 살아 있는 모든 존재와의 연결을 느꼈다. 그건 이 우주 전체가 내 안에 있는 것 같은 느낌이었다." 또 아니타는 자신이 경험한 또 다른 차원에서는 시공간이 매우 다르게 느껴졌다고 말한다. "이곳에서처럼 순서대로, 선형적으로 진행되는 느낌이 아니었다. 마치 모든 것이 동시에 일어나는 느낌이었다."

아니타는 심지어 전생마저도 과거가 아니라는 것을 알게 되었다. 시간도, 분리도 존재하지 않는 이 상태를 가장 잘 설명하는 말은 '평행인생' 정도라고 했다. 우리는 전-후나 원인-결과같이 선형적으로 생각하므로 이 관념은 우리의 감각으론 이해하기 거의 불가능하다. 아니타에게 그곳은 온통 넘치는 사랑만이 가득한 곳이었다. 그녀는 이 사랑을 가리켜 온 세상을 만들고도 남을 사랑이라고 묘사했다. "나도 모든 것을 감싸는 무조건적 사랑의 에너지로 넘쳤다. …… 이 우주적인 에너지는 우리가 어떤 사람이든 상관없이 존재한다. 나는 놀라울 정도로 힘 있고 웅대한 존재가 된 느낌이었다."

아니타가 임사체험을 통해 경험한 세계는 우리의 세계이기도 하다. 이 세계를 경험하려면 '나는(I am)'이라는 말이 우리에게 어떤 의미인지 진정으로 이해할 수 있도록 변화해야 한다. 상상 속에 깊이 뿌리내린 '모든 일이 가능하다'는 관점에 따라 살아라. 자신의 신성한 본질을 깊이 믿을수록 그것이 더 자주 현실로 나타날 것이다.

죽음이 임박했다는 선고를 받았다가 거의 즉각적으로 치유된 아니타의 경험은 그녀에게 우리의 최상위 자아가 분리도, 시간도, 판단도 없는 무조건적인 사랑임을 가르쳐주었다. "무엇을 믿든 당신이 옳다는 사실을 알게 될 것이다." 나중에 혹은 사후에 그 믿음이 현실이 되기를 바라기보다는 지금 당장 그 믿음에 따라 살아가는 일이 얼마나 중요한지 생각해보라.

'나는 신이다'라는 의식으로 살려면 자신이 조건 없고 초월적인 사랑과 하나임을 알아야 한다. 이런 의식은 우리 자신에 대한 이런 믿음(사랑과 하나임)을 확인시켜주는 모든 것을 삶으로 끌어당긴다. 그러면 우리는 감각이 전해주는 것을 무시하고 '나는'이라는 말 뒤에 '웅대한', '숭고한', '위대한'과 같은 말을 붙이는 셈이다.

아니타는 이 놀라운 임사체험에서 알게 된 점을 다음과 같이 설명한다. "자신의 위대함을 깨달았을 때 위대한 것만을 삶으로 끌어들이게 된다. 또 '비슷한 것끼리 끌어당긴다'라는 생각을 믿는다면 당신에게 최고인 것을 끌어올 최고의 방법은, 사랑으로 가득하다고 할 수 있을 정도로 자기를 사랑하는 일이다. 이렇게 하면 우리는 자기에 대한 이런 믿음을 확인시켜주는 것들을 모두 삶으로 끌어당기게 된다. 사실 이건 아주 간단하다."

아니타는 임사체험을 하는 동안 신을 깨달은 영역으로 들어갔고 그 상태로 살았다. 하지만 건강한 몸으로 돌아왔다. 장기가 멈추고 죽음이 임박했다는 진단을 받은 후의 일이었다. 그녀는 사랑하는 존재라기보다 사랑 그 자체다. 사랑 그 자체가 되기 위해서 해야 할 일은 없다. 그저 자신의 위대함과 자신을 완전히 사랑함으로써 그 사랑이 다른 모든 사람에게 흘러넘치도록 하면 된다.

예수의 말을 상기해보자. "하느님은 사랑이십니다. 사랑 안에 있는 사람은 하느님 안에 있으며 하느님께서는 그 사람 안에 계십니다." 이 경우 '나는 ~이다'라는 말은 '나는 사랑이다(I am love)'가 될 것이다. 언젠가 그렇게 되리라고 기대하지 말고 지금 이 의식 속에서 살아라. 그러면 확신의 힘을 키우는 기술 2단계에 대해 정확히 알게 될 것이다. 내가 아니타의 경험을 이렇게 소개하는 이유는 무조건적인 사랑에 둘러싸인 느낌에 대해 그녀가 묘사한 내용에 큰 충격을 받았기 때문이다. 세상 사람들이 들을 수 있도록 그 경험을 써보라고 권했던 이유도 바로 그 때문이었다.

마지막으로 신을 깨달은 상태라는 개념에 대한 아니타의 의견을 소개하고자 한다. '그곳'이란 없다. 모두 그저 존재할 뿐이다. 따라서 '이곳에 있음'도 없다. '이곳'이란 '그곳'이 존재함을 의미하기 때문이다. 아니타는 이렇게 적는다.

"'외부적으로' 무언가를 추구할 때 우리는 경쟁적이고 한계가 있는 세상을 바라보면서 우리의 성취를 평가하기 위해 외부의 척도를 사용한다. 내가 보기에 이건 환상이다. '존재하는 상태'에는 한계가 없다. 우리는 목표를 얼마나 성취했느냐를 기준으로 우리 자신의 '존재하는 상태'를 재보는 것 같다. 나는 그렇게 하지 않는다. 행복한 사람들도 대부분 그렇게 하지 않는다. 요컨대 관점을 바꾸라는 말이다. 우리가 부자든 가난하든, 장애가 있든 없든, 사랑하는 사람과 함께 있든 아니든 자기 존재 안에서 위대함을 보라. 이제 나는 존재에 집중하면서 내 인생의 창조자이자 예술가가 되었다."

이 장이 전하는 메시지에 대해 아니타는 이렇게 결론짓는다. "알아야 할 것은 우리가 얻고자 하는 바를 이미 얻었다는 사실뿐이다."

먼저 상상하고, 그것이 되어라. 여러분에게도 이렇게 살라고 청하고 싶다. 그리고 성 바울이 권하는 대로 존재하지 않는 것을 존재하는 것처럼 생각하면서 산다면 분명 그것이 우리의 현실이 되리라고 확신한다.

내가 바라는 삶을 쓰다

무엇이 여러분의 삶을 형성하기 바라는지, 최대한 길게 목록을 만들어보라. 그다음 상상할 때 '나는 ~이 아니다'나 '나는 앞으로 ~가 되기를 바란다'를 '나는 ~이다'로 바꿔보라. 지금 우리는 '나는'이라는 말 다음에 신과 동일한 존재인 최상위 자아와 어울리는 말을 넣어보려 한다. 내면의 대화를 시작하면서 우선 자아 개념을 정의하는 말부터 바꿔보자. 우리의 아이앰 존재가 다른 사람들과 관련되면 에고가 자기의 중요성을 주장하고 나서기 때문에 여러분이 지금 무엇을 하고 있는지 사람들과 이야기를 나누지는 마라. 상상 속에 포함하고 싶은 단어를 선택함으로써 자아 개념을 다시 정의해보라. 상위 자아의 도움을 구하고 소원을 이루는 시작 단계로서 내면세계에서 사용하는 말을 바꿔보라.

『성경』의 「요엘서」에 나오는 신의 조언은 이 장의 내용과 상통한다. "약한 자도 이르기를 '나는 강하다' 할지어다(「요엘서」 3장 10절)." 자아 개념의 재정의는 짤막한 이 『성경』 구절만큼 정말로 간단하다. "나는 약하다"라고 말한다면 우리의 최상위 자아인 신의 이름을 더럽히는 셈이다. 우주의 창조적 근원이, 세계를 창조하는 근원 에너지가 어떻게 "나는 약하다"라고 말할 수 있겠는가?

이전에 언급했듯 예수는 이렇게 말했다. "율법서를 보면 하느님께서 '내가 너희를 신이라 불렀다' 하신 기록이 있지 않느냐." 그러니 최상위 자아로서 삶을 영위하는 우리가 불경스럽게 자신을 정의하기는커녕 '나는 약하다'라는 생각을 할 수 있겠는가? '나는 강하다'라고 생각함으로써 우리는 자신을 선언할 때 필요한 도구를 상상 속에 집어넣는 셈이며, 약함 대신 강함으로 만물의 근원과 조화를 이루는 셈이다. 우연이 아닌 동시성의 인도를 받으려면 "나는 강하다"라고 선언하여 창조적 근원과 동조하라. "나는 약하다"라고 선언한다면 이러한 인도를 받을 수 없다.

"나는 직장을 얻을 능력이 없어"라는 말을 "능력이 있어"라고 바꿔보라. 마찬가지로 "나는 별일 없이 평온하게 지낼 수가 없어"라는 말을 "나는 평온해"로, "나는 애정운이 없나 봐"라는 말을 "나는 사랑 그 자체야"로, "나는 행복할 자격이 없나 봐"를 "나는 행복 그 자체야"로 바꿔보라. 내가 어떤 사람인지, 무엇을 할 수 있는지 정의할 때 계속해서 사용하는 '나는(I am)'이라는 말은 우리의 가장 높은 측면인 신의 이름으로 쓰이는 신성한 표현이다. 자기도 모르게 이 신성한 이름을 더럽히는 오래된 습관에서 벗어나라. 신성한 자아를 비난하는 경멸적인 꼬리표를 더 이상 붙이지 마라.

『아이앰 담론』의 위대한 가르침 중 하나는 항상 신성한 자아를 제일 먼저 고려하라는 것이다. 사실 신성한 자아를 흠모하면 상상하던 것보다 높은 곳까지 오를 수 있게 된다. 따라서 우리는 외부 자아가 무한한 힘을 지닌 내면의 존재를 받아들이게 해야 한다.

이상을 현실로 만들다

'나는'이라는 말의 중요성은 이루 말할 수 없을 정도로 중요하다. 이 말에는 우주에서 가장 큰 힘을 인도하고 지시하며 우리가 신을 깨달은 존재임을 밝혀줄 수 있는 변형의 에너지가 있다. 뒤에 남은 네 개의 장에서는 소원이 이루어지는 삶을 어떻게 실현할지에 대해 자세히 살펴볼 것이다. 이 장에서는 우리가 '나는 ~가 아니다', '나는 ~하기를 바란다(I hope)'라고 생각하고 말하는 경향이 있음을 인식하는 한편, 그 표현을 '나는 ~이다'로 바꾸기 위해 스스로 훈련할 것을 강조한다. 이에 대해 네빌은 다음과 같이 말한다. "마음속에 이상을 창조함으로써 그 이상과 완전히 똑같은 존재가 될 때까지 자신을 그 이상이라고 여길 수 있고, 그렇게 하면 자신을 그 이상으로 바꿀 수 있다."[4]

가장 높은 이상을 이루지 못하게 하는 행동 양식에 얼마나 오래 갇혀 있었는지는 중요하지 않다. 그 행동 양식을 바꿈으로써 상상 속에서 자신이 어떤 사람인지 고쳐 말하고 그 상상 속 자신의 관점에 따라 산다면 네빌의 말처럼 이상적인 자신으로 탈바꿈할 수 있다. 이것은 약물 중독자든, 말을 더듬는 사람이든, 가난하든, 질병에 시달리든, 고질적으로 게으르든, 사랑에 실패했든, 지적으로 열등하든, 아무튼 우리가 되고 싶지 않은 어떤 사람에게든 해당되는 이야기다. 남은 네 개의 장에서 강조하는 가르침을 먼저 마음속에서 적용해보고 여러분이 생각하는 '나'라는 존재와 어울리도록 행동으로 옮겨보라. 다음은 확언의 몇 가지 예시다.

- 중독 : 나는 말짱하다 / 나는 완벽하게 건강하다.
- 말 더듬기 : 나는 완벽하게 내 마음대로 말할 수 있다 / 나는 내 언어 능력을 완벽하게 통제할 수 있다.
- 가난 : 나는 부유하다 / 풍요롭다.
- 질병 : 나는 건강하다 / 나는 완벽한 건강 그 자체다.
- 게으름 : 나는 무한한 에너지를 품고 있다.
- 사랑을 갈구함 : 나는 사랑이며, 애정 어린 인간관계를 맺고 있다.
- 지적으로 취약함 : 나는 천재다.

이 모두가 자기기만이고 아이앰 존재는 소원을 이루어주지 않는다고 생각할지도 모르겠다. 감각이 말해주는 것만이 유일한 현실이라고 믿는다면 당연히 의심이 들기 마련이다. 『성경』에는 부정적인 관점을 뛰어넘도록 도와줄 구절이 있다. 신약의 「요한복음」은 이렇게 시작한다. "천지가 창조되기 전부터 말씀이 계셨다. 말씀은 하느님과 함께 계셨고 하느님과 똑같은 분이셨다(「요한복음」 1장 1절)." 여기서 열세 줄 밑에는 이런 구절이 있다. "말씀이 사람이 되셔서 우리와 함께 계셨는데(「요한복음」 1장 14절)."

"말씀은 …… 하느님과 똑같은 분이셨다"라는 구절은 무슨 뜻일까? 우리는 감각으로 느끼는 의식 이상의 존재다. 또한 우리는 자신의 영적 신성(神性)이며, 이 신성은 오감에 영향을 받지 않는다. 앞에서 이야기했듯 『성경』에 나오는 신도 이렇게 선언한다. "나는 곧 나, 아이앰이다." 이 두 단어, 아이앰은 이제 여러분이 상상할 때 신과 완벽하게 동조하는 수단이다. 이게 시작이다.

꿋꿋이 아이앰, 즉 '나는 ~이다'라는 말을 반복하면 '말씀이 사람이 되셔서 우리와 함께' 계시는 현실을 발견하게 될 것이다. 이 단어 아이앰을 기억하라. 이 이름을 불러내서 상상 속에 넣어두고 그 상상 속에 살면 우리가 확언했던 모든 존재가 되도록 해줄 뿐만 아니라 기적을 일으키는 힘의 근원과 완전히 연결된다. 이 신성한 말을 최상위 자아, 즉 신의 이름으로 사용하려는 의지를 다지는 것부터 시작하라. 이것은 우리의 소원이 존재의 근원과 일치하는 한, 소원이 이루어지는 삶을 살게 될 새로운 우리 존재의 취임식 같은 것이다. 이 존재의 근원은 우리의 위대함과 우리 자신에 대한 사랑 그리고 신의 모든 피조물에 대한 사랑 그 자체다. '나는'이라는 단어가 실제로 육신이 되어 굳어진 사실로서 우리 삶에 거할 때 우리는 어리둥절하지만 몹시 기쁜 마음으로 그것을 지켜볼 것이다.

자기 확신대로 살기 위한 실천 전략

- 자기 자신의 위대함에 자신을 맡겨보라. 여러분이 거울에서 보는 것은 계속해서 변하는 이 육체가 아니라 진정한 최상위 자아인 보이지 않는 존재임을 상기하라. 그리고 조용히 말하거나 소리 내서 확언하라. "나는 사랑이다", "나는 신이다", "나는 가치 있다", "나는 무한하다". 결국엔 이 말이 마음속에서 주문이 되도록 이 과정을 자주 반복하라. 이것은 에고의 훈련이 아니라 당신이라는 놀라운 기적을 자각하는 연습이다. 이 연습은 이 우주와 우리의 일대일 관계뿐만 아니라 그 우주가 주시하는 우리의 타고난 아름다움과 완벽함마저 모두 훼손해온 오래된 행동 양식을 버리도록 도와줄 것이다.
- 두려워하지 말고 아이엠을 상상에 포함하라. 예전 같으면 우리의 거짓 자아인 에고가 이런 의식의 확장을 결코 허용하지 않았을 것임을 인식하라. 우리의 존재를 지금까지 규정해온 3차원적 증거를 무시하라. '신과 함께라면 모든 일이 가능하다'는 그리스도 예수의 주된 가르침이 실현 가능한 4차원의 세계로 들어가라. 우리의 상상은 우

리 것이다. 우리는 무엇이든 마음대로 상상에 포함할 수 있다. "나는 재능이 있다/대담하다/주체할 수 없이 행복하다/말로 하기 어려울 만큼 부유하다/만족스럽다/신이다." 두려움 없이 이러한 이상을 여러분의 현실로 만들라.

••• 『아이앰 담론』에 나온 조언을 들어보라. 무엇을 하고 싶은지, 무엇이 되고 싶은지 결정하고 그에 반대되거나 방해되는 것은 모두 무시하면서 "나는 ~를 하는 존재야"라고 반복해서 말하라.[5] 전능한 아이앰 존재가 우리에게 항상 머물며 힘을 주도록 이 과정이 그 존재를 사랑하고 경배하는 소명이라고 생각하라. '나는'이라는 말을 사용할 때마다 그 선언을 이루어줄 신성한 힘 또한 불러일으키는 셈이다.

이 세 가지 제안을 실행하고, 우리의 신성함과 힘에 티끌만큼의 의심도 없는 차원으로 들어가라.

3단계
이미 이루어진 것처럼 느껴라

> 여러분 자신이 현재 어떠하다고 느낀다면 그 상태 그대로 받는다.
> 그러니 소원한 것을 이미 가졌다면 느꼈을 법한 감정을 느껴라.
> 그러면 당신의 소원은 반드시 실현된다. ……
> 그러니 되고자 하는 사람이 되었다는 느낌 속에서 살면 그렇게 될 것이다.[1]
> - 네빌

나는 1944년에 녹음된 네빌의 강연 중 한 구절을 적어 침대맡에 붙여놓았다. 거기에는 이런 글귀가 쓰여 있다. "이미 소원이 이루어진 느낌을 받아들여 미래의 꿈을 현재의 사실로 만들라." 나는 매일 밤 자기 전에 이 글귀를 읽고 연습해본다. 결국 이 책을 쓰고 싶게 했던 것도 이 글귀였다. 이 문장은 단지 이 장뿐만 아니라 이 책 전체의 핵심 메시지를 담고 있다. '소원이 이루어진 느낌을 받아들여'라는 생각은 정말이지 대단히 지혜로운 견해다.

지금까지 생각, 자아 개념, 상상의 중요성을 설명했다. 이것들은 우리가 규정하는 보이지 않는 체계다. 상상과 자아 개념은 우리가 바꿀 수 있는, 형태가 없는 생각이다. 생각을 개조하라. 즉 상상을 자신만의 은밀한 마음속 영역으로 만들어라. 결국 여러분은 자신이 가진

이 놀라운 힘을 어떻게 사용했는지에 따라 행동하게 될 것이다. 최상위 자아가 지배적인 역할을 하게 하는 것, 즉 신이 생각하는 대로 생각한다는 것은 어떤 일이든 가능하다는 의미다. 자기실현의 기술을 터득하는 데 진지하게 전념하려는 사람이라면 누구든 이 장 첫머리에 인용한 네빌의 말을 적용할 수 있다. 그것은 네빌의 책과 강연에서 무언가를 우리에게 보여주기 때문이다. 네빌이 자신의 모든 작품을 통틀어 강조한 그 '무언가'는 바로 느낌의 중요성이다.

네빌은 이렇게 말한다. "그러니 되고자 하는 사람이 되었다는 느낌 속에서 살아라. 그러면 그렇게 될 것이다." 이 장에서는 이 말이 우리에게 주는 엄청난 영향력을 깨닫기 바란다. 우리를 단순히 소원을 품은 사람에서 소원을 현재 삶에서 경험하는 사람으로 발전시키는 데 느낌이 얼마나 중요하고 결정적인 역할을 하는지 깨달아라. 상당히 많은 사람들이 느낌의 중요성을 모르기 때문에 느낌이 소원을 이루는 삶의 비결이 되어버렸다. 앞에서 살펴본 창조의 과정은 하나의 생각에서 시작한다. 여기엔 자신이 이룰 수 있는 모든 것과 자기 자신에 대한 생각을 바꾸는 법도 포함된다.

요약하면 창조 과정은 먼저 생각, 그다음엔 느낌, 그리고 물리적인 사물, 아니면 결국엔 새로운 의욕에 가득 차서 행동하는 것이다.

느낌을 바꾸면 운명이 변한다

어떻게 창조를 하는지 아는 대로 단순하고 분명하게 말해보면 이렇다. 소원이 이루어진 느낌을 받아들이지 않으면 소원을 이룰 수 없다. 다시 말해서 상상 속에서 소원이 이미 이루어진 느낌을 받아들이는 법을 반드시 배워야 한다. 생각은 형태가 없다. 만약 공간 속에서 생각의 위치를 찾아본다면 아마 머릿속일 것이다. 하지만 머리는 경계가 있고 생각은 경계가 없으므로 생각은 어디에든 있거나 또는 아무 데도 없을 것이다.

생각은 끝없는 컨베이어벨트 위에 놓여 끊임없이 우리 머릿속을 흐르고, 우리는 무한한 생각 중에 마음에 드는 것을 고른다. 우리에게 맞는 생각을 하나 골라내고, 다시 넣고, 언제든 또 다른 생각을 집어들 수 있다. 상상은 우리가 간직하기로 한 생각의 저장소다. 반면 느낌은 몸으로 경험하는 것이다. 몸은 형태가 있는 이 물질세계에서 우리가 살아가면서 모든 행동을 하는 곳이다. 느낌은 우리 생각보다 삶에서 더 많은 역할을 한다.

무언가를 지적으로 배우기 위해서는 정신적인 훈련 과정에 참여해야 한다. 공부하고, 조사하고, 암기하고, 깊이 생각하고, 토론에 참여하고, 전문가의 의견을 구한다. 그리고 결국 분석하던 대상에 대해 결론을 이끌어낸다. 우리는 사실을 알게 되고 사고 과정을 통해 그 주제를 완전히 터득했음을 확신한다.

무언가를 '영적으로' 아는 일은 이와 완전히 다른 문제다. 이 경우에도 연구 대상에 대해 명확하게 이해할 것이 더 이상 남아 있지 않을 정도로 계속해서 깊이 생각하고, 고민하고, 분석할 수는 있지만, 영적인 깨달음을 위해서는 경험해보아야 한다. 다른 방법은 없다. 새로운 의식을 향한 길을 그냥 생각만으로 알 수 있는 것은 아니다. 알고자 하는 것을 경험해보아야 한다. 더 높고 새로운 이상을 직접 경험하게 해줄 유일한 수단은 느낌이다. 과연 당신은 어떻게 느끼고 있는가?

여러분은 어떤 사람이 되고 싶은지에 대한 그림을 상상 속에 넣어 두었을지도 모른다. 하지만 그 소원이 이루어졌다는 느낌을 품을 수 없다면 미래의 꿈을 현재의 사실로 만들 수 없다. 상상 속에 생각을 넣어두고 매일 그 안에 살면서 그것이 정확히 어떤 느낌일지 몸으로 경험하고 그 상태에 머무를 수 있는 경이로운 능력이 우리에게는 분명히 있다. 지금 내가 전하는 이 말들은 이 책에서 가장 중요한 내용이며, 어쩌면 여러분이 평생 접할 메시지 중에서도 가장 중요할지 모른다. 느낌은 우리가 '사는' 곳이다. 느낌을 가슴속에 품을 수 있고 그 행동이 가져다주는 사랑을 진정으로 느낀다면 네빌의 말처럼 우리는 소원이 반드시 실현되는 곳에 있게 될 것이다. 이것이 느낌의 힘이다.

몇 년 전 주요 대학들에서 강의하는 동안 나는 대학원생들에게 이렇게 물어보았다. "여러분은 어떤 식으로 먼저 반응하나요? 아는 것 중심으로? 아니면 느낌 중심으로?" 이 질문의 의도는 그 학생들이 주로 어떤 영역에 주의를 기울이는지 스스로 알아보게 하는 것이었다. 예를 들어 인지적 영역에서는 분석 능력, 수학적 기량, 16세기 엘리자베스 시대 영시의 압운(押韻)에 대한 숙달 정도, 과학 공식을 암기하는 능력 등을 들 수 있다. 감정(느낌) 영역에서는 외로움, 슬픔, 두려움, 비통함, 불안, 사랑, 황홀함, 기쁨 등이 있다. 학생들은 모두 감정 영역이 중심이라고 답했다.

여러분도 이성(지식)보다 감정이 우선한다는 데 대부분 동의할 것이다. 인상은 인지를 넘어선다. 하지만 정규 교육은 우리 존재가 '아는' 측면에만 치우쳐 있다. 우리는 전적으로 새로운 접근 태도를 취해보자. 소원이 이루어진 느낌을 받아들임으로써 자각하게 될 메시지에 깊은 영향을 받기 바란다. 다음은 이 주제에 대해 네빌 고다드가 1944년에 강연한 내용이다.

> 모든 느낌은 잠재의식에 인상을 남긴다. 잠재의식과 반대되는 더 강력한 느낌에 방해받지만 않는다면 그 인상은 반드시 모습을 드러낸다. 두 가지 느낌 중 우세한 것이 표현되는 것이다. "나는 건강하다"는 "나는 건강해질 것이다"보다 강한 느낌이다. "나는 어떠할 것이다"라는 느낌은 지금 그렇지 않다는 사실의 고백이다. '지금 어떠하다'라는 느낌은 '앞으로 어떻게 되고 싶다'라는 느낌을 항상 이긴다. 그러니 소원을 실현하려면 '그렇지 않은 상태'보다는 '그러한 상태'를 느껴야 한다.[2]

'나는 강하다'라는 말은 단지 머리로 아는 개념에 불과하다. '나는 강하다'라는 느낌은 감각이다. 이것을 네빌은 이렇게 요약한다. "감각은 소원이 현실로 드러나는 것보다 먼저 일어나고, 모든 드러남은 이 감각에 달려 있다."³ 이와 같이 우리는 실현되기를 바라는 상태만을 느껴야 한다. 우리가 추구하는 상태가 현실이 되었다고 느낀다면 기적을 일으키는 수단을 손에 넣은 셈이다. "느낌이 변하면 운명이 변한다"⁴라는 네빌의 아름다운 경구가 여러분의 의식을 꽉 채우게 하라.

나는 이 책을 완성하고 여러분을 비롯한 수많은 사람들이 읽도록 출판하는 일에 대한 생각을 상상에 포함했다. 비록 원고를 절반밖에 쓰지 않았어도 그 완성된 책이 내 앞에 놓인 장면을 상상한다. 하지만 이런 생각과 장면은 미래의 꿈을 명백한 현재의 사실로 만들어줄 결정적인 원동력은 아니다.

나는 내 인생에 커다란 영향을 준 이 가르침을 수백만 명이 배운다고 상상할 때 내 몸에 느껴지는 사랑의 느낌, 소원이 이루어진 그 느낌을 받아들였다. 또 책의 표지를 보고 그 책이 완성된 모습을 보며, 더 중요하게는 살아 움직이는 사랑을 느낀다. 나의 잠재의식에는 상상 속에 넣어두었던 소원을 자동으로 실행시키는 프로그램이 입력되어 있다. 하지만 실제로 그 소원이 이루어지는 이유는 오직 그 소원이 이루어진 상태라는 내면의 느낌을 받아들였기 때문이다. 비록 아직 현실로 나타나지 않았더라도 말이다. 현재 경험하고 있는 바람직한 사랑의 상태를 잠재의식에 각인하기 위해 나는 소원을 이미 실현했다면 느꼈을 법한 느낌을 받아들인다. 이것은 확신의 힘을 키우는 기술을 완전히 터득하는 과정에서 상태에 대한 느낌이 얼마나 강력한 역할을 하는지 깨닫기에 좋은 연습이다.

우리는 머리로 아는 연습을 하는 것이 아니라 신이 우리를 통해 일하는 방식과 우리의 신성한 영적 본질에 대해 배우는 중이다. 우리는 상상 속에서 '나는 ~이다'라고 선언했던 어떤 것이든 볼 수 있고 몸의 세포 하나하나에서 사랑을 느낄 수 있다. 여러분은 이제 곧 소원과 현실을 연결하기 위해 필요한 모든 것들을 잠재의식에 각인하게 될 것이다.

생각을 만들어 각인시켜라

의식은 은밀한 것으로 항상 개인적인 속성을 띤다. 결정하고 선택하면서 자신이 하는 일을 의식하고 의사결정이 자발적인 활동에 어떤 식으로 영향을 미치는지 의식하는 것은 의식적 마음이 하는 일이다.

어린 시절 스케이트 타는 법을 배울 때는 1센티미터도 안 되는 얇은 날 위에서 균형을 잡고 매끄러운 얼음판을 가로질러 미끄러지기까지 한 걸음 한 걸음을 의식했다. 그때 의식은 계속해서 내 동작을 바로잡아주었다. 양팔을 뻗고 무릎을 굽혀 균형을 잡고 스케이트 날의 방향을 틀어 멈추라는 등 계속 나에게 이야기했다. 의식이 내가 넘어지지 않도록 알려주고 계속 내 몸을 움직여준 덕분에 나는 훌륭한 하키 선수가 되었고 십대 시절을 거의 얼음 위에서 살다시피 했다. 의식이 작용한 결과였다.

그 후 40여 년이 훌쩍 지난 지금 나는 겨울이 추운 매사추세츠 주에 살고 있다. 집 뒤뜰의 연못은 겨울 내내 꽁꽁 얼어 있다. 스케이트를 타지 않은 지 거의 40년이나 지났음에도 스케이트화 한 켤레를 사고 끈을 동여맨 뒤 밖에 나가 스케이트를 타면 마치 매일 탔던 것처럼 탈 수 있다. 나는 그때와 똑같이 거꾸로 원을 그리며 얼음 위를 미끄러지면서 정말로 유쾌한 시간을 보냈다. 그날 이 몸에는 몇십 년 전 내 의식이 잠재의식에게 스케이트 타는 법을 가르쳐주던 그 시절의 세포가 단 하나도 남아 있지 않았다. 얼음판 위에서 너무나 즐거운 하루를 보내게 해주었던 것은 잠재의식이었다.

여러분 역시 의식이 생각을 만들어내고 그 생각을 잠재의식에 각인했던 때를 떠올릴 수 있을 것이다. 운전을 배우거나 요가를 연습하거나 수플레를 만드는 등 의식의 도움 없이 복잡한 전략을 많이 구사해야 하는 경우가 그것이다. 우리의 마음은 여러 개념을 받아들이고 나중에는 그 개념이 어떤 형상으로 표현되게 한다. 우리는 무언가를 시도하고자 하는 생각을 떠올린 후 의식적으로 연습하면서 잠재의식에 이러한 노하우를 심어주고 있다는 사실조차 알아차리지 못하기도 한다. 의식이 맡고 있는 역할은 소원을 현실에 드러나게 하는 일을 포함해서 모든 행동의 4~5퍼센트밖에 되지 않는다.

일단 의식적 생각과 개념이 각인되고 나면 잠재의식은 저절로 움직인다. 인생이라는 드라마를 만들어내는 것은 바로 이 잠재의식이다. 잠재의식은 우리 삶의 96퍼센트 이상을 담당한다. 우리가 실현하고자 하는 소원을 포함해서 모든 것들은 생각, 즉 의식에서 발전해 나오고 그다음에 잠재의식에 각인되어야 한다. 이것이 의식과 잠재의식이 움직이는 단계다. 이 과정이 정확히 지켜지지 않으면 아무것도 만들어지지 않는다. 느낌은 이 과정에 대단히 깊이 관련되어 있다.

잠재의식을 움직여라

소원이 이루어진 느낌을 받아들이는 것이 얼마나 중요한지에 대해 네빌은 이렇게 말한다.

> 생각은 느낌을 통해 잠재의식에 각인된다. 어떤 생각이라도 그것에 대한 느낌이 없다면 잠재의식에 각인될 수 없다. 하지만 좋은 느낌이든, 나쁜 느낌이든, 좋지도 나쁘지도 않은 느낌이든 일단 느낌이 수반된다면 그 생각은 반드시 세상에 나타난다. 느낌은 생각이 잠재의식까지 전달되는 유일한 매개체다.[5]

잠재의식이 받은 인상은 자신만의 세계가 어떤 곳인지를 규정하는 조건에 반영된다. 잠재의식과 관련해서 이상하고 놀라운 특징이 하나 있다. 바로 우리가 진실이라고 느끼는 것을 항상 진실로 받아들인다는 점이다. 여기서 핵심은 '진실이라고 느끼는 것'이다. 느낌은 잠재의식이 작동하게 만든다. 이 장의 앞부분에서는 머릿속에서 이리저리 생각해보고 결론을 내리는 지적인 이해에 대해 이야기했다. 영적 이해는 '경험'이 필요하다는 점에서 지적 이해와 다르다. 영적으로 뭔가를 이해하려면 경험을 통해야 한다. 느낌은 잠재의식을 경험하고 그것을 현실로 만들기 위한 도구다.

느낌은 우리가 살아 숨 쉬는 이 몸 안에서 일어난다. 느낌은 우리가 삶을 경험하는 양상이다. 느낌은 우리가 상상에 넣어두었던 생각에서 흘러나오며, 우리는 원하는 어떤 생각이든 마음대로 골라잡을 수 있다. 지금까지 반복해서 이야기했듯, 이 생각들이 우리 존재의 근원과 일치할 때 신을 깨닫는 경험인 느낌이 몸속에서 우러나온다.

신과 최상위 자아를 나타내는 최고의 느낌은 사랑이다. "하느님은 사랑이십니다. 사랑 안에 있는 사람은 하느님 안에 있으며 하느님께서는 그 사람 안에 계십니다." 느낌, 특히 사랑의 느낌은 사실상 우리의 모든 행동과 경험을 비롯해서 삶에 나타나는 모든 것을 관장하는 잠재의식에 각인된다. 그러므로 아직 물리적 현실에 물질화되어 나타나지 않은 소원이라도 이미 이루어진 것처럼 느끼는 것이 우리의 사명이다.

소원이 이루어진 느낌을 받아들이려면 잠재의식이 어떻게 작용하는지에 대한 기본적 인식을 갖추어야 한다. 각자의 잠재의식은 개인적인 것이 아니라 우리 모두가 공유하는 보편적이고 우주적인 하나의 잠재의식이 제각각 표현된 것이다. 그런데 우리가 거의 대부분의 시간을 보내는 곳인 에고는 아주 개인적이어서 우리 모두가 똑같은 하나의 잠재의식을 공유한다는 사실을 이해하지 못하기 때문에 앞서 말한 잠재의식의 개념은 왠지 불쾌하고 위험해 보일 수 있다. 이에 대해 네빌은 이렇게 말했다. "잠재의식은 선택하지 못한다. 어떤 개인과도 상관이 없고 차별하지도 않는다."[6] 우리는 상상 속에 넣어둔 소원과 어떤 느낌을 연결하고 있는지 주시해야 한다. 어떤 느낌이든 이 우주가 그에 맞춰 변화함으로써 우리가 우주적인 잠재의식에 새긴 느낌에 어울리는 경험을 (우주가) 우리에게 제공해줄 것이기 때문이다.

"나는 건강하다／강하다／부유하다／직장이 있다"와 같은 생각들을 상상에 포함하고, 그 소원이 이루어졌을 때의 느낌을 떠올려보라. 사랑, 기쁨, 활기, 평화, 행복의 느낌을 몸으로 경험할 수 있다면, 비록 감각은 그와 모순되더라도 잠재의식은 사랑, 기쁨, 활기, 평화, 행복의 느낌을 기록한다. 네빌은 이에 대해 분명히 이야기한다. "잠재의식에 바람직한 상태를 각인하려면 소원이 이미 실현되었을 때 느낄 법한 느낌을 받아들여야 한다."[7]

어떤 상태든 원하는 상태를 느끼는 것은 잠재의식에 그 느낌을 새기는 경험이다. 다시 네빌로 돌아가 보면, 그는 이렇게 말한다. "잠재의식은 창소의 사궁이다. 사람의 느낌을 통해 생각을 받아들인다. 잠재의식은 이렇게 받아들여진 생각을 결코 바꾸지 않고 언제나 그대로 형상을 부여한다."[8] 언제나 그대로 형상을 부여한다는 말은 프로그램을 짜 넣듯 잠재의식을 훈련시켜야 한다는 말이다. 40여 년의 공백에도 불구하고 내가 생각이나 의식을 불러일으키지 않고 잠재의식의 작용으로 스케이트를 탈 수 있었듯이 잠재의식이 많은 영역을 담당할 것이기 때문이다.

잠재의식은 우리가 참이라고 느끼는 것을 참으로 받아들인다. 느낌은 잠재의식에 새겨지므로 우리의 현실을 규정한다. 의식적으로 절망을 느끼고, 상상 속에 이러한 생각을 받아들여 더욱 부풀려진 절망의 느낌으로 안내한다면 잠재의식에는 실패의 생각이 각인될 것이다. 그 결과 우리가 진실이라고 느낀 것과 어울리는 경험을 전 우주적인 잠재의식으로부터 받아들일 것이다. 잠재의식이 어떤 개인과도 상관없고 차별하지도 않는다는 사실을 기억하라. 잠재의식은 우리의 느낌이 일상에서 경험을 통해 받은 느낌인지, 상상 속 미래의 소원에 대해 품은 느낌인지 구별하지 못한다.

만약 실패의 씨앗을 잠재의식에 넣고서 실패했을 때의 느낌을 공급해주면서 키운다면 실패를 더 많이 겪게 될 것이다. 질병의 씨앗을 잠재의식에 넣고 몸이 아픈 느낌을 공급해주면서 키운다면 질병을 더 많이 겪게 될 것이다. 비참함의 씨앗을 잠재의식에 넣고 비참한 느낌을 공급해주면서 키운다면 비참함을 더 많이 겪게 될 것이다. 삶에 실현되기를 바라는 것을 몸으로 느끼는 단계가 전적으로 중요한 이유가 바로 이것이다. 우리는 우리 자신의 에너지장 안에 있는 자석 같은 힘이 너무나 기쁘게도 사랑을 느끼고 있어서 순간적으로 뭔가 강력하고 좋은 것을 상상하며 그것을 순수하게 느낄 수 있고, 그 결과 3차원 세계의 시간이 거의 지나지 않았는데도 그런 느낌을 준 대상이 순식간에 삶 속에 나타나는 경지에 도달할 수 있다. 무엇이 실현되길 바라든 그것을 사랑의 느낌과 연결하고 그 느낌을 우주적 잠재의식에 각인하라. 나머지는 잠재의식이 알아서 해줄 것이다.

나는 글을 쓰고 있는 지금 이 순간에도 상상 속에서 이 책이 완성되는 장면을 깊이 생각하고 있다. 이 생각을 순수한 사랑으로 완전히 둘러싸고 이 글이 수백만 명의 사람들에게 도달하리라는 사실에 행복을 느끼는 것이다. 나는 내 존재의 안과 밖 그리고 전체에서 사랑이 깃든 성취감을 느낀다. 내가 잠재의식에 새기는 느낌은 순수하고 황홀한 사랑이다. 신은 사랑이고, 신과 함께라면 모든 일이 가능하다. 나는 이 우주적인 영혼이 반드시 자신이 받은 인상 그대로 작용한다는 사실을 안다. 그래서 말하자면, "나는 끈기 있다" 그리고 "나는 만족한다."

마음속에서 그다지 느끼고 싶지 않거나 느낄 수 없는 것을 바깥에서 찾는다면 헛된 일이다. 우리는 원하는 것이 아니라 나 자신의 현재 상태를 그대로 돌려받는다. 소원이 이루어진 느낌을 받아들여라. 지금 경험하고 있는 그것이 눈앞에 나타날 것이다. 잠재의식은 우리가 믿고 몸으로 느낄 수 있는 것을 그대로 창조한다.

좋은 기분으로, 넘치는 사랑으로 갈등을 풀다

스와미 묵타난다(인도 출신의 영적 스승-옮긴이)는 자신이 수행하는 곳에 방문자가 찾아올 때마다 좋은 기분을 느끼는 것과 신을 느끼는 것의 차이점을 아는지 물었다. 방문자가 모른다고 고개를 저으면 묵타난다는 엄지와 검지로 0을 의미하는 동그라미를 만들었다. 이 모양은 그 두 가지 사이에 차이점이 전혀 없다는 뜻이었다. 좋은 것(good)과 신(god)은 하나다. "한처음에 하느님께서 하늘과 땅을 지어내셨다(창세기 1장 1절)." 서른 줄 아래에는 "이렇게 만드신 모든 것을 하느님께서 보시니 참 좋았다(창세기 1장 31절)"라고 쓰여 있다. 신이 창조한 만물과 신은 좋은 존재다. 좋은 기분을 느끼겠다고 선택하는 것은 앞서 최상위 자아라고 설명한 존재를 느끼겠다고 선택하는 것이다. 이 최상위 자아는 좋은 존재로도, 신으로도 불리는 일체성 또는 하나됨이다. 신을 깨달은 기분을 느껴보겠다고 반복적으로 의도함으로써 그것을 현실로 만드는 데 전념하라. 스스로에게 이렇게 말하라. "나는 좋은 기분을 느끼기로 의도한다." 또는 신의 동의어를 사용해서 "나는 사랑을 느끼기로 의도한다"라고 말해보라.

골칫거리, 어려움, 질병을 자꾸 생각하지 마라. 잠재의식은 대상을 가리지 않는다는 속성 때문에 골칫거리와 연결된 우리의 모든 느낌을 요청으로 받아들인다. 설상가상 그것을 우리의 물리적 현실 세계에서 실제 경험으로 만들어준다. 이와 반대로 상상 속에 넣어둔 생각과 연결된 사랑의 감정을 느낄 때 잠재의식은 그 자신의 신성한 본질을 반영한 경험을 만들어낸다. 상상 속에 넣어둔 생각을 향해 사랑의 감정을 느껴라. 그러면 잠재의식을 활성화하게 된다.

느낌의 인상을 받는 순간 잠재의식은 그 느낌을 현실로 드러낼 방법을 찾기 시작한다. 나는 2년 전쯤 백혈병 진단을 받았을 때부터 정확히 다음과 같이 하고 있다. "나는 강하다/나는 완벽한 건강 그 자체다"라는 말이 나타내는 내 모습을 상상에 포함한다. 상상은 내 것이므로, 오감이 뭐라고 말하든 내가 선택한 의식적인 생각은 무엇이든 포함시킬 수 있다. 그리고 "나는 강하다/나는 완벽한 건강 그 자체다"라는 의식 속에서 산다. 또 내 몸에게 말을 걸고 "나는 약하다/나는 아프다"라는 이미지를 생각하지 않기로 했음을 상기한다.

　이 과정에서 내가 하는 가장 중요한 일은 의학적 검사 결과로 나온 수치가 무엇을 의미하든 좋은 기분을 느끼기로 선택하는 것이다. 나는 '나는 강하다/나는 완벽한 건강 그 자체다/보이지 않는 내 영혼을 71년 동안이나 품어준 이 몸, 이 날, 지금 이 순간에 대한 사랑과 감사로 내면과 외면을 모두 포함한 나의 전체 존재를 채우며, 소원이 이루어진 느낌을 받아들인다'라는 생각으로 깊이 명상한다. 곧 불행이 닥쳐오리라는 생각 대신 오직 나라는 기적에 대한 사랑만을 느낀다. 백혈병 진단이 아프다는 표시라기보다는 치유하라는 알림이라고 여긴다.

　신이 우리를 창조할 때 몸속의 세포들이 실제로 서로 죽이며 전쟁하도록 만들었을까? 전쟁은 신이 아니라 사람의 개념이다. 사람들은 이 전쟁이라는 개념을 우리 몸이 움직이는 방식에 대한 생각에 적용했다. 이와 같이 질병을 모형으로 삼는 전쟁 이론이 사람 사이의 갈등을 해결해줄 수 없듯이 우리의 육체에도 전혀 적용되지 않는다면 어떨까? 우리가 '아픔'이나 '질병'이라 부르는 대상이 실제로는 전혀 그것이 아니라면 어떨까? 우리가 더 이상 과학이나 의학 이론을 통해 건강을 바라보지 않고 우리 몸이 무엇을 하고 있는지, 어떻게 스스로 치유하는지 있는 그대로 본다면 어떨까?

　우리 몸이 따르는 생물학 법칙이 있다. 종종 '질병'이라는 꼬리표가 붙는 상태는 사실 우리 몸의 반사적인 자연 치유 과정인 경우가 많다. 몸이 안 좋다는 느낌이나 비정상적인 혈구 수치는 최대한 빨리

고쳐야 한다는 의미로 받아들여지지만, 어쩌면 그것은 거짓 믿음일 수도 있다. 만병통치약을 찾아내야 하는 걸까? 뭔가에 베였을 때 우리 몸은 어떻게 할지를 안다. 상처 위에 딱지를 만든다. 딱지가 있다는 것은 몸의 균형이 깨졌고 의학적인 처치가 필요하다는 의미가 아니다. 부어오르고 염증이 생기며 당연히 아프기도 하겠지만 지나치지만 않으면 병이 아니다. 몸에 이상이 있을 때 병으로 취급하는 대신 우리 몸속의 치유하는 지성을 인식하는 방식은 심리적, 감정적인 사건에도 똑같이 적용된다.

파경이나 파산, 사랑하는 사람의 죽음 등 예상치 못한 심리적 사건은 그 갈등을 처리하는 동안 우리에게 도움이 될 신체적 반응을 일으킨다. 갈등이 해결될 때까지 몸은 계속해서 우리를 도와주고, 이때 우리를 원래의 건강한 상태로 되돌려놓기 위한 치유 단계로 접어든다. 이 단계를 거치는 동안 몸은 치료 과정의 일환으로 부기, 염증, 피로 등을 이용하기도 하고 백혈구 수치를 높이기도 한다.

예를 들면, 실제로 백혈병은 연속적인 사건이 남긴 심한 심리적 트라우마의 치유 단계일 수 있다. 이 경우 치유 단계는 먼저 혈관과 림프관이 넓어지고 백혈구나 백색체가 늘어남으로써 시작된다. 그렇게 해서 마침내 뇌가 치유의 메시지를 받으면 건강한 혈구가 생산되고 혈소판 수치가 정상으로 돌아오며 에너지 수준이 올라간다. 여기서 내가 할 일은 오래된 갈등을 풀고 나 자신에 대한 잘못된 믿음을 없애면서 어떤 인간관계에서든 갈등을 모두 해결하고 완전히 존중받는 기분을 느끼는 것이다. 달리 말하면 내가 할 일은 신, 즉 좋은 기분을 느끼는 동시에 한때 내 삶을 좌우했던 모든 갈등에 주로 등장했던 사람들을 포함한 모든 이에게 무조건적인 사랑을 보내는 것이다.

이것이 내가 백혈병 진단에 대처하는 방법이다. 좋은 기분(신)을 느끼고, 내 몸이 그 안에 내재하는 치유의 지혜를 사용하리라 믿으며, 의료진이 말해주는 수치를 응당 내가 경험하기로 되어 있는 일로 취급하는 것이다.

나는 내 느낌에 따라 판단하며 산다. 그리고 그 느낌에 따르면 사실 나는 건강하고 강하며 신이라는 존재다. 나는 건강에 좋은 고단백 음식을 먹고, 쉬고, 운동하고, 요가를 하면서 내 몸을 잘 대해준다. 그리고 만물이 신성한 질서와 거룩한 손 안에 있음을 깨닫는다. 나는 병을 실패로 보지 않고 놀라운 치유로 본다. 실제로도 그것은 놀라운 치유다. 또 나는 약이나 방사선은 물론이고 몸에 기구가 삽입되는 외과적 치료를 필요로 하지 않는다.

사실 나는 좋은 기분을 느끼면서 넘치는 사랑으로 모든 갈등을 풀어가고 있다(신은 사랑임을 기억하라). 이것이 내가 잠재의식에 각인하기로 한 느낌이다. 잠재의식은 내가 진실이라고 느끼는 것을 진실로 받아들이기 때문이다. 창조는 잠재의식에 새겨진 인상의 결과물이며, 나는 무엇을 어떻게 창조할지 느낌을 통해 결정한다.

감각을 부인하라

지금까지는 확신의 힘을 키우는 과정에서 소원이 이루어진 느낌을 받아들이는 일이 얼마나 중요한지를 설명했다. 이제 이 내용을 끝맺으면서 잠재의식이 이 신비스럽고 위대한 과정의 결정적 요소인 '느낌'과 어떻게 협력하는지 세 가지로 나누어 상기해보자.

1. 잠재의식은 우리가 제시하는 것에 반응한다. 우리는 새롭게 프로그램을 짜 넣듯 잠재의식을 훈련시킬 수 있다. 잠재의식은 우리가 넣어준 새로운 마음속 장면과 느낌을 가지고 늘 그러하듯 저절로 움직일 것이다. 이렇게 주는 대로 자연히 받아들이는 우리의 일부인 잠재의식에게 "나는 한계가 없고 모든 일이 가능하다고 믿는다"라고 말하라. 여러분이 감히 되고자 하는 모습이 이미 되어 있는 장면으로 잠재의식을 채워라. 조용한 장소에 가서 상상 속의 생각들이 지금 현실이 되었다면 어떤 기분일지 몸으로 느껴보라.

2. 잠재의식에는 생각을 물리적 현실로 실현할 힘이 있다. 이 세상의 모든 사물과 환경은 마음속의 생각이 표현된 것이다. '지금 존재하는 것은 한때 누군가의 상상 속에 있던 것이다.' 이런 힘을 가진 존재가 바로 잠재의식이다. 하지만 이 놀라운 창조의 동력에 참가하기 위해 우리는 바라는 것을 마음속에서 경험할 수 있어야 하고 경험하려는 의지가 있어야 한다. 우리가 그 소원

을 느끼고 그 느낌을 잠재의식에 각인하면 나머지는 잠재의식이 알아서 할 것이며, 그 결과 생각은 현실이 된다.

네빌은 이 현상을 다음과 같이 묘사한다. "이 실체는 의식이다. 의식이라는 실체를 관념으로 바꾸고, 그 관념을 환경과 물체로 실현시키는 것은 상상이다. 따라서 우리의 세상을 만든 것은 상상이다."[9] 그리고 네빌은 프로그램을 짜 넣듯이 잠재의식을 훈련시키는 일에서 느낌이 얼마나 중요한 역할을 하는지 설명한다. "우리가 상상한 현실은 객관적인 사실과 완전히 상관없이 분리된 상태다. 만약 우리가 소원이 이루어진 느낌을 끝까지 품고 있다면 상상 속 현실은 육신의 옷을 입고 나타날 것이다. 이렇게 끝까지 밀어붙인 상상이 사실로 굳어진다는 사실을 안다면, 여느 사람들에게는 우연에 불과해 보이는 사건이라도 우리에게는 상상의 논리적이고 필연적인 결과다."[10]

3. 우리가 품을 줄 알아야 하는 느낌은 사랑이다. 잠재의식은 정말로 하나로 연결된 영혼이고, 여러분과 나는 그 하나의 영혼 속에서 살고 있다. 이 우주적인 잠재의식은 제1원인이며 만물이 만들어져 나온 곳이다. 이 실체 없는 실체(thingless thing)는 그야말로 사랑이다. 우리는 사랑을 느낄 때, 세상에 실현하고 싶은 것에 대해 자신만의 내밀한 의식 안에서 진정으로 사랑을 느낄 때 창조의 힘을 얻는다. 아시시의 성 프란체스코가 그 유명한 기도문에서 표현한 내용을 떠올려보라. "주여, 저를 당신의 평화의 도구로 삼으소서. 저로 하여금 미움이 있는 곳에 사랑을

가져오게 하소서." 이 기도를 통해 우리는 소원이 이루어진 느낌을 받게 해달라고 요청하는 셈이다.

분노, 좌절, 공포, 의심, 걱정, 스트레스 등을 경험할 때 사랑을 더 크게 키워서 이 부정적인 감정들을 순수한 사랑 속에 파묻어보라. 사랑을 나누는 순간마다 각자의 잠재의식은 만물을 창조하는 하나의 우주적 잠재의식, 사랑이라는 잠재의식과 조화를 이루게 되므로, 그저 좋은 기분을 느끼겠다고 선택하라.

· · ·

나는 여러분이 신을 깨닫고 이 세상에 현현한 존재가 되는 데 느낌이 엄청난 역할을 맡고 있음을 일깨워주었다. 네빌은 이에 대해 아주 명확하게 말한다.

감각의 증거를 부인하고 소원이 이루어진 느낌을 품는 일은 소원을 실현하는 방법이다.[11]

네빌의 지혜에 따라 지금 시작하라. 평소 상상해본 적이 없는 방식으로 도움을 받을 것이다. 소원이 이루어진 느낌을 받아들이지 않고 미래를 그려보는 일은 헛된 공상밖에 안 된다는 사실을 기억하라.

생각을 느낌으로 잇기 위한 실천 전략

• 상상 속에 넣어둔 생각에 대해 감정을 느끼는 연습을 하라. 여기서 느낌이란 우리가 실현하고자 하는 소원이나 되고 싶은 사람에 대해 깊이 생각하면서 몸으로 느껴보는 일이라는 사실을 기억하라. 눈을 감고 원하는 상황이 되면 몸에서 어떤 기분이 느껴질지 경험해보라. 상상하는 것을 몸으로 경험하면서 느끼는 감각과, 생각을 물리적 현실로 바꾸는 과정을 도와줄 감각을 이용해서 연습해보라.

•• 소원이나 열망과 관련하여 몸으로 어떤 느낌을 느끼려고 하든, 신과 동의어인 사랑 속에 푹 빠지게 하라. 무엇을 원하는지 상상하라. 지금 그것을 가지고 있는 것처럼 그 사랑을 상상하고 느껴보라. 소원이 실제로 실현될 때까지 사랑을 이용해서 이 과정을 계속하라. 사랑을 더 많이 쏟을수록 소원이 더 빨리 현실로 나타남을 상기하라. 두려움 없이 거울을 들여다보며 이렇게 말하라. "나는 널 사랑하기만 하는 것이 아니라 사랑 그 자체야."

••• 잠재의식을 깊이 이해하고 그것에 익숙해져라. 각자의 잠재의식은 우리가 저마다 프로그램을 짜 넣듯 훈련시킨 대로 실행함으로써 습관적으로 움직이는 자동적인 상태가 된다. 자동으로 실행하고 싶은 습관이 무엇인지 결정하라. '너그러움'을 예로 들어보자. 자신에게 "나는 너그러운 사람이다"라고 말하라. 동전 한 닢이나 격려의 말 한 마디라도 너그러운 마음으로 무언가를 베풀어보라.

결국 잠재의식이 여러분이 창조한 새로운 습관에 따라 너그럽게 움직일 때까지 새로운 나의 상태(I am)와 관련된 생각이나 행동을 더 많이 연습할수록 잠재의식도 똑같이 반응할 것이다. 어떤 '나'를 선택하든 우리는 그것을 잠재의식에 각인할 힘이 있다.

4단계
원하는 것에만 집중하라

> 상상은 우리가 얼마나 주의를 기울이느냐에 따라
> 우리의 요청을 모두 들어줄 수도 있다.[1]
> - 네빌

확신의 힘을 키우는 기술을 터득해가면서 여러분은 수많은 정보, 조언 그리고 십중팔구 상상 속에 넣어둔 생각이나 사물과 관련해서 스트레스를 받을 것이다. 성공적으로 상상에 대한 의식을 높여감에 따라 여러분은 이 은밀한 내면세계를 일상에서 더욱 활발하게 작용시키게 될 것이다. 또 우리가 생각하는 대상이 단순히 정신적 훈련이 아니라 그 이상의 의미임을 믿는다면 내면의 이 새로운 장소에서 살기 시작할 것이다. 우리 내면의 이 보이지 않는 세계는 새로운 현실의 근원이 된다.

꺾이지 않는 의지와 결의를 통해 우리는 소원이 이루어진 느낌을 받아들이고 상상을 하고 그 상태로 살아가고 몸으로 느끼는 과정을 시작할 수 있다. 하지만 이 새로운 요소들을 모두 적절하게 적용하는 데 주의를 기울이지 않는다면 우리의 노력은 반드시 수포로 돌아갈 것이다. 여기서 핵심 단어는 '주의(attention)'다.

소원을 이루면서 살기 위해 여기 제시된 지식을 사용하면 우리는 여러 가지로 관심을 받을 것이다. 친구와 동료들은 우리가 실현하려고 하는 것이나 새로워진 우리와 관련해서 묻지도 않은 의견을 이야기해줄 것이다. 가족들은 자신들을 불편하거나 부적절하게 할지 모를 변화를 일으키지 못하도록 말릴지도 모른다. 또는 우리의 무한한 자아를 믿지 못하게 하는 '과학적으로 증명된' 사실들을 보게 될 것이다. 우리가 생각하고 있는 일을 하려다가 죽은 사람들의 이야기를 모르는 사람들에게 들을 것이다. 우리가 신성한 존재가 아님을 자각하기를 바라면서 우리의 소원이 얼마나 어리석은지에 대해 들려주는 사람도 있을 것이다. 우리가 신, 예수, 악마 등 영적 존재의 심기를 건드려 분노를 사고 저주와 벌을 받으리라고 협박받을 수도 있다.

우리는 스스로 선택한 사랑을 내내 느끼면서 최상위 자아로서 살아가고 신을 깨달은 존재인 자신의 강함을 믿으면서 더 평온하고 만족스러워지는 과정을 실행하게 될 것이다. 그 과정에서 우리는 자신이 누구인지, 무엇을 해낼 수 있는지, 어떤 존재가 될 수 있는지에 대한 새로운 생각을 하게 된다. 이 새로운 생각은 긍정적으로도, 부정적으로도 보일 수 있다. 어쩌면 우리는 앞으로 이룰 소원에 꾸준히 주의를 기울이겠다고 결심해야 할지도 모른다. 여러분의 주의가 외부의 어떤 압력에도 절대 흔들리지 않게 하라. 네빌은 이 점을 우리에게 상기시켜주는 말을 했다. "진보와 소원의 성취는 모두 주의의 집

중과 통제에 달려 있다."²

우리 아이들이 사준 아이패드에서 마음에 드는 점은 바로 휴지통 기능이다. 이것 참 재미있는 개념이다. 이 기술을 삶의 모든 영역에서 실행하길 권한다. 상상 속에 넣어둔 자신의 모습과 반대되는 정보나 요청을 받으면 마음속에서 휴지통 아이콘을 누르고 그것이 여러분의 '화면' 왼쪽으로 미끄러져 들어가는 모습을 지켜보라. 그러고 나서는 마음속에서 삭제 버튼을 누르면 된다. 이것이 우리 삶에 불러들이고 있는 것에 계속 주의를 집중할 수 있는 방법이다.

우리는 제한 없는 새로운 의식의 흐름 속에 있다. 신성한 존재이자 '모든 것이 가능하다'는 사실을 아는 단일한 우주의 영혼으로서 생각하고 느끼며 행동한다. 하지만 우리는 이러한 태도를 미쳤다거나 완전히 터무니없다고 여기는 세상에 살고 있다. 따라서 앞으로 접하게 될 반응에 어떻게 주의를 기울여야 할지 선택해야 한다. 기본적으로 우리가 선택할 수 있는 주의에는 두 종류가 있다. 바로 객관적 주의와 주관적 주의다. 객관적 주의가 흔히 말하는 주의에 해당하지만, 우리는 주관적 주의 편에 서서 객관적 주의를 버려야 한다.

선택은 우리의 몫

우리 바깥에서 오는 지식이나 태도 등 외부의 정보를 대할 때는 객관적인 주의를 사용한다. 이것은 우리 삶에서 중요한 기능이다. 하지만 우리는 객관적 주의와 주관적 주의를 선택하고 전환할 수 있음을 의식적으로 인식해야 한다. 인식과 연습을 통해 우리는 주관적 주의를 우선적으로 채택함으로써 밖에서 보는 느낌에 중독된 상태에서 마술처럼 벗어나리라는 점을 깨달을 것이다. 이것은 여러분의 선택이고, 선택에 따른 보상은 기하급수적으로 커질 것이다. 이 경우 "다른 사람들이 하는 일이나 실패하는 일에 주의를 기울이지 말고, 자신이 하는 일이나 실패하는 일에 주의를 쏟으라"는 말은 현명한 조언이다.

우리가 상상 속에 무엇을 넣었든 그것은 거의 자동반사적으로 외부의 반응을 이끌어낼 것이다. 외부세계에서 오는 이러한 반응은 조언으로서 가치가 있을 때도 종종 있지만 만약 어떤 식으로든 꿈을 이루는 데 방해가 된다면 무시해야 한다. 네빌이라면 어떻게 주의를 쏟아야 하는지에 대한 두 가지 접근법과 관련해서 이렇게 말했을 것이다. "객관적으로 유도된 주의와 주관적으로 유도된 주의에는 엄청난 차이가 있다. 그리고 미래를 바꾸는 능력은 후자에 달려 있다."[3] 소원을 이루는 사람이 되려면 전략상 주관적 주의를 채택하는 법을 배워야 한다.

뭐든 우리가 상상 속에 집어넣고 감정을 느끼는 대상은 일상의 한 부분이 될 것이고, 대화하고 활동하는 중에 갑자기 자주 등장할 것이다. 같은 주제에 대한 방송, 영화, 인터넷의 토막 정보, 뉴스 등이 의식 속으로 들어올 것이다. 그와 상반되는 정보가 난데없이 나타나기도 한다. 또 친구나 모르는 사람이 자기 의견을 말해주고 싶어하거나 우리와 같은 일을 시도했던 사람의 이야기를 해줄 것이다. 바로 이때 객관적 주의와 주관적 주의의 차이에 대한 깨달음과 더불어 그 중 하나 또는 둘 다 선택하는 연습이 우리의 성공에 결정적인 영향을 미친다. 이때 주관적 주의로 시작하라.

상상 속에 공고히 뿌리박아둔 '나'의 모습에 주관적 주의를 기울이고, 주관적인 '나'의 모습에 애정 어린 주의를 향하는 데 방해가 되는 외부의 정보는 받아들이지 마라. 외부의 사람이나 영향에 반응하기보다는 우선 내면의 감정에 전폭적인 관심을 쏟아라. 믿음, 사랑, 친절로써 주의를 밖에서 안으로 돌려보라. 이것을 주관적 주의라고 한다. 우리가 현실로 불러오는 모든 것들과 미래의 자신이라는 주제가 의식 영역에 떠오를 때마다 이런 식으로 행동하면 된다.

우리의 의식 영역에 들어오는 객관화된 의견과 정보는 이루어진 소원에 대한 사랑과 믿음, 그 소원을 실현하는 능력 쪽으로 주의의 방향을 돌리라고 알려주는 훌륭한 알리미다. 다시 한 번 네빌은 우리에게 이렇게 일깨워준다. "주관적인 세계에서 주의의 움직임을 통제할 수 있다면 여러분의 삶을 원하는 대로 바꿀 수 있다. 하지만 끊임없이 외부로 주의가 끌리도록 놔둔다면 통제가 되지 않는다."[4]

수년간 여러분이 내 책을 읽고 강연을 들었다면 카를로스 카스타네다(Carlos Castaneda)에 대해 여러 번 들어보았을 것이다. 위대한 스승이었던 카를로스는 평범한 의식 수준을 초월할 수 있는 숭고하고 완전무결한 세상에 대해 인상적인 이야기를 자주 들려주었다. 나는 최근 90세 생일을 맞은 카를로스의 아내와도 친해졌다. 젊은 시절 네빌의 강연을 많이 들어본 그녀는 네빌과 카를로스의 생각을 표현한 넉 줄짜리 시를 썼다고 했고 나는 그 시를 책에 싣고 싶다고 보내달라고 했다. 그리고 우리가 열망하는 객관화된 삶을 창조하기 위해 주의를 어떻게 이용해야 하는지를 다루고 있는 이 부분에 그 시를 실었다. 그 의미를 한 번 음미해보기 바란다.

생각할 때는, 신중하게 선택하라
되고 싶은 존재에 대한 생각들……
인간의 마음속에 맞아들여진 생각들
훗날 남의 눈엔 변덕이 되리니
_마거릿 러니안 카스타네다

마거릿의 글을 읽고 또 읽으면서 우리가 이 객관화된 물질적 현실 속에서 실현한 모든 것이 변덕에 불과함을 깨닫기 바란다. 하지만 만물이 끊임없이 변하므로 그 소원이 한낱 환상에 불과하다 해도, 그것을 현실로서 경험하려면 주관적인 생각에서부터 시작해야 한다.

여기서 부탁하고 싶은 것은 여러분이 상상 속에 넣은 '나'의 모습과 반대되는 정보는 모두 무시하라는 점이다. 특히 감각을 통해 받은 정보가 여기에 해당한다. 우리의 눈과 귀마저 객관적인 정보의 통로라는 의미다. 손가락으로 만져질 정도의 종양을 찍은 엑스레이는 우리의 상상 속에서 "나는 완벽한 건강 그 자체"라고 말하는 '나'의 모습과 반대된다. 우리는 다른 사람들이 결정해준 결과를 '향해' 살아가는 것이 아니라 소원하는 결과 '속에서' 살기로 스스로 결정하고 싶어한다.

그러므로 "나는 완벽한 건강 그 자체"라고 단호하고 끈덕지게 선언함으로써 감각이 말해주는 것을 외면하고 주관적인 주의를 유지해야 한다. 우리는 지금껏 오감이 그토록 확실하게 전해주는 것들이 현실이라고 믿도록 잠재의식을 길들여왔지만, 주관적 주의는 그것과 관련이 없다. 우리는 '나는 곧 나'인 존재이며 종양 없는 상태의 존재다.

외부의 사고방식을 설득하여 받아들이게 하려는 토론에서 주의를 돌려 소원이 이루어진 느낌 쪽으로 향하라. 결과는 우리의 내적 자세, 즉 주관적 주의에 따라 달라진다. 고무 뼈다귀에 단단히 이빨을 박은 투견이 되었다고 생각하라. 우리는 미래에 일어날 사실이라고 상상 속에 넣어둔 생각에 자신을 영적으로 연결해야 한다. 그리고 어떤 사람이든, 사물이든, 환경이든, 아무리 설득적인 근거가 있다 해도 우리가 운명이라고 생각하는 것을 바꾸지 못하게 해야 한다. 우리가 창조 과정에서 맡은 역할을 떠올리게 하는 항목이 하나하나 나타날 때마다 즉시 상상 속에 넣어둔 '나'의 모습에 정신적, 감정적, 신체적 주의를 모두 쏟아야 한다. 바로 여기서 그 놀라운 '휴지통' 버튼이 대단히 유용하게 쓰일 것이다.

앞서 살펴보았던 확신의 힘을 키우는 기술 3단계까지는 잘할 수 있더라도, 외부의 자극에 주의를 돌리거나 아주 잠시라도 상상 속 '나'의 모습을 저버린다면 전체 작업을 '삭제'하는 꼴이 될 것이다. 최상위 자아가 우리에게 권하는 모습들, 그리고 최상위 자아 자체에 대해 바람직한 태도를 유지하라. 최상위 자아가 우리에게 바라는 모습이란 우리가 스스로 주관적 주의를 선택할 수 있음을 믿고 외부의 목소리보다 내부의 목소리에 집중할 수 있도록 객관적인 외부 요소에 영향을 받는 습관을 고치는 것이다.

에이브러헴 매슬로(Abraham Maslow)는 일생을 자아실현에 대해 연구하고 글을 쓰며 보냈다. 매슬로는 내가 이 책의 서두에서 언급했던 비범한 의식 수준에서의 삶을 '자아실현적'이라고 불렀는데, 그의 설명에 따르면 자아실현적인 사람은 그 비율이 얼마 되지 않는다고 한다. 매슬로 박사는 자아실현적인 사람들에게서 가장 두드러지는 특징 중 하나가 다른 사람들의 의견에 별로 상관하지 않고 독립적인 태도를 취하는 경향이라고 했다. 이에 대해 학계에 자료를 제시하고 명쾌하게 설명하기도 했다.

나는 비범한 삶, 즉 다른 사람의 의견과 상관없는 독립적인 삶이라는 개념에 심취하여 1971년부터 수많은 책과 강의에서 이 점을 강조해왔다. 매슬로 박사가 세상을 떠난 1970년 6월 8일, 바로 그날 나는 박사 학위를 받았다. 그래서인지 그가 바통을 나에게 넘겨주고 간 것 같은 신비한 느낌이 들 때가 종종 있다.

매슬로 박사는 자아가 실현된 삶의 가장 중요한 특징은 자신에 대한 신뢰라고 했다. 이 점은 주의를 의식하기로 결정하고 주관적 주의를 선택하는 일과 상통한다. 스스로 운명을 결정할 수 있다고 믿는 사람은 외부의 영향을 받지 않는다. 우리가 주의를 기울일 곳은 불타는 열망과 강한 동경, 그리고 이 열망을 자신의 현실로 만들겠다는 의도다. 외부의 환경이 우리를 이런 열망에서 비껴가게 해서는 안 된다. 마음으로 그린 상상 속 그림은 우리 밖에서 오는 의견이나 도

발에 방해받지 않아야 한다.

주관적 주의는 오직 자신만이 상상 속의 불타는 열망에 영향을 미치는 유일한 주체임을 뜻한다. 우리는 상상 속의 이러한 생각들을 현실로 여긴다. 즉 우리는 미래의 꿈이 현실인 것처럼 느끼며 살아간다. 보고서, 뉴스, 반대 의견, 우리의 꿈과 상반되는 사건, 정부 기관의 선언, 새로운 법률 등 우리의 주의를 상상 속 소원에서 벗어나게 하는 것은 바라던 결과를 흩뜨리고 망쳐놓는다.

우리는 믿음이 있어야 한다. 그리고 믿음은 단일한 우주적 영혼에 대한 온전한 신뢰와 확신을 통해 얻을 수 있다. 우리는 이 우주적 영혼과 떼려야 뗄 수 없는 그의 일부다. 우리의 몸과 마음속에 생각과 느낌을 불어넣은 것은 신을 깨달은 우리 자신이다. 우리는 여기서 주체이므로 주관적인 주의를 믿고 객관적인 외부 요인에 흔들리지 않아야 한다.

모두의 내면 깊숙이 숨겨진 현현의 힘에 대해 내가 이렇게 글을 쓸 수 있는 이유는, 위탁 가정에서 지내던 어린 시절 무의식적으로 현현의 과정을 연습한 덕분에 그것이 결국 나의 일부가 되었기 때문이다. 상상 속에 품고 바라본 대상을 물리적 현실로 만드는 일에 관한 한, 나에게는 평생토록 '완고하다', '집착한다', '고집불통이다', '악착같다'와 같은 꼬리표가 달렸다.

소원을 이룬 느낌을 받아들이려면 감각이 인지하기 오래전부터 그 느낌을 몸으로 느낄 수 있어야 한다. 이 과정에는 끈기가 있어야 한다. 그리고 만물을 창조하는 우리의 상상이 외부의 어떤 것에 의해서도 객관화되지 않게 하겠다는 의지도 있어야 한다. 외부의 영향에 주의가 끌려 다니지 않게 하겠다는 단호한 태도를 취한다면, 우리에게 방해가 아니라 도움이 되는 습관을 들이고 있는 셈이다. 그리고 목표와 연결된 마음속 그림과 그에 상응하는 느낌이 오직 우리 자신에게만 속하게 되며, 우리는 내면세계의 생각과 느낌을 성역으로 여기게 된다. 또한 우리는 '믿음'에서 '앎'으로 옮겨간다. 이렇게 우리가 절대적으로 아는 것은 의심의 빛을 띠지 않는다. 윌리엄 셰익스피어가 말했듯이 "의심은 배신자다". 우리 내면의 느낌을 의심으로 약화시키려는 사람이나 사물은 모두 추방해야 할 배신자다.

나는 최근 백혈병 진단을 받고 여기 소개한 그대로 실행했다. 이것은 평생 동안 내 운명과 안녕에 관한 문제를 다루던 방식이었다. 내가 확실히 아는 것은 모든 병에 감정적 요소가 있다는 점이다. 앞서 이야기했듯이 내가 보기에 백혈구 수치가 증가하는 것은 내 몸이 치유를 위해 신을 깨달은 지성에게 도움을 요청하는 것이다. 심리적 트라우마를 일으키는 일, 특히 사랑하는 사람들과의 관계에서 얻은 상처를 치유하려는 것이다.

그래서 나는 내 몸이 본래 가지고 있던 지혜를 욕하는 대신 증가한 혈구 수치를 포함하여 내 인생에 들어온 모든 것에 깊이 감사한다. 내가 "나는 건강하다/나는 강하다"라고 상상 속에서 주장하며 그 느낌을 받아들일수록 우주는 내가 소원을 이루도록 도와줄 사람과 정보를 더욱 많이 보내준다. 여기서 특별한 사건이 하나 일어난다.

만성 림프성 백혈병이라는 진단을 받은 날, 나는 '우연히' 팸 맥도

널드를 만났다. 내가 자신의 통합 의학(흔히 전통 의학으로 통하는 대체 보완 의학과 현대 의학을 아우르는 분야-옮긴이)과 연계할 생각이 있는지 알아보기 위해 마우이까지 날아온 것이었다. 팸은 내가 예전에 출판했던 책들을 이용해 큰 성공을 거두고 있었다. 팸은 비만, 심장질환, 당뇨병, 알츠하이머병, 각종 암과 중독 등 너무나 광범위하게 퍼져서 전체 인류의 신체적 안녕을 위협하는 질병을 앓는 환자들을 돕고 있었다.

팸은 북부 캘리포니아에서 임상 간호사로 일하고 있다. 내가 그날 아침 받은 진단에 대해 이야기하자 팸은 이렇게 대답했다. "제가 왜 마우이로 보내졌는지 이제 알겠어요. 제 일을 도와달라고 부탁하러 온 것이 아니라 제가 선생님을 도와드리러 온 것이었군요." 내가 진단받은 날 팸이 내 인생에 나타나 내 건강을 돌보아주었다.

팸은 건강하지 못한 식습관을 고치면 우리 몸이 타고난 고유의 유전자 청사진에 맞게 조정될 수 있다고 설명했다. 유전자 정렬을 바로 잡으면 지방과 콜레스테롤의 대사나 자극적인 식사와 관련된 질병에 놀라운 치유가 일어난다. 좋은 기분을 느끼고 건강해지고 싶은 소원과 조화를 이루도록 의식적으로 음식을 먹기 시작하면 불치병으로 추정될 만했던 표지들이 정상으로 돌아가기 시작한다.

나중에 팸은 자비로 내게 APO E 유전자를 검사받게 했고 내가 디팩 초프라(Deepak Chopra)를 만나러 초프라 웰빙 센터에 가 있는 동안 북부 캘리포니아로 갔다. 그녀는 간편한 식단을 짜왔고, 덕분에 나는 만성 림프성 백혈병을 나타내는 여덟 개의 지표 중 두 개가 정상으로 돌아왔다. 팸 맥도널드는 내가 힘들 때 나타난 천사였다. 그녀는 나와 함께 여행하며 수천 명의 청중 앞에서 이야기했다.

팸은 개인 건강관리 전문가가 되었고, 나뿐만 아니라 수천 명의 건강을 돌보아준다. 또한 이 일을 전문적인 관점에서 자세히 설명하는 『유전자 건강법(The Perfect Gene Diet)』이라는 대단한 책을 내기도 했다. 나는 타고난 유전자 특성에 맞춘 식습관이 얼마나 유익한지를 보여주는 증인으로서 그 책의 서문을 쓰게 되어 자랑스럽다. 우리가 먹는 모든 음식은 몸을 치유하는 우리의 능력에 영향을 미친다. 이 사실을 의식함으로써 최고의 신체적 안녕을 누릴 수 있도록 노력하라.

나는 처음부터 건강한 몸이라는 소원이 이루어진 느낌을 받아들이기로 마음먹었다. 사실 지금 나는 유쾌하고 건강하며 강하다. 그리고 나는 내가 상상한 모습과 상반되는 외부의 정보는 무조건 받아들이지 않으려 한다. 최상위 자아와 모든 창조 과정을 관장하는 단일한 우주적 영혼에 합치된 상태로 머문다면, 불행한 상태에서 느끼고 생각할 때는 일어나지 못할 일들이 마치 기적처럼 일어난다는 사실을 나는 안다. 카를 융이 동시성이라 표현한 것이 바로 이런 현상이다. 그날 '우연히' 나타난 팸은 나의 건강, 세계관, 행복, 치유에 큰 충격과 영향을 주었다. 내 삶에 팸이 존재한다는 사실이 전 세계의 수많은 사람들에게 영향을 미치고 있고 덕분에 이 행성 전체에 새로운 행복의 시대가 시작될 수 있었다.

우리 같은 사람들이 소원이 이루어진 느낌을 받아들이고 주관적 주의의 방향을 돌려서 반대자들을 피한다면 인류를 위협하는 전염병이 사라질 것이라고 말해도 과언이 아니다. 우리가 하려는 일은 그 정도로 대단하다!

원하는 것이 떠오르면 해야 할 일들

:우리는 삶에 나타나게 하고 싶은 대상뿐만 아니라 스스로 되고 싶은 사람에 대해 여러 생각을 한다. 그래서 이런 생각을 상상 속에 넣고, 그 결과를 향해 사는 대신 그 결과 속에서 살아가려고 한다. 상상하는 것이 지금은 마음속에만 있고 우리가 살아가는 물질세계에는 아직 나타나지 않았지만 우리는 이런 소원이 이루어진 느낌을 몸으로 받아들일 기회를 알아본다. 이제 소원이 다른 사람에게서 오든, 외부의 사건에서 오든, 혼자 이런저런 생각을 하다가 떠오르든, 어떤 식으로든 떠오르면 무엇을 해야 할지 알아야 한다. 무엇을 하느냐 혹은 하지 않느냐가 우리의 이상을 실현하는 과정에서 큰 차이점을 만들어내기 때문이다.

우리가 할 일은 어떤 행동을 실행하느냐의 문제라기보다는 정신적 주의를 어디에 두느냐의 문제다. 마음속 생각을 이용해서 내가 주의에 대해 이야기했던 것들을 실행해야 한다. 즉 소원을 현실로 나타나게 하는 동안 주변의 분위기나 조언이 긍정적이든 부정적이든 주의가 소원 이외의 것에 신경 쓰지 않게 해야 한다. 내면의 성소(聖所)에

굳게 뿌리내린 이상적 자아의 모습은 주관적 주의를 계속 집중할 수 있도록 힘과 강인함을 심어줄 것이다.

다음에 살펴볼 내용은 객관적 주의에서 주관적 주의로 옮겨가는 방법이다.

내 몸을 치유하겠다는 의도

앞서 소개했던 아니타 무르자니는 임사체험에 대해 이렇게 이야기한다. "난 질병이 몸에 나타나기 전에 에너지 수준이 어떻게 달라지는지 보게 되었다. 내가 살기로 선택하면 암이 내 에너지에서 사라지고 내 육체도 곧바로 그 상태를 따라잡게 된다. 그때 난 이해했다. 사람들이 병을 치료받을 때 몸에서만 병을 없애지, 에너지에서는 없애지 않기 때문에 다시 병에 걸리게 된다는 사실을. 내가 몸으로 돌아가면 그 몸에는 아주 건강한 에너지가 들어갈 것이었다. 그러면 내 몸은 그 에너지 상태를 곧바로 따라잡고 그 상태를 지속할 것이다." 여러분은 아니타가 임사체험 중에 깨달은 사실, 즉 모든 병이 에너지 수준에서 시작된다는 생각을 납득할 수 있는가?

에너지 수준을 토대로 자기가 얼마나 병에 취약한 상태인지는 알 필요가 없다. 우리는 그저 우리에게 에너지체가 있고, 병에 걸리려는 에너지를 치유할 수 있으면 육체도 빨리 치유하고 그 상태를 지속할 수 있다는 점을 의식적으로 알고 잠재의식과 조화를 이루어야 한다. 하지만 이것이 과장된 이야기며 불치병 환자들에게 헛된 기대와 희망을 줄 뿐이라고 생각할 사람이 있을지도 모른다.

나는 이와 관련된 미켈란젤로의 이야기를 정말 좋아한다. "더 위험한 경우는 기대가 너무 높아서 거기에 부응하지 못할 때가 아니라 너무 낮은 기대에 부응해버릴 때다." 희망이란 상상 속의 생각이고 우리는 그 상상을 현실로 바꿀 수 있다. 우리는 소원이 이루어진 느낌을 받아들일 뿐만 아니라 새로운 상상 속의 '나'야말로 우리가 감정을 느끼고 주관적 주의를 기울이는 현실이라 여김으로써 상상을 현실로 바꾼다.

어떤 식으로든 몸이 불균형한 상태일 때 우리는 '객관적인' 정보를 수도 없이 받아들인다. "내 친구가 그 병으로 죽었어", "자, 이 책에 소개된 연구 결과에 따르면 네 병은 불치병이야", "뜬구름 잡는 소리 하지 말고 현대 의학을 믿어봐", "너는 약을 안 먹어서 병이 악화되고 있지만, 너랑 똑같은 조건에서 약을 먹은 사람들은 3분의 1정도가 나았대." 이런 식의 '객관적인' 의견은 무수히 많다. 우리는 상상 속에 넣어둔 '나'에게 감으로써 주관적인 주의가 외부의 영향을 받지 않게 경계하는 한편, 소원이 이루어진 상태를 몸으로 느끼고 그 느낌을 받아들여야 한다.

세인트 저메인의 『아이앰 담론』에는 이런 대목이 있다. "수련자들에게 엄청나게 도움이 될 만한 놀라운 말이 있다. '나는(I AM) 기적을 만드는 존재로, 완성되기를 바라는 모든 것 안에 거한다.'"[5] 이것이 우리 안에서 작용하는 주관적 주의다. 자신의 최상위 자아를 믿는다면 우리는 아이앰 존재다. 그리고 우리의 최상위 자아는 두려움 없이 대담하게 "나는 신이다"라고 선언한다.

아이앰 존재를 믿기 시작하라. 그 존재는 일시적으로 인간의 경험을 하는 영적 존재의 핵심이자 본질이다. 다음과 같은 말들로, 소원이 이루어졌음을 잠재의식 속에 끈덕지게 주입하라. "나는 나의 삶과 나의 세계를 주관하는 전능한 존재다", "나는 건강하고 행복하며 조화 그 자체이고 자립한 존재이며 나에게 대적하는 모든 것을 헤쳐 나간다." 우리의 영적 본질을 공격하는, 객관화된 일상적 정보를 너무 믿는 대신 무수한 세계의 창조자와의 신성한 연결과 그로의 내적인 인도를 믿어라.

부자가 되겠다는 의도

적절한 부와 번영을 우리 삶으로 충분히 끌어오려면 그것이 어떤 느낌인지에 모든 주의를 쏟아야 한다. 우리는 부유함과 번영이 만족스러울 만큼 실현되기 전에도 그것이 어떤 기분일지 느낄 수 있어야 한다. 이렇게 즐거운 감각을 몸으로 느낀다면, 모든 현현이 시작되는 곳으로서 무한히 번영하는 우주적 잠재의식과 우리의 잠재의식이 조화를 이루도록 프로그램을 다시 짜 넣는 셈이다. 우리가 이 우주적 잠재의식처럼 에너지가 가득한 영역과 완전히 조화를 이룰 수 있다는 말은 '나는 언젠가 부유해지기를 바란다'와 같은 생각을 두 번 다시 할 필요가 없다는 뜻이다.

잠시 시간을 내서 네빌의 『의식의 힘』에 나오는 다음 구절이 무엇을 함축하는지 진지하게 생각해보기 바란다. "'나는 ~일 것이다(I will be)'라는 말은 지금 그렇지 않다(I am not)는 사실의 고백이다. 아버지의 의지는 늘 '나는 ~이다(I am)'다. 아이앰이라는 존재는 단 하나뿐이며 우리의 무한한 자아가 바로 이 아이앰이다. 여러분이 곧 아버지임을 깨달을 때까지 여러분의 의지는 '나는 ~일 것이다'가 된다."[6]

최상위 자아를 다룬 3장에서는 만물의 근원이 '나는 ~일 것이다'라고 말할 리는 없다는 이야기를 했었다. '나는 ~일 것이다'라는 말은 곧 '나는 ~이 아니다'라는 말이기 때문이다. 신이 어떻게 '나는 ~이 아니다'라고 말할 수 있는가? 삶에 부유함을 좀 더 끌어오기를 원한다는 것은 '나는 ~이 아니다'라는 메시지를 보내는 것이다. 의식적으로 이렇게 생각하는 한, 자기도 모르는 사이에 잠재의식에게 그 느낌에 어울리는 경험을 가져다달라고 입력하는 것과 같다. '나는 ~이 아니다'라는 말은 결핍의 상태를 나타낸다. 부유한 삶을 경험하겠다는 우리의 의도와 관련하여 객관적인 생각과 의견들이 눈앞에 쏟아져 들어올 것이다. 나는 이런 이야기를 평생 들었기 때문에 이런 상황에 대해 잘 알고 있다.

인간의 본질에 관심이 많은 나는 사람들 대부분이 돈을 벌거나 부를 끌어오는 법을 모른다고 오래전에 결론 내렸다. 여러분이 이러한 사고방식에서 벗어나는 중이라고 확신하기는 하지만 말이다. 많은 사람들은 자신의 삶이 만족스럽지 못한 이유는 최상위 자아를 신뢰하지 않아서라고 생각한다. 전에는 자신에게 상위 자아나 최상위 자아가 있는지도 몰랐으니 이 말에도 꽤 일리가 있기는 하다. 어떤 사람이 자신이 신이라는 사실을 알고 그 신성함을 의식할 때 '나는 ~일

것이다'라고 말하는 것은 불가능하다. 왜일까? '나는 ~일 것이다'라는 말은 '나는 ~이 아니다'라는 뜻이기 때문이다.

주관적 주의는 우리가 상상 속에 집어넣은 생각에 대해 어떻게 여기는지, 특히 어떻게 느끼는지에 대한 것이다. 파라마한사 요가난다(Paramahansa Yogananda)의 책 『요가난다(Autobiography of a Yogi)』에서 스리마티 카시 모니(거룩한 어머니라는 뜻)가 요가난다에게 했던 말은 어른이 된 이래로 지금까지 내 마음속에 남아 있다. "이 땅의 하찮은 허식이 아니라 신성한 부를 추구하라. 내부에서 보물을 얻고 나면 외부의 공급은 반드시 따라온다."

우리 내면의 보물은 끝없이 풍요로운 세상에 살고 있다는 느낌이다. 외부의 어떤 자료든 상상 속에 넣어둔 생각과 우리를 갈라놓지 못하게 하라. 항상 '나는 풍요롭다/부유하다/만족스럽다'라는 주관적인 느낌으로 살아라. 상상을 통해 우리는 몸으로 겪는 느낌에 어울리는 경험과 잠재의식이 조화를 이루도록 프로그램을 짜 넣을 것이다.

위탁 가정에서 지내던 어린 시절, 나는 나의 세계로 용돈을 끌어올 수 있다는 사실을 늘 알고 있었다. 내 주변의 아이들은 대부분 돈이 부족하다는 사실밖에 모르는 듯했고 그 때문에 항상 그런 상황만을 끌어들이는 것 같았다. 청년이 된 나는 느낌에 따라 행동하면 돈이 나를 따라온다는 사실을 알고 있었다. 스리마티 카시 모니가 파라마한사 요가난다에게 들려준 조언대로 나는 마음속 느낌의 신성한 부유함을 추구하면 외부의 공급이 따르리라는 사실을 알았던 것 같다.

나는 객관화된 주의를 통해 교사라는 일이 보수가 적은 직업이기 때문에 교직에 몸을 담으면 절대 부유해질 수가 없다는 이야기를 들었지만, 그런 말도 안 되는 이야기를 내 내면세계에서 지워버렸다. 글을 쓸 때도, 강연을 할 때도, 그 외에 모든 직업적 활동을 할 때도 똑같은 일이 일어났다. 나는 성공적이고 부유하다고 느끼고, 앞으로도 내면에서 풍요로움을 경험하리라는 사실을 안다. 그리고 내가 높고 비범한 의식 수준에서 영적인 여정을 계속하는 동안은 전 우주적인 영혼이 나를 인도해주기 때문에 적합한 사람, 사건, 환경이 나타나리라는 사실도 안다.

일생에 걸친 풍요의 실현과 관련된 나의 이야기는, 모든 일이 잘 되어간다고 느끼고 무한한 풍요를 끌어오는 내 상상에 결코 누구도 끼어들게 하지 않는다. 아무리 설득력 있는 사람이나 의견이라고 해도 말이다. 나는 이 내면의 관점을 신성불가침의 영역처럼 굳게 지키고 아무것도 이 내면의 앎을 더럽히지 못하게 함으로써 번영을 창조한다. 하지만 이 우주는 내가 미래의 꿈을 현실로 만들기 위해 필요한 도움을 항상 보내주는 듯하다.

우리가 '존재함(beingness)'으로써 얻을 수 있는 힘에 대해 세인트 저메인은 『아이앰 담론』에서 이렇게 말했다. "'나는 ~이다'라고 말하는 바로 그 순간, 우리는 이 모든 능력을 그 안에 품고 있는 이 힘을 움직이는 것이다. 이 힘에는 모든 실체가 있어서 우리의 주의가 머무는 어떤 형상에든 반드시 작용한다. '나는 ~이다'라는 뜻의 '아이앰'이라는 말은 끝을 알 수 없는 신의 마음이다."[7] 우리에게도 있는 이 무한한 마음을 사용해서 모든 존재에게 최고의 풍요로움을 끝없이 선사하는 우리 존재의 근원과 일치하는 곳에 항상 주의를 쏟아라.

행복하게 살겠다는 의도

행복은 필요하거나 원할 때 습득하고 저장하고 사용할 수 있는 물질세계의 '어떤 것'이 아니다. 만약 그렇다면 나는 평생 행복한 삶을 보장해줄 만큼의 행복을 여러분에게 주었을 것이다. 하지만 그렇지 않다. 행복이란 우리 내면에서 나오는 태도를 말한다. 행복에 도달할 수 있는 경우는, 행복이 사실은 내면의 작용이라는 간단한 진리에 얼마나 들어맞는지를 알려주는 '나는 ~이다'라는 진술을 상상 속에 포함시킬 때다. 행복은 우리가 이루거나 얻은 것, 또는 다른 사람들에게서 오라는 기대가 아니라 모든 사람들과 우리가 맡은 모든 일에 가져다줄 수 있는 내면의 믿음이다. 행복으로 가는 길은 없다. 행복이 바로 그 길이다.

행복하고 만족스러운 삶을 살겠다는 의도를 말해보라. 그 의도를 상상 속에서 가장 중요한 위치에 넣어두고 그것이 현실인 것처럼 살라. 환경과 오감 중 어느 쪽이라도 우리가 틀렸다고 알려주고 영향을 미치려 한다면, 우리의 동의 없이는 무엇으로도 대체할 수 없는 상상을 키우는 데만 집중하라. 그리고 애정 어린 신뢰를 바탕으로 그 두려움이나 반대를 흘러가는 구름처럼 떠나보내라. 네빌은 이 문제에 대해 주저 없이 이렇게 말한다. "이것은 확실한 약속이다. 감각이 부정하는 것을 이미 가지고 있다는 사실을 부끄러워하지 않고 당당하게 받아들인다면 그것은 여러분에게 반드시 주어질 것이다. 즉 여러분은 소원한 바를 얻게 될 것이다."[8]

여러분이 상상 속에 간직한 '나는 행복하다'라는 주장이 터무니없는 것이라고 설득하려는 사람이나 환경과 마주친다 해도 당혹스러워하지 마라. 불행에 대한 소원이 이루어진 느낌을 받아들이게 하려는 이런 객관적인 시도에 절대로 영향받지 마라. 행복하고 만족스러운 상태라는 소원이 이미 이루어졌음을 몸으로 느끼고 그 느낌을 받아들이는 동안 '나는 행복하다', '나는 만족스럽다'라는 내면의 주문을 끈질기게 되풀이하라. 또는 네빌이 말했듯 '부끄러워하지 않고 당당하게' 행복하고 만족스러운 느낌을 받아들여보라.

이는 우리가 '나는 ~이다'라는 내면의 선언과 일치하는 개인적이고 주관적인 주의만을 허용한다는 뜻이다. 이렇게 하면 잠재의식은 우리가 어떤 사람이 되고자 하는지 이해하고, 자연히 "나는 비참해질 만해", "이런 환경에서 어떻게 행복해질 수 있겠어?", "부모님, 배우자, 동생(또는 모든 인간관계)이 나를 불행하게 만들어" 등등의 메시지를 담은 표현은 뭐든 더 이상 받아들이지 않는다. 우리에게는 신과 하나가 된 최상위 자아가 있음을 잊지 마라.

이 주제와 관련하여 세인트 저메인이 1932년 11월 24일에 전달받은 메시지를 소개한다.

내가 제안하고 싶은 점은 이것이다. 불쾌한 경험을 해왔던 사람들은 자기도 모르게 그런 상태에 부여해왔던 모든 힘을 의식적으로 거둬들이기 바란다. 그중 어떤 상태를 이해하기 위해 논의해야 하는 순간이 오면, 그 상태에 부여했던 어떤 힘이든 즉시 거둬들이고 "그것이 어떤 상태든, '나는' 늘 그 상태에 적응할 수 있는 조화로운 존재"라는 사실을 깨달아라.

"'나는' 다스리는 존재다"라고 말할 때는 '나는' 우리가 바라는 상태를 만들어주는 신의 지성과 충만한 힘을 움직여주었고, 따라서 그 힘이 스스로 움직일 수 있게 되었음을 의식적으로 충분히 인식한다.[9]

우리 자신의 행복에 대한 이 메시지를 읽고 인정하길 바란다. 자신의 주관적 주의에 온 마음을 쏟고, '나는 조화롭고 다스리는 존재다'라는 사실을 여러분 자신과 주관적 주의에게 항상 상기시켜주어라. 그리하면 우리는 만물을 창조하는 근원과 하나이므로 신의 힘을 움직이게 될 것이다.

건강이든, 부유함이든, 행복이든, 우리 삶에서 겪는 다른 어떤 경험이든, 주의의 움직임이 얼마나 중요한지 반드시 명심해야 한다. 다른 사람들의 관점이나 지식이 우리의 내면세계를 바꿔놓지 않도록 완강하고 고집스럽게 버텨야 한다. 우리는 자신이 무엇이 되고 싶은지, 무엇을 세상에 실현하고 싶은지 안다. 이제 그 상상을 존재의 근원과 일치시키고 그 사랑을 몸으로 느껴보라. 주관적 주의를 사용하면 원하는 상태가 창조될 것이다.

몰입을 위한 실천 전략

• 여러분이 상상 속에 간직해온 생각과 이상을 포기시키려는 객관적인 노력들을 의식하라. 뚜렷이 의식되는 동안에는 그런 객관적인 노력들을 대신할 수 있는 주관적인 대안을 실행해보라. 이 세상에 실현되고 있는 대상을 부정하는 쪽으로 주의가 쏠릴 때마다 눈을 감고 잠시 조용히 앉아서 상상 속에서 내가 누구인지(I am) 자신에게 반복해서 이야기하라. 그 생각이 몸속에서 진동하고 울려 퍼지는 것이 느껴질 때까지 계속하라. 늘 경계하라. 내면의 목표와 어긋나는 객관화된 정보는 모두 떨쳐버릴 준비를 하고, 또 기꺼이 그렇게 하겠다는 의지를 굳혀야 한다. 이 연습을 많이 할수록 마음속의 오래된 바이러스에게 영향을 덜 받을 것이다. 그리고 원하는 삶을 실현하는 자신의 능력에 대한 믿음이 곧 새로 뿌리내릴 것이다.

•• 내가 '초강력 접착제 방식'이라고 부르는 방법을 통해 상상에 주의를 쏟아보라. 아주 강력해서 약해지거나 깨지지 않는 물질을 가지고 있다고 상상해보라. 우리 내면의 은밀한 영역에 들어 있는 이상적인 자신의 모습에 이것을 바른다. 여기에는 "외부의 어떤 것도 내 마음속 화면에 나오는 것을 없앨 힘이 없다"라고 선언하는 효과가 있다. "나는 건강하다/부유하다/행복하다." 또는 자신의 어떤 상태에 대해서든 '나는 ~이다'라고 말할 때는 침범할 수 없는 신의 이름(I am)을 사용하는 것이다. 이것은 우리가 마음속 깊이 사명이라고 생각하는 이상적인 존재가 되겠다는 영적 결정이다. 초강력 접착제는 소원을

이루려는 의도를 다른 사람들이 알게 되었을 때 오직 주관적 주의만을 사용하라는 교훈을 상기시켜줄 것이다.

••• 내부의 의도는 존재의 근원과 자기 자신만의 비공개적인 문제다. 다른 사람들에게 우리의 의도를 지지해달라거나 생각해보라고 부탁하는 일은 그들의 객관적인 주의를 불러들이는 것이다. 그들은 우리의 의도가 불가능한 꿈이라는 점을 납득시키려고 하는 경우가 종종 있다. 이때 우리는 자신을 방어하거나 최소한 설명은 해줘야 하는 입장에 처한다. 이것은 에고를 불러들이는 것과 같다. 에고는 우리의 내부 의도를 바꾸고 곧 접할 과학적이고 논리적인 외부의 사실에 대해 논의해볼 기회를 잡을 것이다.

소원을 실현하는 과정은 영적 훈련이다. 따라서 논리, 사실, 경험, 과학적 증거, 과학적 의견에 저항한다. 네빌이 우리에게 권하는 태도를 취함으로써 소원을 성취하는 과정을 자신만의 사적인 영역으로 유지하라. "그러므로 자기가 무엇을 원하는지 안다면 소원이 이루어진 느낌에 의도적으로 주의를 기울여야 한다. 그 느낌이 마음을 가득 채우고 다른 생각들을 모두 의식에서 밀어내버릴 때까지."[10]

외부 세력이 제시하는 선의의 의견을 굳이 비껴갈 필요가 없도록 의도를 비밀스럽게 간직하라.

이제 빌립보 교회에 보낸 성 바울의 편지를 인용하며 이 장을 마치려고 한다. 이것은 내가 신약에서 가장 좋아하는 구절 중 하나다. "내 처지가 어려워서 이런 말을 하는 것은 아닙니다. 나는 어떤 처지에서도 자족하는 법을 배웠습니다(「빌립보서」 4장 11절)."

이것이 주관적 주의의 궁극적인 사용법이다.

5단계
잠재의식 속으로 들어가라

깊은 잠이 덮어씌워 모두들 자리에 쓰러져 곯아떨어지는 밤에
하느님께서는 꿈에 말씀하시고 나타나 말씀하시지 않소?
사람들의 귀를 열어주시고 깜짝 놀라게도 하시어…….
-「욥기」33장 15~16절

우리가 잠재의식의 세계로 들어가는 것은 잠을 자는 동안이다. 「욥기」에서 따온 인용문대로 인상을 만들어내고 지시와 명령을 받는 때도 바로 잠자는 동안이다. 우리의 의식이 입력한 내용에 따라 습관적으로 움직이는 잠재의식의 특성에 대해 생각해보기 바란다. 즉 잠재의식은 우리가 무엇을 하고 있는지, 하고 있지 않은지 생각하지 않고 행동한다. 분명 여러분에게도 방금 내게 떠오른 것과 같은 기억이 떠오를 것이다.

수동으로 기어를 조작하는 차의 운전법을 배우던 열다섯 살 때의 일이다. 나는 의식을 이용해서 끝도 없어 보이는 조작법을 연습하고 있었다. 그때 생각은 이런 식으로 진행됐다.

'자, 이 차에는 페달이 세 개 달렸는데 내 발은 두 개잖아. 왼쪽 발로는 클러치 페달을 밟아야 되고, 오른쪽 발로는 액셀러레이터를 천천히 밟아야 돼. 천천히, 아주 천천히 밟아야지. 이제 클러치에서 발을 떼는 동시에 액셀러레이터를 밟아야 돼. 왼쪽 발을 클러치에서 떼는 것과 똑같이 보조를 맞춰서 오른쪽 발에 힘을 주고 액셀러레이터를 밟아야지. 연료가 너무 많거나 클러치를 충분히 놔주지 않으면 시동이 꺼질 텐데……. 멈출 때 쓰는 세 번째 페달도 있지. 브레이크는 어떻게 사용하는지 모르는데. 차는 계속 앞으로 요동치잖아. 어느 발이지? 얼마나 세게 밟아야 되는 거지?'

차를 덜컥거리게 하거나 엔진을 꺼뜨리지 않고 운전을 배운다는, 불가능해 보이는 과업을 완전히 정복하기 위해 노력하는 동안 내 의식은 계속해서 생각하고 또 생각했다. 그리고 드디어 빨간불이 초록불로 바뀌기를 기다리며 경사가 가파른 언덕에 서 있던 순간이 왔다. 나는 한쪽 발을 클러치에, 한쪽 발을 브레이크에 올려놓고 있었다. 차가 언덕 아래로 굴러 내려가서 뒤에 있는 차를 들이받지 않도록 브레이크를 밟고 있자니 앞으로 가는 데 가장 중요한 가속페달을 밟을 발이 없지 않은가.

요컨대 내가 마침내 수동기어 차를 의식의 도움 없이 운전하게 되기까지 의식은 잠재의식에 인상과 지시를 보내고 있었다는 이야기다. 훗날 이 과정은 모두 저절로 이루어지게 되었고 습관적으로 움직이는 잠재의식이 모든 과정을 알아서 처리했다. 내 잠재의식은 내 기분이 어땠는지, 내가 얼마 만에 운전하는지, 내가 무엇을 믿는지, 수동기어 차를 운전하는 어려움에 대해서 다른 사람들이 어떻게 말했는지는 개의치 않았다. 잠재의식은 내가 입력한 프로그램에 반응하고 전체 운전 과정을 도맡음으로써 내가 그 과정에 대해 다시 생각하지 않고도 별 노력 없이 순조롭게 운전할 수 있게 해주었다.

30년 후 나는 2주 동안 가족과 함께 이탈리아로 여행을 갔다. 밀라노에서 차를 빌리는데 클러치, 브레이크, 액셀러레이터 페달이 있는 피아트밖에 없었다. 나는 30여 년 동안 수동기어 차를 운전한 적이 없었지만 내 잠재의식은 어떻게 해야 할지를 정확히 알고 우리가 이탈리아에 머무는 내내 알아서 운전을 맡아주었다. 앞에 소개한 스케이트 이야기와 마찬가지로, 이 경우에도 습관적인 잠재의식이 충분히 훈련되었기 때문에 나중에 그 일을 다시 하게 되었을 때 더 이상 의식의 도움이 필요 없었다. 잠재의식은 일단 충분히 훈련과 지시를 받으면 오랫동안 각인된 상태로 지시받은 일을 맡아서 해내기 때문에 의식의 도움이 거의 필요하지 않게 된다.

잠재의식은 우리가 살면서 맡는 일의 96퍼센트 정도를 처리한다. 날마다 하는 일을 거의 모두 자동적으로 처리해주는 자동조종장치에 타고 있는 것과 비슷하다. 수동기어 차를 운전하는 법이나 스케이트 타는 법을 배우는 사례는 잠재의식의 특징에 대해 육체적 관점에서 확실히 이해할 수 있게 해준다. 우리는 그것이 일단 저절로 움직이도록 훈련시킴으로써 더 이상 의식이 필요하지 않게 한다. 이와 같이 프로그램을 입력하듯 훈련시키면 그대로 움직이는 잠재의식은 소원을 성취시키는 능력을 비롯해서 우리 삶의 모든 영역에서 그 기능을 훌륭히 수행한다.

잠재의식을 만나는 시간

잠자는 시간은 의식이 오감의 세계를 떠나 잠재의식과 만나는 시간이다. 습관적으로 움직이는 잠재의식은 우리의 의식적 느낌이나 믿음이 바뀌는 데 관심이 없다. 그저 입력되는 프로그램대로 반응할 뿐이다. 네빌은 이렇게 말한다. "잠재의식에게는 잠자는 동안의 무의식 상태가 보통의 상태다."[1] 우리는 전 생애의 3분의 1 이상을 잠재의식이 보통인 상태로 지낸다. 이 시간은 나머지 3분의 2가 어떻게 펼쳐질지 지시받는 시간이다. 바로 이때 인생을 노력 없이 순조롭게, 그리고 기적처럼 영위하기 위한 지시를 받는다.

이는 의식적으로 무언가를 배우는 방법과 비슷하다. 수동기어 차의 운전법, 컴퓨터를 자유자재로 다루는 법, 스웨터 짜는 법, 수영하는 법, 춤추는 법, 골프 치는 법 등 이렇게 하는지 특별히 생각할 필요 없이 깨어 있는 동안 하는 모든 활동을 배우는 법과 비슷하다. 여러분이 지금 이 순간 책을 읽고 있는 것도 여기에 해당한다.

이 장에서 포착하고 적용했으면 하는 가장 중요한 사항은 잠자고 꿈꾸는 일보다는 잠의 무의식 상태로 들어가기 위한 준비법에 가깝다.

잠재의식에게 잠은 자연스러운 상태다. 그리고 잠재의식은 우리의 깨어 있는 시간의 96퍼센트를 좌우한다. 소원을 이루는 삶을 시작하려면 잠들기 전, 마지막 5분이 하루 중 가장 중요한 5분이 될 것이다. 이렇게 짧은 시간 동안 우리는 잠재의식에게 지금 느끼는 감정, 그리고 우리가 깊은 잠에서 깨어났을 때 단일한 우주적 잠재의식이 이루어야 할 소원을 이야기해야 한다. 이 잠자리에서의 5분이라는 시간, 곧 잠재의식에 들어가서 여덟 시간 정도 푹 빠져 있을 준비를 하는 이 시간은 하루 24시간 중에서 가장 중요하다.

우리는 이 시간을 둘 중 하나의 방식으로 활용할 수 있다. 둘 다 설명할 테니 어떤 방법을 선택할지 결정해보기 바란다. 이때 잠재의식에 새기는 인상에 따라 우리가 깨어 있는 동안 전 우주의 단일한 잠재의식이 제공해주는 경험이 달라진다는 점을 염두에 두고 생각해보아야 한다. 잠재의식은 우리가 무엇을 원하는지, 우리에게 무엇이 가장 좋을지에 관심이 없다. 우리의 느낌이 깨어 있는 동안 일어난 일에 대한 느낌인지, 아니면 잠에 빠져들 준비를 하면서 잠자리에 누워 상상한 내용에 대한 느낌인지도 구분하지 못한다.

좌절과 실망을 돌아보다

잠자리에 누워 잠재의식에 들어가기 전인 이 시간을 하루 동안 느꼈던 불행, 낙담, 좌절, 분노 등을 되새기는 시간으로 활용해볼 수 있다. 우리를 실망시킨 사람들에 대해 슬픈 생각을 할 수도 있고, 자신과의 대화를 통해 그 모든 일들이 나를 얼마나 불행하게 했는지 생각해볼 수도 있다. 바라는 대로 풀리지 않은 일을 걱정하거나 일들이 항상 비슷한 방식으로 돌아간다는 증거를 잠재의식에게 보여주면서 이 중요한 시간을 보낼 수도 있다. 다른 사람과 싸운 일을 돌아보고 사람들이 우리를 정말 불행하게 만든다고 결론 내려도 된다. 상황이 더 나아지지 않으리라는 생각 때문에 얼마나 두려운지 되살려볼 수도 있다. 심지어 곧 가족과 자신에게 다가올 끔찍한 일을 피하기 위해 아무것도 하지 않았다는 생각을 해볼 수도 있다.

자기 자신이나 사랑하는 사람의 건강과 관련하여 최악의 일을 마음속에 그려볼 수도 있다. 파산을 신청하거나 원하는 직업을 얻지 못하거나 자연재해가 덮쳐오거나 잠에서 깼을 때 몸이 아픈 자신의 모습을 상상해도 된다. 잠들 준비를 하면서 생각해볼 수 있는 잠재적인 불행을 쓰면 100페이지도 더 될 것이다.

지금 예를 들었던 것처럼 기분 나쁘게 하는 생각들이든 뭐든 우리가 고른 생각은 막 잠이 들려는 때 잠재의식에게 특정한 메시지를 보내기로 한 '선택'이다. 사실 이렇게 함으로써 잠재의식에게 '나는 불행하다/불만스럽다/비관적이다/두렵다'라는 메시지를 새기는 것이다. 이것이 자기 전 훈련으로 하는 이야기인지 진짜로 일상에서 일어나는 일인지 구분하지 못하는 잠재의식은 이렇게 말한다. "좋아, 알겠어."

원하지 않거나 경멸하는 대상에 대한 우리의 생각과 몸으로 경험하는 느낌은 우리에게 걱정, 공포, 불안, 증오, 슬픔 같은 것들을 불러일으킨다. 잠재의식은 오직 우리가 넣어준 것에만 반응하므로 우리가 깨어 있는 동안의 의식을 바꾸지 않고 그저 느낌에만 반응한다. 따라서 우리의 잠재의식은 우리가 입력한 것과 일치하는 경험을 이 우주의 단일한 잠재의식에게 받아 우리에게 제공할 것이다. 생각을 잠재의식 속에 넣었다면 잠재의식은 아마도 우리가 자는 동안, 그러니까 최소한 여덟 시간은 그 생각에 작용할 수 있을 것이다. 잠재의식이 우리가 그것을 지독히도 원하는 것이 틀림없다고 가정하고 받아들인다 해도 탓해서는 안 된다.

이럴 수가. 우리는 원하지도 않는데 계속 삶 속에 나타나는 모든 것들에 얼이 빠진 상태로 잠에서 깨어난다. 원하지 않는 일에 대한 느낌을 받아들이고 나서 그 생각을 그대로 품고 잠에 빠짐으로써 우리가 처음 운전을 배웠을 때처럼 이번에도 어떤 일을 맡아달라고 잠재의식에게 입력하고 있는 셈이다. 하지만 정작 우리는 그 사실을 알지 못한다. 그때는 원하는 것을 창조하고 있었지만 지금은 똑같은 전략을 써서 '원하지 않는 것'을 창조하고 있다는 점이 차이점이다. 그리고 이것이 우리가 삶 속에 이상적인 대상을 끌어오는 데 종종 실패하는 이유다. 이에 대해 네빌은 다음과 같이 말한다.

> 잠이 들 때 의식 속에 있었던 것은 이 지상의 삶에서 3분의 2를 차지하는 깨어 있는 시간에 무엇이 실현되느냐를 결정한다. 우리가 이미 원하던 존재가 되었다거나 원하던 대상을 가졌다고 느끼지 못할 때를 제외하고는, 그 어떤 것도 우리가 목표를 실현하지 못하도록 막을 수 없다. 잠재의식은 우리가 소원이 이루어졌다고 느낄 때만 그 소원에 형체를 부여한다.[2]

우리는 깊은 잠에 빠지기 전의 귀중한 5분 동안 이것을 훈련할 수 있다. 이 첫 번째 선택을 의식에 품고 잠들고 싶지 않다면 습관적으로 움직이는 잠재의식이 받아들일 새로운 습관을 길러볼 수도 있다. 첫 번째 선택을 대신할 대안은 분명 존재한다. 하루의 마지막 5분은 온전히 여러분의 것이다. 잠들기 전에 마지막으로 깨어 있는 시간을 활용하여 잠재의식에게 새로운 프로그램을 입력하는 두 번째 방안을 살펴보자.

소원이 이루어진 느낌을 받아들이다

잠자리에 누웠을 때 점점 잠이 오고 이제 곧 잠재의식이 가장 편하게 움직이는 잠의 무의식 상태에 빠져들 것 같다면, 이 마지막 5분을 존재의 근원과 합일을 이루고 소원이 이루어진 영적 존재가 되는 시간으로 활용하라. 잠들기 전의 이 순간, 우리는 잠재의식에게 이루어진 소원을 자동적으로 가져다달라는 프로그램을 입력할 수 있다.

아마 운전 중에 급제동을 걸게 해달라거나 속도를 줄이지 않고 그대로 차고 진입로에 들어서게 해달라고 잠재의식을 훈련시키지는 않을 것이다. 또한 잠재의식이 우리를 불행하게 만들거나 불필요한 고통을 일으키는 일에 집중하고 그런 일을 끌어오도록 훈련시키고 싶지도 않을 것이다. 잠들기 전 마지막으로 깨어 있는 5분은 잠재의식을 마지막으로 응원해줄 시간이다. 우리는 상상 속에 밀어 넣은 소원이 이루어진 느낌을 받아들이는 데 집중하고 싶어한다.

이 주제에 대해 네빌은 이렇게 말한다. 이것은 우리가 접해본 가장 귀중한 지식일지도 모른다.

"소원이 이루어졌다면 어떤 느낌일까?"라는 질문을 듣고 떠오른 느낌이야말로 우리가 주의를 집중한 채 잠에 빠져들어야 하는 느낌

이다. 우리는 원하는 모습이 되었고 원하는 대상을 손에 넣었다는 의식 안에 머문 채 잠들어야 한다.³

여기서 보듯이 점점 잠의 무의식 상태로 빠져드는 동안 자신에게 물어봐야 하는 질문은 이것이다. "소원이 이루어졌다면 바로 지금, 이곳에서 내 몸에는 어떤 느낌이 들까?" 몸에서 점차 소원이 이루어졌을 때의 기분이 느껴질 때까지 그 생각을 지속하라.

이것은 무의미한 연습이 아니다. 잠재의식이 작용해야 할 곳은 우리가 걱정하고, 화내고, 무서워하는 대상이 아니라 실현하고 싶은 대상이라는 점을 잠재의식에게 다시 가르쳐주기 위한 도구다. 이렇게 반쯤 졸린 상태에서 여러분이 지금 상상 속에 집어넣고 있는 이상적인 자신의 모습에 다가가 보라. 예를 들어 감기든, 근육통이든, 잠재적으로 생명을 위협하는 병이든 건강에 대해 걱정하고 있다면 "나는 활동하는 신이다"라고 선언하라. 아니면 내가 세인트 저메인의 『아이 앰 담론』에서 가장 즐겨 인용하는 다음 내용을 깊이 생각해보아도 좋다.

나는 여러분이 이 세상에서든 다른 어떤 세상에서든, 적어도 자신의 세상에서는 자신이 유일한 권위임을 느꼈으면 한다. 남을 해칠 의도가 없는 한, 자기의 세상을 완벽하게 만든다고 해서 다른 이의 세상을 망가뜨리지 않을까 절대로 두려워하지 마라. 주변 사람들이 뭐라고 말하는지, 얼마나 사람들이 자기의 의심과 두려움과 한계로 여러분을 방해하려 하는지는 중요하지 않다. 여러분은 자신의 세상에서 최고의 권위다. 주변 사람에게 시달릴 때 여러분은 이렇게 말하면 된다. "'나는' 내 주변을 보호하는 강력한 마법 고리다. 이것은 대적할 자가 없고, 틈을 찾아 침입하려는 부조화한 생각이나 요소를 내게서 모두 물리친다. '나는' 내 세상의 완벽함이며 누구에게도 의지하지 않고 자립한다."[4]

이것은 매우 효과적인 조언이다. 세인트 저메인은 세상이 뭐라고 할지는 중요하지 않다면서 우리의 치유와 관련하여 지금까지 선언했던 자기 제한적인 생각들에 대해서도 이야기하고 있다.

잠자리에 누워서 "나는 완벽한 건강이다"라고 확언하라. 아니면 세인트 저메인이 말한 '내 세상의 완벽함'이나 '강함'이라는 단어를 사용해도 좋다. 그런 후 몸에서 어떤 기분이 느껴지는지 보라. 처음에 여러분은 에고를 불러내고 있을지도 모른다. 에고는 자신이 신이나 만물의 우주적 근원과 분리되어 있다고 믿으며 이렇게 말할 것이다. "이건 웃기는 짓이야 / 나는 아파 / 나는 괴로워 / 나는 죽어가고 있어 / 나는 나 자신을 속이고 있어." 어떤 방식을 선택하든 이 5분의 시간은 여러분 마음대로 사용할 수 있으니 그저 이 마음속 바이러스와 제한적인 사회의 관습을 떠나보내라.

소원이 실현된 상태로 우리를 옮겨줄 새로운 자신의 모습을 다시 이야기하라. "나는 활동하는 신이다"라고 반복해서 자신에게 말하고 두려움과 불안이 평화와 사랑 그리고 만족으로 변하는 것을 몸이 느끼는지 즉시 확인해보라. 연습을 몇 번 하고 나면 마음속으로 '나는 ~이다'라는 말을 반복하는 과정이 느낌에 영향을 미치기 시작한다는 사실을 알게 될 것이다. 소원이 이루어진 느낌을 받아들임에 따라 걱정과 고통의 감각이 천천히 사라지는데, 이쯤에서 잠에 빠져들면 된다.

이 잠들기 전 5분이라는 시간을, 어떤 소원이든 이미 이루어진 상태를 몸으로 느끼고 그 느낌을 받아들이는 데 사용하라. 무엇에든 화가 나거나 심란한 상태로 잠들지 마라. 삶에서 얼마나 중요해 보이는 일이든 상관없다. 잠재의식은 우리가 잠들었을 때 가장 자연스럽게 활동할 수 있고, 우리가 자신이라고 믿는 모습 그대로 우리를 본다. 우리의 습관적인 마음인 잠재의식은 우리가 무언가 믿고 몸으로 느끼는 감정이 해롭다는 느낌이든, 도덕적이라는 느낌이든, 좋은 느낌이든, 나쁜 느낌이든, 그저 그런 느낌이든 상관하지 않는다. 그저 충실히 우리의 믿음을 받아들이고 일련의 경험과 동시적으로 보이는 사건들을 제공해줄 뿐이다. 이 경험과 사건들은 우리가 믿는 것, 그리고 잠재의식에 입력한 생각에 형체를 부여한다.

나는 어떤 진단을 받고 나서 내 몸이 앞으로 어떻게 될지 걱정스러운 느낌과 다소 몸이 좋지 않은 느낌 속에서 잠든 적이 여러 번 있었다. 이때 나는 지금 쓰고 있는 내용을 충실히 실천했고 그런 징후가 사라진 상태로 잠에서 깼다. 여기서 핵심은 소원이 현재의 사실이라고 진심으로 느낄 수 있을 때까지 계속해서 몸의 상태를 확인하라는 것이다. 느낌은 잠재의식이라는 자동적인 마음이 사용하는 도구다.

우리는 잠들기 전 편안히 쉬는 시간에 불만스럽고 속상한 일들을 되새기는 습관에서 꽤 쉽게 벗어날 수 있다. 상상 속에 넣어둔 '나는 ~이다'라는 생각과 상통하는 생각을 키우면서 잠들기 전 5분을 신성하고 만족스러운 시간으로 만들어라. 부정적인 쪽으로 생각이 기울려는 기미가 보이면 잠시 생각을 멈추고 졸린 상태에서 조용히 상기하라. 이런 느낌을 품고서 무의식의 세계로 들어가고 싶지는 않다고 말이다. 그런 후 소원이 이루어진 상태를 몸으로 느끼고 그 느낌을 받아들여라. 더 나은 삶을 만들어줄 소원을 자동적으로 이루어달라고 잠재의식에게 상기시켜주면서 잠에 빠져드는 것이야말로 우리가 바라는 바다.

잠재의식은 하드디스크다

만물이 공유하는 하나의 영혼인 전 우주적 잠재의식은 에고가 이해하기 어려운 개념이다. 하지만 현현의 기술을 터득하고 싶다면 잠재의식은 정말 중요한 개념이다.

"이 무한한 지성은 존재하는 단 하나의 영혼이다. 우리는 그것을 다같이 이용하고 있고, 이용할 수밖에 없다. 그것은 하나뿐이고 어디에나 존재하며 만물이 만들어지는 근원이기 때문이다." 이 인용문은 앞서 내가 좋아하는 책이라고 말했던 우엘 S. 앤더슨의 『마법의 세 단어』의 한 구절이다. 이 하나의 우주적 영혼은 시간, 장소, 물질이라는 영역에서 모두 무한하다. 앤더슨은 이렇게 결론을 내린다. "어디에나 존재하고 만물 안에 존재하는 단일한 영혼, 이것이 잠재의식이다." 그리고 드디어 우리가 자고 있는 동안 이 잠재의식 속에서 무슨 일이 일어나는지에 대한 설명이 나온다. "다시 말해서 이 잠재의식은 의식이 제시해주는 것을 형상과 상황 안에 창조하려고 애쓴다." 이 통찰력 있는 견해를 종일 숙고하고 특히 잠들기 전에 깊이 생각해 보라.

잠이 들 때 의식은 잠재의식에 우리의 위대한 아이앰, 즉 상상 속의 이상적인 내 모습을 새길 수 있다. 여기서 잠재의식이란 만물을 창조하는 단일한 우주적 잠재의식의 한 조각을 말한다. 이 하나의 영혼은 무한하고 만물 안에 존재하기 때문에 결코 쉬지 않고 창조와 현현의 과정을 진행한다. 의식이 쉬는 동안 우리의 잠재의식은 우리가 내려받은 모든 것을 그 안에 받아들이고 처리하면서 느낀 인상을 형상과 상황으로 바꿀 준비를 한다.

내 지인인 브루스 립턴(Bruce Lipton)은 『당신의 주인은 DNA가 아니다(The Biology of Belief)』라는 책에서 의식과 잠재의식의 이러한 현상을 현대 기술의 언어로 표현하면서 이렇게 말했다. "현실에서 잠재의식은 저장된 프로그램의 감정 없는 데이터베이스다. 이것의 기능은 오로지 환경의 신호를 읽고 아무 질문도, 판단도 하지 않은 채 내장된 행동 프로그램에 따르는 것뿐이다. 잠재의식은 프로그램 설치가 가능하고 우리의 일상 경험을 내려받는 하드디스크와 같다."

립턴의 비유처럼 여러분이 의식을 남겨두고 잠에 빠지는 순간 일을 시작하려는 컴퓨터가 한 대 있다고 해보자. 이제 여러분은 잠자리에 누워 잠재의식이 가장 편하게 활동하는 잠의 무의식 상태에 들어가려고 한다. 누운 상태에서 소원하던 존재가 되어 자신에게 이야기할 때 여러분은 그 내용을 컴퓨터로 내려받고 있는 것이다. 단일한 우주의 잠재의식 역할을 하기 위해 내가 사용하는 컴퓨터는 어마어마한 장치라서 시작도 끝도 없고 만물이 그 안에 들어 있다. 이 컴퓨터가 무한하고 그 안에 만물이 들어 있다면 여러분 역시 그 안에 들어 있다는 의미이므로 그 컴퓨터는 여러분이 전송하는 자료에 반드시 반응할 것이다. 이 컴퓨터는 의식에게서 받은 인상을 형상과 상황으로 바꾸느라 잠도 자지 못한다. 우리가 할 일은 이 힘이 우리 안에 있음을 이해하고 신과 같은 존재인 최상위 자아에게 감사하는 것이다.

마법의 단어들을 기억하라. "나는 신이다." 세상에는 단일한 잠재의식이 있고, 저마다의 잠재의식은 그 단일한 영혼의 한 조각이다. 이와 같이 보이지 않는 우리의 일부인 잠재의식은 그야말로 활동하는 신의 마음이다. 우리가 신을 쫓아내지 않는 한 신은 계속 일하겠지만 아마도 우리의 의식은 신을 쫓아내도록 훈련을 받아온 듯하다.

잠재의식이 '나에게 돈이 있다'라는 확신의 메시지를 받으면 우리는 돈을 얻게 될 것이다. "나는 행복하다/건강하다/만족스럽다/현명하다/사랑 그 자체다." 어떤 것이든 확신의 느낌을 담은 메시지를 받으면 잠재의식은 그것을 우리의 물리적 현실에 가져다줄 것이다. 나는 희망을 품으라거나 '어쩌면 그럴지도 모른다'고 말하는 것이 아니다. 잠들기 전 마지막 5분 동안 "나는 행복해질 거야", "나는 부유해질 거야", "나는 언젠가 만족하길 바라"라고 말하라는 것도 아니다. 신이 모세에게 말해준 자신의 이름, '나는 곧 나'라는 이름을 이용해서 '나는 ~이다'라고 말하라.

여기서 믿음이 결정적인 역할을 한다. 우리는 신과 하나가 되기는 불가능하다는 생각을 모조리 없애야 한다. 이렇게 생각하는 것은 활동하는 거짓 자아이고, 자신을 제한하는 몹쓸 생각을 받아들여 그것을 불만스러운 현실로 바꿔놓는 오염된 개별적 잠재의식이다. 우리가 잠에 빠진 동안 결코 잠들지 않고 우리를 위해 일하는 단일한 우주와 신의 잠재의식은 우리와 하나다. 우리는 이 잠재의식이 우리에게 내려받은 내용을 이용해서 우리가 잠에 깊이 빠져 있을 때조차 우리를 위해 일하기를 바란다.

당신이 잠든 사이

불가리아의 신비주의 철학자이자 우주적 백색형제단 또는 대백색형제단의 스승이고 나의 영적 스승이기도 한 옴람 미카엘 아이반호프는 잠에 빠질 준비에 대해 그리고 우리가 자는 동안 일어나는 일에 대해 이렇게 이야기한다. "잠들기 전 마지막 5분 동안의 경험은 하루 종일 일어난 모든 일 중에서 가장 중요하고 의미심장하다." 아이반호프는 우리가 매일 밤 죽음을 맞이하기 때문에 순수한 영혼의 상태로 잠재의식에 들어가는 일이 중요하다고 말한다. 밤마다 찾아오는 죽음에 어떻게 대비할지 모른다면 정말 저 세상으로 떠날 때도 준비가 되지 않았으리라는 것이다. "그러니 결코 마음속에 부정적인 생각을 품고 잠들지 않도록 조심하라. 그런 생각은 그날 얻었던 좋은 것들마저도 모두 부숴버릴 것이다."

잠에 빠져 있는 동안은 우리가 영혼의 집인 이 몸을 떠나지만 한편으로는 여전히 몸에 매여 있는 시간이다. 이때는 우리가 단일한 우주적 잠재의식과 연결되고 그곳에서 일어나는 놀라운 일을 경험하는 거룩한 여정을 매일 떠나는 시간이다. 다시 한 번 아이반호프는 이렇게 말한다. "잠에 빠지기 전에 우리는 신성한 순례를 떠날 때처럼 준비해야 한다. 머릿속에 부정적인 생각을 담은 채로 잠들어서는 안 된다. 그랬다가는 잠재의식에게 엄청난 피해를 입힐 것이기 때문이다."

잠재의식에 메시지를 각인받는 이 여덟 시간 동안 우리는 명령을 받는다. 잠잘 시간에 품고 있던 느낌은 다음 날 또는 언젠가 미래에 표현되어 나타난다. 이때는 우리가 물리적 세계의 압박감과 육체의 한계를 뒤로하고 떠나는 시간이다. 우리는 단일한 잠재의식이 물질계의 고체로 구성된 우리의 능동적인 참여 없이도 소원을 창조해서 이룰 수 있게 한다.

우리가 잠에 빠졌을 때 잠재의식이 어떻게 작용하는지 정확하게 설명해줄 수는 없다. 아마 누구도 자세히 이야기해줄 수는 없을 것이다. 이에 대해 네빌은 이렇게 말한다. "잠재의식은 오직 사람의 느낌을 통해서만 인상을 받고, 자신만이 아는 방식으로 그 인상에 형체를 부여하고 표현한다."[5]

애벌레가 고치를 만들고 번데기가 되었다가 아름다운 나비로 변하는 복잡한 과정을 누가 설명할 수 있겠는가? 잠재의식이 어떻게 인상을 현실로 바꾸는지는 단일한 영혼만이 아는 불가사의다. 하지만 비록 무의식 상태라도 그런 일이 실제로 일어난다는 사실을 줄곧 믿으며 몸으로 경험하기 때문에 우리가 자면서 어떤 신비한 일들을 하는지는 알 수 있다. 내가 부탁하고 싶은 점은 다만 그 신비를 즐기고 그 과정에 엄청난 잠재력과 가능성이 있음을 알라는 것이다. 그 안에 푹 빠져보라. 그러면 무한한 가능성에 자신을 열어놓는 셈이다.

우리는 자면서 꿈을 꾼다. 아주 특별한 차원으로 들어가는 과정인 이 시간에는 그 꿈속의 세계가 완전히 진짜처럼 느껴진다. 꿈을 꾸는 동안에는 우리의 잠재의식이 상황을 관장하고, 우리가 뭔가를 능동적으로 하지 않아도 무슨 일이든 일어나는 마술 같은 세계를 보여준다. 일어나서 뭔가를 하거나 움직일 필요도 없고 누구의 도움도 필요하지 않다. 돈, 행운, 도구, 온갖 탈것, 가족, 교회, 교육, 책은 물론이고 아무것도 필요하지 않다. 이 모든 일은 우리의 자아가 무의식 상태로 잠자리에 있기는 하지만 몸에서는 벗어난 상태이고, 또 한편으로는 여전히 몸에 매여 있을 때 일어난다. 이 놀라운 현현이 모두 잠재의식 자신만이 아는 방식으로 일어난다면 대체 어떤 식으로 일어난다는 것일까?

우리가 깊이 잠들고 의식이 멈추면 일어나는 일들이 있다. 우리가 인생의 3분의 1을 보내는 또 하나의 현실은 깨어 있을 때 어떤 일이 일어날 수 있는지를 우리에게 알려준다. 잠이 깨서 잠자던 시간을 돌이켜보며 인생의 3분의 1을 차지하는 그 시간 동안 무슨 일이 일어나는지 살펴볼 수 있다면 단일한 우주적 잠재의식이 어떤 식으로 작용하는지 감을 잡을 수 있을 것이다.

꿈속에서 우리는 생각만으로 어떤 일이든 일어나게 하는 능력을 사용해서 원하는 것을 모두 창조할 수 있다. 침대에서 일어나 옷을 입고, 목표를 설정하고, 의도를 품은 후, 자동차 판매점에 가서 좋아하는 차를 시운전하고 수표를 쓴 다음 새 차를 몰고 떠날 필요가 없다. 우리는 그저 졸린 상태에서 원하는 생각을 집어넣고 몸으로 느끼기만(이를테면 심장박동과 호흡이 빨라지고 미소를 띠며 기쁨을 느낀다거나) 하면 된다. 자, 어떤가! 여러분은 이미 새 차를 운전하고 있다. 모든 것이 아주 현실적이다. 우리가 할 일은 그저 생각을 떠올리고, 결과 속에서 살고, 그 상황을 느껴보는 것이 전부다. 우리의 잠재의식이 단일한 우주적 잠재의식에 완전히 연결된 덕분에 우리는 진정한 실현의 과정에 참여할 수 있다. 무의식 상태로 깊이 잠들어 이 꿈의 상태에 머무는 한, 「욥기」에서 "사람들의 귀를 열어주시고 깜짝 놀라게도 하시어"라고 했듯이 우리는 잠재의식에게 원하는 바를 지시할 수 있다.

앞서 언급했듯이 아니타 무르자니는 임사체험 보고서에서 시간이 존재하지 않는 상태와 모든 일이 동시에 일어나는 것 같은 상태에 대해 말한다. 시간이라는 경험은 없고, 오직 지금뿐이라는 이야기다. 꿈속에서도 마찬가지다. 꿈속에서는 동시에 다섯 살이었다가 쉰 살도 될 수 있다. 또한 죽은 동시에 살아 있는 사람과 만날 수도 있다.

아인슈타인의 양자물리학은 우리가 팽창과 수축을 하지 않는 정적인 우주에 살고 있고, 시간이란 사람이 만들어낸 것으로서 본질적으로 허상이라는 단순한 메시지를 밝혀내는 데 주력했다. 아니타가 무의식 상태에서 겪은 임사체험도 절대적 시간이 존재하지 않는다는 아인슈타인의 견해를 뒷받침한다. 아니타는 전생이 그 순간 존재하지 않았다고 말했다. 모든 일은 바로 지금 일어나고 있다는 말이었다. 그녀가 이 현상을 설명할 수 있는 유일한 길은 평행 인생의 개념을 이용하는 것뿐인 듯했다. 우리가 전생이라고 부르는 것은 현재의 삶과 평행한 상태로 존재하며 만물은 하나라는 것이다. 잠의 무의식 상태에 있을 때 우리는 무엇이든 될 수 있다. 우리 자신인 동시에 다른 사람일 수도 있고 심지어 사물이나 동물일 수도 있다. 시간의 흐름이나 순서에 따라 일이 일어나는 선형성은 존재하지 않는 듯하다. 상상할 수 있는 것은 모두 될 수 있고, 가질 수 있다. 불가능은 없다. 날고 싶다면 상상하고, 느끼고, 날아오르면 된다.

꿈을 꾸는 동안 우리는 원인과 결과에 얽매이지 않는다. 꿈속에서 몸은 마음대로 오갈 수 있다. 깨어 있을 때와 같은 법칙에 따를 필요가 없다. 만약 그것이 현재의 사실이라고 상상하고 느끼면 즉시 그렇게 된다. 꿈속에서 필요한 것은 잠재의식과 조화를 이루고 있는 우리 자신이 모두 창조한다. 우리는 생각이 원하는 것을 창조하게 하고 잠든 몸으로 그것을 느끼기만 하면 된다.

인생의 3분의 1이나 되는 시간 동안 일어나는 모든 일들에 대해 생각해보라. 시간도, 원인도, 결과도 없고, 우리가 경험하는 모든 것은 상상을 통해 창조된다. 사람과 사건은 모두 허상이고 상상의 산물에 불과하다. 시작이나 끝도 없고 순서도 없지만 우리가 꿈속에 있는 한, 이 모든 것은 완벽하게 말이 된다.

"진정한 삶이란 깨어 있는 상태로 꿈을 꾸는 것이다"라고 했던 소로의 말이 떠오른다. 이 지구라는 행성에서 삶의 3분의 1을 차지하는 시간 동안 아무런 노력도 하지 않고 단지 우리 자신이 시간과 장소를 초월할 수 있게 함으로써 우리가 주의를 기울인 모든 것을 세상에 나타나게 할 수 있다면, 나머지 3분의 2를 차지하는 시간 동안에는 왜 안 되겠는가? 내가 생각하기에 소로는 우리에게 깨어 있는 상태로 꿈을 꾸면서 진정한 자아에 충실하라고 촉구했던 것 같다.

깨어난 상태에서 돌아보면, 깊이 잠들었던 시간에 겪었던 경험을 통해 꿈에서 깨어날 때 무엇이 가능한지 단서를 얻을 수 있다. 우리는 인생의 3분의 1을 치지하는 시간 동안 합일 상태, 시간이 존재하지 않는 상태, 기적 일으키기, 즉시 소원 이루기 등을 경험해왔다. 깨어 있는 상태로 꿈을 꾸고 그런 의식으로 삶 전체를 살아라. 내가 이 책에 쓴 모든 것들은 여러분이 잠에 빠져 있는 동안 이룰 수 있는 것들이다. 깨어 있는 시간에도 그 소원들을 여러분의 현실이 되게 하라.

꿈을 꾸고 있었음을 확신할 수 있는 유일한 방법은 잠에서 깨어나는 것임을 기억하라. 깨어나지 않으면 꿈속의 무한한 현실이 삶의 전부가 될 것이다. 삶의 나머지 3분의 2도 마찬가지다. 꿈꾸고 있었음을 아는 유일한 방법은 살아 있는 동안 다시 태어나는 것이며 이런 깨어난 관점에서 꿈을 돌아보는 것이다. 여러분은 소로의 제안을 따를 수 있음을 상기하고, 깨어 있는 상태로 꿈을 꾸면서 진정한 자아를 발견하라.

네빌은 우리가 잠들었을 때 일어나는 일에 대해 이렇게 이야기한다.

> 잠은 의식과 깨어 있는 영혼이 잠재의식과 창조적으로 협력하기 위해 들어가는 문이다. 잠이 창조의 행위를 감추고 있는 반면 객관적인 세상은 그것을 세상에 드러낸다. 잠에 빠졌을 때 사람은 자신에 대한 관념을 잠재의식에 각인한다.[6]

매일 밤 잠들 때마다 나는 잠재의식에 빠져 있는 동안 힘을 실어주고 싶지 않은 생각, 즉 내가 원하지 않는 일을 생각하면서 이 귀중한 시간을 보내지 않으려고 꿋꿋이 버틴다. 그러는 한편 나와 늘 연결되어 있는 신의 마음인 잠재의식에게는 하나의 영혼과 합일을 이루는 신성한 창조자인 나의 모습을 각인하기로 한다. 나는 상상 속에 넣어둔 이상적인 나의 모습들(I ams)을 비몽사몽간에 되뇌면서 잠이 들면 내가 마지막으로 깨어 있는 상태에서 생각한 나의 모습이 잠재의식을 지배하리라는 점을 떠올린다. "나는 평화롭다, 나는 만족스럽다, 나는 사랑 그 자체다, 나는 글을 쓴다, 나는 우주를 다스리는 힘이다, 나는 가장 높은 이상과 조화를 이루는 나의 모습만을 끌어온다."

이것이 내가 밤마다 치르는 의식이다. 나는 이런 의식을 치르면서 에고가 나에게 들이밀지도 모를 불쾌한 일들을 들춰보려는 유혹을 물리친다. 또 소원 속의 내 모습이 이미 이루어졌을 때 몸으로 경험할 느낌을 받아들이고 잠재의식이 기꺼이 받아들일 지시를 떠올려본다. 나는 잠들어 있는 동안 잠재의식에 프로그램을 입력하고 있음을 안다. 그다음 날이면 내가 얽매이지 않은 자유인이라는 점을 더 잘 알게 되기 때문이다. 또한 잠잘 준비를 하는 동안과 단일한 우주적 잠재의식의 품에서 따뜻함과 신뢰에 머무르는 동안의 느낌이 다음 날의 행동이나 사건을 미리 결정한다는 점도 안다.

깨어서도 꿈꿔라

인간적으로나 영적으로 깨어 있는 상태로 꿈을 꾸며 살고자 하는 것이 나의 의도다. 꿈꾸던 상태를 돌이켜보면 꿈속에서 내게 필요했던 것은 모두 손 하나 까딱하지 않고, 몸 한 번 움직이지 않고 잠재의식과 함께 창조해낼 수 있었다. 그리고 깨어 있는 동안 내가 되고 싶은 사람이 되는 것도 마찬가지로 힘들지 않으며 깨어 있는 동안에도 상상, 의도, 주의, 느낌을 사용할 수 있다. 잠이 들어 잠재의식에 푹 빠져 있는 시간을 살펴보면 잠이 깬 상태로도 이러한 마음의 작용을 실행할 수 있다는 단서를 얻을 수 있다.

완전히 각성된 상태에서 꿈을 한층 깊이 되새겨보면 꿈속의 사물과 사람이 모두 내 상상을 통해 창조되었음을 알 수 있다. 나는 이 사실을 염두에 두고 내가 깨어 있는 상태에서 꿈을 꾸면서 어떤 사람과 사물을 만들어냈는지 살펴본다. 또 그 세계에는 시간이 존재하지 않고, 나에게 불가능한 일은 아무것도 없으며, 원인과 결과라는 것이 완전히 허상이고, 모든 장애물이 기회로 변하거나 허상으로 드러나며, 시작과 끝이 없고, 내 몸이 느낌을 경험하기는 하지만 그런 느낌을 불러일으킨 생각 또한 완전히 허상이며 꿈속의 나에게 전혀 판단을 받지 않았다는 점을 깨닫는다. 그리고 마침내 내가 꿈꾸고 있었다는 사실을 아는 유일한 길은 잠에서 깨어나는 것임을 깨닫는다.

여기서 여러분에게 일깨워주고 싶은 점은, 여러분도 이런 놀라운 현현의 힘을 내면에 가지고 있고 이 생애의 3분의 1을 차지하는 시간 동안 매일 밤 꼬박꼬박 이 힘을 사용한다는 사실이다. 깨어 있는 나머지 3분의 2의 시간도 꿈이라고 여기고, 이것이 꿈임을 일깨워줄 유일한 방법은 잠에서 깨는 것뿐임을 깨닫기 바란다. 그저 의식 상태를 바꿈으로써 시간과 거리의 제약을 뛰어넘는 새로운 의식 상태로 깨어나라. 이 새롭게 깨어난 의식 상태에서는 소원이 이루어진 삶을 살게 해줄 생각과 느낌의 힘을 잘 알고 신뢰한다.

깨어 있는 동안 여러분이 생겨난 곳인 존재의 근원과 조화를 이루기 바란다. 최상위 자아, 즉 신처럼 생각하는 연습을 하라. 이전 책인 『오래된 나를 떠나라』에서 지적했듯이 우리의 의도나 계획이 근원적 영혼과 조화를 이루며 진동할 때 우리는 원하는 바를 끌어오고 이루어주는 신성한 영혼과 동조하는 셈이다. 자신의 신성한 본질을 에고의 생각으로 대체하지 않는 한, 우리는 근원적 영혼과 같은 힘을 지니고 있다. 에고의 생각이란 본질적으로 마음속에서 거짓 자아가 두서없이 떠드는 것에 가까우니 말이다.

깨어 있는 동안 '나는 곧 나'라는 여러분의 진정한 본질을 끊임없이 상기하라. 단일한 우주적 잠재의식은 그 자신만이 아는 방법으로 창조한다는 사실을 기억하라. 이것은 위대한 신비다. 여러분은 그 신비 안에서 사는 법을 배우는 한편 우리가 원하는 삶을 실현해줄 마음과 느낌의 힘을 온전히 사용하기 위해 온갖 노력을 쏟으면서 충분한 사랑 안에 머물라. 신비 안에서의 삶에 대해 에리히 프롬은 이렇게 적었다. "우리는 자신의 이해에 한계가 있다는 명백한 증거에 직면하기보다는 이치에 맞지 않는 꿈이라고 비난하는 쪽을 택한다."

우리는 잠재의식이 어떻게 작용할지 신경 쓸 필요가 없다. 우리가 언제나 존재의 근원과 연결되어 있다는 점 그리고 우리와 신이 진정으로 하나라는 점만 알면 된다. 애벌레가 나비로 변하는 법을 어떻게 알며 뇌의 도움 없이 수천 킬로미터를 어떻게 이동하는지 어떤 과학자도 말해줄 수 없듯이, 그저 우리도 위대한 삶과 죽음의 불가사의를 받아들이는 동시에 만물의 창조적 근원이라는 이 놀라운 존재와 최대한 가까이에서 조화를 이루어야 한다. 그 과정을 모두 이해할 필요는 없다. 우리는 그저 에고에 지배되는 사람이 아니라 신을 깨달은 존재에게 어울리는 습관을 길러달라고 잠재의식에게 메시지를 보내면서 사랑 안에 머물면 된다.

레바논의 시인 칼릴 지브란은 명저인 『예언자』에서 이런 견해를 펼쳤다. "꿈을 믿어라, 그 안에는 영원으로 통하는 문이 숨겨져 있나니." 나는 여러분이 이 시인의 조언에 따라 꿈꾸는 상태에서 새롭고 영원한 자신을 발견하기를 바라며, 자신의 그 거룩한 위대함을 결코 잊지 말라고 권하고 싶다.

잠재의식과 창조적으로 협력하기 위한 실천 전략

• 밤마다 잠자리에 누웠을 때 마음속에 마지막으로 품은 생각이 잠재의식에 네 시간까지 남는다는 점을 기억하라. 이 네 시간 동안 메시지를 입력받는 과정은 무의식으로 들어가기 전 아주 잠깐 동안의 묵상으로 시작된다. 기도문이나 주문처럼 자신을 일깨워줄 수 있는 글귀를 써서 잠자리 곁에 두라. 편안한 마음으로 그 글을 쓰고 읽어보라. "나는 이 시간에 내 삶으로 불러들이고자 하는 것에 대해 생각해볼 것이다." 이것을 잠자리 곁에 두고 밤마다 잠들기 전의 시간을 어떻게 써야 하는지 상기하라.

•• 세인트 저메인의 『아이엠 담론』에서 따온 인용문을 다시 써서 날마다 잠들기 전에 적어도 세 번씩 반복해서 말하라. 여기에는 여러분이 최고로 위대한 명령을 보내고 있다는 내용이 담겨 있어야 한다. "나는 다스리는 존재로서 완전한 신성의 질서를 다스리며, 조화와 행복 그리고 신의 풍요가 나의 마음, 가정, 세계 속에 존재하라고 명령한다."[7] 이 든든한 힘을 몸으로 느낄 수 있도록 진지하게 노력하라.

••• 잠들기 전에 걱정, 괴로움, 두려움 등에 시달린다면 그대로 누워 있어서는 안 된다. 일어나서 불을 켜고 심호흡을 몇 번 한 뒤에 영적인 글귀를 읽고 하얀 촛불 앞에서 잠시 명상하면서 기도하라. 그 자

리에 누워 있는 것만 빼고 뭐든 다른 행동을 하라. 포근한 잠자리에 있는 동안에는 이런 맹공격에서 자신을 지킬 수가 없다. 다시 자리 갔을 때 이런 괴로운 감정이 또 느껴진다면 다시 일어나서 불을 켜고 뭐든 다른 일을 해보라. 드디어 잠자리에서 평화로운 기분을 느낄 수 있다면 첫 번째, 두 번째 제안에 써둔 '나는 ~이다'라는 메시지를 반복하라. 그런 후 '귀를 열고 지시를 봉인할' 준비를 하고 잠에 빠져들면 된다.

확신하는 대로 살기 위한 7가지 질문

> 더 높은 차원으로 돌아와 우주의 대양에 다시 한 번 뛰어들어라.
> …… 사람들은 사소하고 자세한 곳에서 빛을 발견하리라 생각하고, 자신이 찾는 명확함이 그곳에 있으리라고 생각하지만 그것은 허상이다. 모호하고 흐릿한 곳에서 훨씬 많은 빛을 발견하게 될 것이다.
> …… 인간의 영혼은 광대함을 원한다.
> 오직 광대함 속에서만 행복할 수 있고 마음껏 숨을 쉴 수 있다.
> - 옴람 미카엘 아이반호프

이 마지막 장은 우리의 영혼이 추구하는 광대함을 성취하는 데 도움을 줄 것이다. 이 장은 여러분이 소원을 이루는 삶을 시작하면서 깊이 생각하고 탐구해야 할 일곱 개의 질문으로 구성되어 있다. 이 질문들은 앞의 1~8장을 토대로 작성한 것이다.

내 견해나 제안과 마찬가지로 이 질문들의 중요도에는 특별히 차이가 없다. 이 질문들은 책을 끝까지 읽은 여러분의 의식 속에 '모든 것이 가능하다'라는 강한 기운이 맴돌기를 기대하며 쓰였다. 일단 이 신성한 의식 속에서 살기로 결정하면 여러분의 삶에는 이 불가사의한 존재에게 감사하며 기적을 믿는 분위기가 자리 잡을 것이다. 신을 깨달은 여러분의 모든 소원은 정말로 이루어질 것이다.

질문 1_ 자연스러운 느낌이 드는가?

어떠어떠한 사람이 되고 싶다는 소원을 비롯하여, 우리가 정말로 이런 소원을 성공적으로 이루어 삶에 끌어올 수 있는지 의심이 들 때가 있을 것이다. 앞의 내용과 모순되는 말처럼 들린다는 것은 나도 알지만, 이 질문은 '단지 소원이 이루어진 느낌을 몸속에 받아들이는 것만으로 자기가 되고 싶은 존재가 될 수 있다는 생각은 터무니없다'라고 믿도록 과하게 훈련받은 에고의 관점에서 다루어보려고 한다.

네빌은 다음과 같은 말로 우리에게 이러한 파괴적인 영향에 대해 알려준다.

> 가정이 현실이 될 때까지, 즉 소원이 이루어질 때까지 걸리는 시간은 되고 싶은 존재가 이미 되었다거나 갖고 싶은 대상을 이미 가졌다는 느낌이 여러분에게 얼마나 자연스러운지에 직접적으로 비례한다.
> 되고 싶은 사람이 되었다고 상상할 때 그 느낌이 자연스럽지 않다면 그것이 바로 실패의 원인이다. 여러분이 얼마나 머리로 충실하게 법칙을 따랐는지, 어떤 소원인지에 상관없이 되고 싶은 존재에 대해 자연스러운 느낌을 느끼지 못한다면 그 존재가 되지 못할 것이다.[1]

실현하고자 하는 대상에 대해 생각해보라. 그리고 상상을 사용하여 그 상태가 어떤 느낌일지 몸으로 느껴보라. 자연스러운 느낌이 드는가? 다시 말해 여러분이 되고 싶어하는 사람이 바로 자신이라는 느낌이 드는가? 여러분이 거의 평생 아픈 상태로 살다가 건강한 몸의 느낌을 받아들이려고 한다고 치자. 자신이 완벽하게 건강한 상태라고 여기는 것이 자연스럽게 느껴지는가? 신과 상상이 여러분과 함께 있다면 모든 일이 가능하다고 느끼는가? 여러분이 과체중이거나 중독 상태이거나 가난하거나 희생되었거나 불운하거나 약하거나 혹은 완벽한 행복과 어울리지 않는 어떤 상태라면 새롭게 상상한 이상적인 자신의 모습이 되었다는 느낌을 받아들이는 것이 자연스럽게 느껴지는가?

자신이 풍요, 건강, 행복을 누릴 자격이 있다고 느끼는가? 만약 자연스럽지 못한 느낌이 든다면 여러분은 네빌의 방식을 따라야 한다. "반드시 필요한 느낌인 자연스러움을 느끼려면 의식을 끈질기게 상상으로 채워야 한다. 되고 싶은 사람이 되었거나 갖고 싶은 대상을 가진 자신의 모습을 상상하라."[2]

절대로 자신에게 자연스럽게 느껴지지 않는 것을 소원하는 경우도 있다는 사실을 인정하기는 어렵지 않다. 이런 생각은 최근 국영방송과 인터뷰하면서 떠오른 것이다. 인터뷰 진행자는 이렇게 물었다. "다이어 박사님, 그럼 박사님이 권해주시는 대로 모두 따르고 가정의 법칙을 글자 하나까지 전부 그대로 실행하면 저도 뉴욕 자이언츠 팀의 수비수가 될 수 있나요?" 그 사람은 키가 170센티미터 정도에 몸무게는 68킬로그램쯤 되는 듯했다. 프로 미식축구 팀의 선수가 되었다고 상상하기에는 다소 아담한 체격이었다.

　내가 물었다. "자이언츠에서 그런 포지션을 맡아서 경기를 하고 있는 것이 자연스럽게 느껴지나요?" 그는 곧바로 대답했다. "전혀 아니죠." 그래서 나는 '가정이 현실이 될 때까지 걸리는 시간은 그것이 현실이라고 생각할 때의 자연스러운 느낌에 비례한다'는 사실을 일깨워주었다.

　내 생각에 인터뷰 진행자는 그 가정을 실현하는 데 실패할 수밖에 없었을 것이다. 하지만 나는 거인들이 수두룩한 프로 농구팀에서 키가 170센티미터 정도인 선수들을 본 적이 있다. 그 사람들은 올스타 수준의 경기를 펼칠 수 있을 뿐만 아니라 덩크슛을 할 정도로 높이 뛰어오를 수 있었다. 인터뷰에서 그들은 주저하지 않고 말했다. "저에게는 자연스럽게 느껴져요. 아무도 그런 일을 상상할 수 없다고 해도요."

　이 '아무도'에는 여러분도 해당된다. 사실 부자연스럽게 느껴지는 것을 갈망하는 경우는 드물기 때문이다. 건강하고, 부유하고, 행복하고, 성공적이고, 강하고, 지적인 사람이 된 자신의 모습이 부자연스럽게 느껴진다면, 끈질기게 상상하고 주관적 주의를 이용해서 그 느낌을 꼭 붙잡아둠으로써 자연스러움을 느낄 수 있을 것이다.

　지금까지 내 인생에서는 풍요를 성취하고, 몸을 치유하고, 자신감을 가르치고, 그저 행복해지는 것이 자연스럽게 느껴졌다. 내가 교사였을 때 사람들은 대부분 이렇게 말했다(그리고 요즘도 이런 이야기를 듣는다). "학교 선생님은 돈을 많이 벌 수가 없어. 어쨌든 월급이 적은 직업이잖아." 하지만 돈을 많이 버는 것은 나에게는 항상 자연스러운 일로 보였다.

교사였을 때 나는 야간 학교에서 보충수업을 했고, 여름마다 수업을 했으며, 운전자 교육 사업을 시작했다. 또 월요일 밤마다 사례금을 받고 공개 강연을 했고, 정부 보조금을 받는 방법에 대해 상담해 주었으며, 개인지도 사업을 시작했고, 책을 썼으며, 월급을 많이 받기 위해 추가로 학점을 따는 등 여러 일을 했다. 결국 나에게 자연스럽게 느껴졌기 때문에 나는 교육자를 아주 수익성이 뛰어난 직업으로 만들었다. 한때는 교사로서 교실이라는 한정된 곳에 묶여 있었다. 지금도 나는 교사지만 전 세계가 교실이 되었을 뿐이다.

여러분이 세상에 실현하고 싶은 것이 무엇이든 두려워하지 말고 상상 속에 넣어라. 그런 후에는 그 소원이 이루어진 느낌을 받아들이고, 어떻게 해서든지 자연스럽게 느껴지도록 하라.

오늘날 자기 삶을 향상시켜서 미국 대통령까지 된 사람이 있다. 다문화가정에서 태어나 한때 이슬람 국가에서 자랐으며 이름까지 버락 후세인 오바마인 그의 인생이 사회에서 차지했던 위치를 보면 사실 누구든 그 소년의 야심은 부자연스럽다고 간단히 말했을 것이다. 하지만 그는 상황을 그렇게 보지 않았고 여러분도 그래서는 안 된다.

가장 원대한 꿈을 상상 속에서 정당하고 자연스러운 위치로 옮기고, 랠프 월도 에머슨의 조언을 따라라. "그러니, 자기만의 세계를 건설하라. 최대한 빨리 당신의 삶을 마음속의 순수한 생각과 일치시킨다면 그 위대한 세계가 펼쳐질 것이다."

우리에게 꿈을 실현하고 물리적 현실로 만드는 능력이 없었다면 마찬가지로 꿈을 꾸는 능력도 주어지지 않았을 것이다. 나는 오랫동안 이 사실을 알고 굳게 믿어왔다. 여기서 에머슨의 이 구절 또한 곱씹어볼 만하다. "모든 영혼은 자기를 위해 집을 짓는다. 그리고 그 집 너머에는 세상을, 세상 너머에는 천국을 짓는다. 그때 세상이 당신을 위해 존재함을 알라. 당신에게 그 현상은 완벽하다. 우리가 누구인지, 우리는 그것만을 볼 수 있을 뿐이다."

질문 2_ 아이앰 존재에게 당당히 명령을 내리는가?

최상위 자아를 대할 때는 완곡한 표현을 사용하거나 비굴해질 필요가 전혀 없다. 우리는 신이다. 모든 사람과 사물보다 우월한 에고 지향적 신이 아니라 신약에서 이야기하는 신이다. 이를테면 "사랑하지 않는 사람은 하느님을 알지 못합니다. 하느님은 사랑이시기 때문입니다(「요한일서」 4장 8절)", "우리는 하느님께로부터 왔습니다(「요한일서」 4장 6절)"에서 말하는 신이다. 그러므로 사랑의 상태에 머무는 한 우리는 신이 틀림없다. "사랑하는 사람은 누구나 하느님께로부터 났으며 하느님을 압니다(「요한일서」 4장 7절)." 『성경』에 신의 속성이 더할 나위 없이 명확히 그려져 있지만, 아마도 여러분이 자라면서 들어본 신의 개념이 아닐 것이다.

아이앰 존재를 늘 우리 주변에 있고 우리 내면에 거하는 보이지 않는 에너지라고 여겨라. 이 아이앰 존재는 우리에게 속한 존재로서, 적절해 보이는 곳에 사용할 수 있다. 보거나 닿지 못할 만큼 저 멀리 있는 외부의 존재이거나 우리가 도와달라고 애걸해야 하는 대상도 아니다. 아이앰 존재는 바로 우리의 최상위 자아다. 우리 자신과 온 인류의 가장 고상한 측면을 이 세상에 실현할 때 우리를 도우라고 주장함으로써 이 신적인 힘을 활용할 수 있다.

『아이앰 담론』에서 세인트 저메인은 아이앰 존재에 대해 이렇게 말한다. "그러므로, '나는 다스리는 존재다! 나는 이 아이앰 존재에게 나의 마음, 가정, 일, 세계를 완벽하게 다스리라고 명령한다'라고 말한다면 우리가 할 수 있는, 가장 위대한 명령을 내린 셈이다."[3] 여기서 '명령'이라는 단어에 주목하라. 이 단어는 기도나 토론을 할 때 신을 조심스럽게 다루고 모독하지 않도록 조심해야 하며 그를 두려워해야 한다고 우리에게 충고하는 가르침과 분명히 상반되는 말이다.

우리가 만물의 근원과 맺고 있는 관계에 대해 교만하게 굴라는 말은 아니다. 오히려 그런 태도는 '신은 사랑'이라는 「요한복음」의 한 구절과 모순된다. 이 두 번째 질문은 우리가 신인 까닭에 우리와 영원히 연결되어 있는 신의 힘에 협력해주기를 당당히 주장할 의지, 그리고 아이앰 존재에 대한 우리의 절대적인 신뢰에 대한 내용이다.

상상 속에서 의도를 품었다면 그것을 선언할 때 문장 끝에 물음표를 붙이지 마라. 대신 느낌표를 붙여라. "나는 이것을 나의 현실로 가져온다!" 소원이 이루어진 느낌을 이미 몸으로 받아들였고 상상 속에서 그 선언 속에 살고 있다면 이렇게 말하기는 어렵지 않다.

세인트 저메인은 이렇게 조언한다. "모든 힘을 신에게 돌려주어 그 힘이 신과 함께 있도록 하라. 그리고 우리가 무엇을 원하든 그 원하는 바를 명령하면, 우리의 명령을 이루어줄 그 힘은 즉시 우리의 손안에 들어온다."[4] 『아이앰 담론』에서 내가 가장 좋아하는 또 다른 문장은 이것이다. "당신의 신성한 자아에게 이렇게 말하라. '여기 좀 봐주세요! 나타나서 이 문제를 해결해주세요.' 신은 우리가 일을 맡겨주길 바란다. 이렇게 하면 해방된 신의 에너지와 지성, 물질이 쏟아져 나와 상황을 지휘하기 위해 흘러간다."[5]

우리의 육체가 신의 완전함과 행복 속에서 살아가게 해줄 주장에 대해 마지막으로 한 번만 더 『아이앰 담론』의 내용을 살펴보자. "우리는 몸에 대해서 무조건적인 태도를 취해야 한다. '아이앰 존재는 나의 육체를 완전히 다스리고 복종하게 한다.' 몸에 더 많은 주의를 기울일수록 주인 노릇을 하려 하고, 점점 우리에게 많은 것을 요구할 것이다."[6] 이 점을 우리에게 이해시키기 위해 세인트 저메인은 우리의 능력에 대한 격려의 말을 해준다. 우리는 지휘관 역할을 수행하는 아이앰 존재가 우리의 완전한 건강을 위해 움직이게 할 수 있다. 세인트 저메인이 하고자 하는 이야기가 바로 이 능력에 대한 것이다. "우리 몸의 완벽함에 주의를 맞춘다면 우리는 몸에서 원하는 것을 분명히 창조할 수 있다. 하지만 우리 몸의 결함이나 단점에 주의를 기울여서는 안 된다."[7]

이 내용이 거북하게 느껴진다면 자신에게 물어보기 바란다. 신적 존재에게 우리를 위해 일해달라고 명령하는 것에 위협적인 기분을 느끼는 이유가 대체 무엇이란 말인가? 여러분은 온갖 영적인 문서, 특히 『성경』, 『코란』, 『바가바드기타』, 『도덕경』 등에 기록되었듯 신이 진정한 사랑이라는 사실을 믿는가?

끈기 있게 아이앰 존재를 사용하라. 그리고 거기서 더 나아가 최상위 자아에게 끈덕지게 명령을 내려 창조의 힘을 전부 움직이게 하라. 이 창조의 힘은 이미 실현되었다고 상상했던 것을 결국 현실로 굳어지게 할 것이다. 다시 한 번 강조하건대 아이앰 존재에게 우리의 간절한 소원을 실현하라고 명령하는 것은 어느 면에서 보더라도 신성모독이나 교만이 아니다.

지금껏 자신을 철저히 낮추기만 하지 않았다면 여러분은 에고를 높이는 노력을 쏟아왔을 것이다. 그리고 이 말은 당연히 여러분이 소원을 실현하는 모든 과정에서 신을 쫓아냈다는 의미다. 소원을 실현하는 과정에서 최상위 자아에게 우리를 도우라고 주장한다는 것은 우리 자신의 의도를 절대적으로 믿고 확신한다는 뜻이다. 이것은 숨을 쉬고, 음식을 먹고 소화시키는 일상적인 행위와 비슷하다. 물론 이 모든 행위를 포함하여 무수히 많은 일상의 기적에 대해서도 깊이 감사하는 상태에 있어야 한다. 동시에 우리는 이런 모든 활동과 관련이 있는 모든 것을 요구하고 주장한다. 「창세기」에 기록된 대로 우리는 이 땅을 다스리라는 신의 명령에 따를 능력이 있다. 다스린다는 것은 강하게 주장한다는 말이다. 우리는 사랑이 우리 자신과 온 세상을 다스리기를 바랄 수 있다는 점을 항상 기억해야 한다.

현재 경험하고 있는 모든 것들과 지금 우리가 소원을 실현하고 있다는 사실 자체에 대해 깊이 감사하는 상태로 지내고, 뜻밖에 찾아오는 일들에 겸허한 태도를 지켜라. 그와 동시에 존재의 영적 근원의 신성한 도움을 받아 소원을 이루는 일에서 꿋꿋한 태도를 100퍼센트 유지하라. 이제 알아보려는 세 번째 질문의 내용과 우리의 소원이 일치하는 한, 신성한 영감에 따라 새롭게 태어난 우리 자신과 함께 소원이 물체로, 환경으로, 사실로, 사건으로 굳어지고 있다는 점을 조금도 의심하지 말고 그저 알라.

질문 3_ 내가 원하는 것은 최상위 자아와 일치하는가?

이 원칙은 우리에게 어떤 가능성에 공감할지 선택하게 하고, 또 이 책에서 내내 강조했듯이 소원이 이미 이루어진 것처럼 살게 한다. 만약 우리가 신을 깨달은 우리의 최상위 자아와 맞지 않는 소원을 상상에 포함했다면 우리는 좌절로 몸이 굳어버렸을 것이다. 신은 사랑이다. 어떤 식으로든 우리의 소원이 '신은 사랑'이라는 이 주문에서 벗어난 상태라면 우리는 당혹스러운 기분을 느낄 것이고, 성공하지 못할 것이다.

신이 하나라면 그 신은 나누어질 수 없다. 우리의 소원이 다른 사람과의 갈등과 관련이 있다면 우리는 상상의 그림 속에 두 가지를 품고 있는 셈이다. 하나는 우리 자신이고, 다른 하나는 우리의 소원이 이루어졌을 때 해를 입을 수도 있는 사람들이다. 신은 우리의 최상위 자아이자 사랑 그 자체로서, 오직 일체성(하나됨)이고 그 신 안에서 만물이 연결되어 있다. 이러한 신은 우리가 상상 속으로 가져온 둘로 나뉜 소원을 인식조차 하지 못한다. 누군가에게 해를 입힐 소원을 신이 받아들였다면 그 신은 신이 아닐 뿐더러 신일 수가 없다. 하나됨 그 자체인 존재가 둘(갈등을 일으킬 때 필요한)을 받아들이고도 어떻게 신이라고 할 수 있겠는가?

우리가 타인에게 해를 줄 잠재적 위험을 안고 있거나 이기적인 의식 상태에서 소원을 실현하려고 할 때는 이런 일이 일어난다. 우선 우리는 에고를 불러낸다. 에고의 관심은 이기고, 제압하고, 우월함을 느끼기 위해 뭔가를 모으고, 아부나 인정을 받기 위해 무언가를 성취하고, 지위를 올리는 것 등에 있다. 그리고 다시 말하지만 에고는 신을 쫓아낸다. 이에 대한 네빌의 견해는 아주 탁월하다. "우리는 원하는 것을 자신의 내면 깊은 곳에서 끌어오지 않고 항상 현재의 상태에서 끌어온다. 우리는 자신이 어떤 사람인지 느끼는 바로 그대로이며, 마찬가지로 다른 사람들도 우리를 그렇게 본다."[8] 그러므로 소원을 실현하는 이 과정의 비결은, 바라던 존재가 되었다거나 바라던 것을 이미 가지고 있는 자신의 모습을 느끼고 또 그 모든 것을 사랑의 마음으로 감싸 안는 것이다.

어떻게든 상상 속에 부유한 삶에 대한 생각을 넣어라. 하지만 멋진 시계, 고급스러운 자동차, 쏟아져 들어오는 현금, 대궐 같은 집 등 사람들 가운데서 자신의 위치를 높이려는 목적으로 무언가를 소원하는 것은 신을 깨달은 존재의 관점이 결코 아님을 암시한다. 이런 것들은 곧바로 갈등과 연결된다. 여러분 자신 그리고 여러분이 어떤 식으로든 우월해져서 그 인상을 남기고자 하는 상대방의 두 가지 입장이 생기기 때문이다. 존재의 근원과 조화를 이룬 상태로 머문다는 말은, 소유물의 금전적 가치와 상관없이 한 사람이 다른 사람보다 낫다고 할 수 없다는 뜻이다.

이 세 번째 질문은 우리가 만물의 창조적 근원을 사랑하고 그에게 사랑받느냐를 묻는 질문이다. 여러분은 에고의 요구를 달래는 데 관심이 없는 상태로, 사랑하는 마음에서 나온 소원을 요청하고, 그 소원이 이미 현재의 사실인 것처럼 느끼며, 만물의 우주적 근원이 제공해주는 것을 받기로 할 수 있는가?

여러분이 무언가를 요구하고 주장하는 스타일이라면 순수한 사랑의 입장에서 그렇게 하라. 사랑의 이름으로 무언가를 기꺼이 주어라. 그 순수하게 겸허한 상태에 머물라. 자신의 몸을 정화하고 질병 없이 완벽하게 건강한 상태에서 살고 싶다면 몸을 통해 사랑의 느낌을 받아들이고 그 건강이 자신의 현실인 것처럼 살아라. 다른 사람들에게 보여주고 인상을 남기고 싶어서, 혹은 우리가 남들보다 특별하다는 특권을 누리기 위해서가 아니라 행복한 상태라는 것에 겸허하게 감사하기 위해서 소원하라.

언젠가 아인슈타인은 자신이 하고 싶은 일은 신처럼 생각하는 법을 배우는 일뿐이라고 말했다. 이 말은 타인에게 봉사하고, 사랑 그 자체가 되고, 주었던 만큼 요구하지 않고, 달리 말하자면 그저 사랑이 되어 모든 것을 아우르려는 소원을 실현하며 살아간다는 뜻이다.

에고를 상상의 그림에서 내보내고, 네빌이 표현했듯이 여러분이 원하는 것을 '자신의 내면 깊은 곳에서' 끌어오라. '내면 깊은 곳'이란 그야말로 우리의 최상위 자아이자 신이다. 예수의 말처럼 우리 자신인 신, 우리의 본질이자 가장 깊은 자아인 신을 깊은 내면에서 끌어당겨 우리의 상상을 채우게 하라. 그리고 여러분 자신이 만물을 창조하는 유일한 근원과 일치하고 있음을 알아라.

여러분의 신성과 일치하는 확신의 힘을 키우는 과정이 물리적 세계에 나타나는 것을 보게 되면 신처럼 생각하고, 돌려받으려는 기대 없이 다른 사람들과 아낌없이 나누며, 아직 나타나지 않은 것에도 감사하라. 여러분의 의도를 상상 속에 넣고 그 의도가 이루어진 느낌을 받아들이되 사랑이라는 이름의 신이 들고 있는 거대한 우산 바깥에 있는 것을 요구하지 마라.

「누가복음」에 기록된 예수의 말은 내가 여기서 말한 내용을 요약해서 보여준다.

너희가 만일 자기를 사랑하는 사람만 사랑한다면 칭찬받을 것이 무엇이겠느냐? 죄인들도 자기를 사랑하는 사람은 사랑한다. 너희가 만일 자기한테 잘해주는 사람에게만 잘해준다면 칭찬받을 것이 무엇이겠느냐? 죄인들도 그만큼은 한다. 너희가 만일 되받을 가망이 있는 사람에게만 꾸어준다면 칭찬받을 것이 무엇이겠느냐? 죄인들도 고스란히 되받을 것을 알면 서로 꾸어준다. 그러나 너희는 원수를 사랑하고 남에게 좋은 일을 주어라. 그리고 되받을 생각을 말고 꾸어주어라. 그러면 너희가 받을 상이 클 것이며 너희는 지극히 높으신 분의 자녀가 될 것이다. 그분은 은혜를 모르는 자들과 악한 자들에게도 인자하시다. 그러니 너희 아버지께서 자비로우신 것같이 너희도 자비로운 사람이 되어라.

_「누가복음」 6장 32~36절

이보다 6세기 정도 앞서 쓰인 『도덕경』도 이와 비슷한 내용으로 우리를 일깨워준다. 위대한 현자는 친절한 이를 친절하게 대하고 불친절한 이도 친절하게 대한다. 친절이 그의 본성이기 때문이다.

겸손을 연마하고 에고의 접근을 막으며 자신의 소원이 위의 인용문의 메시지와 조화를 이루게 할 수 있다면, "우리는 원하는 것을 자신의 내면 깊은 곳에서 끌어오지 않고 항상 현재의 상태에서 끌어온다"라는 네빌의 말에 담긴 진리를 알게 될 것이다. 여기서 핵심은 '자신의 내면 깊은 곳'이라는 말이다. 이것은 우리의 최상위 자아를 가리킨다. 이제 여러분은 이어지는 네 번째 질문의 중요성을 깨닫게 될 것이다.

질문 4_ 나는 판단, 비판, 비난에서 자유로운가?

몇 달 전의 일이다. 무언가를 삶으로 끌어들이려고 했던 나의 시도가 만물을 창조하는 신의 힘에 닿지 못한 것 같았다. 그래서 조급한 마음이 든 것은 아니었다. 나는 이 일을 통해 모든 것은 신성한 시간에 알맞게 도착하며, 내 소원이 언제 이루어져야 한다고 말하는 것은 에고의 몫이 아니라는 점을 마음속 깊이 알게 되었다. 나는 『기적수업』(심리학 교수인 헬렌 슈크만이 7년 동안 내면의 음성을 받아 적었다는 책으로 영성 분야에 큰 영향을 미침-옮긴이)에 쓰인 "무한한 인내심은 즉각적인 결과를 낳는다"라는 말을 완전히 이해하고 받아들이게 되었다. 즉각적인 결과란 내가 신성을 믿으면서 느끼는 내면의 평화이고, 무한한 인내심은 순수한 믿음을 다른 방식으로 표현한 말이다.

요컨대 나는 내면의 만족에 요만큼도 가까이 가지 못하고 있었다. 사실 이 앞의 여덟 장에 걸쳐 소개한 모든 단계를 실행하고 있었음에도 불구하고, 이루어지길 바라는 소원에 집중할수록 더 불안하고, 슬프고, 걱정되고, 불만스러워졌고, 심지어 약간 화가 나기도 했다. 그저 안 되는 것처럼 보였다.

그러던 어느 날 나는 몇 번째인지 모를 정도로 수없이 읽은 『아이 앰 담론』의 3권을 다시 읽고 있었다. 황금빛 종이로 감싸여 요가 학원에 맡겨져 있던 이 작은 책은 내가 지금 쓰고 있는 이 책의 탄생에 영향을 미쳤다. 이때 나의 가장 중요한 소원을 이루는 문제에 관해서 내가 왜 그토록 조화롭지 못한 느낌을 몸으로 경험하고 있었는지 깨닫게 해주는 어떤 생각이 떠올랐다.

수련자들은 자신의 인간적 자아를 끊임없이 들여다보고 어떤 창조의 습관을 뽑아내 버려야 할지 알아야 한다. 판단하고, 비난하고,

비판하는 습관을 더 이상 허용하지 않는 것만으로도 자유로워질 수 있다. 수련자의 진정한 활동은 오직 자신의 세계를 완벽하게 만드는 것뿐인데, 신의 다른 자녀의 세계에서 불완전함을 보는 한 그렇게 할 수가 없다.⁹

이 문단을 읽으면서 마치 얼굴에 찬물이 한 바가지 끼얹어진 느낌이었다. 이 특정한 소원이 이루어지지 않은 까닭에 내 삶을 뒤흔들었던 혼수상태에서 큰 충격을 받고 빠져나온 것 같았다. 나는 그동안 상상을 이용해 내가 원하는 바를 생생한 그림으로 만들고, 그런 마음 상태에서 사는 연습을 했으며, 소원이 이루어진 느낌을 받아들였고, 목표가 나의 내면세계에 살아 있도록 주관적 주의를 이용해서 꼭 붙잡았으며, 잠재의식이 가장 편하게 활동하는 잠의 무의식 상태로 들어가기 전에 마지막 몇 분을 활용해서 이루고자 하는 소원을 매일 밤 되뇌고 또 되뇌었다.

그렇게 하는 내내 나는 신의 다른 자녀들에게서 불완전함을 보기도 했다. 좋은 뜻으로 비판을 하기도 했고, 그리 좋지만은 않은 뜻으로 비난을 하기도 했다. 그런 판단 때문에 영적 시각화와 의도는 뒷전으로 밀려나는 경우도 많았다. 나는 신의 자녀 한 명 한 명이 저마다 자신만의 일을 하고 있으며, 우리 존재의 근원이 그들을 사랑하듯 나도 그들 모두를 사랑해야 한다는 점을 배워야 했다. 판단하지 않고, 비판하지 않고, 비난하지 않고.

최상위 존재에게 의지하며 살아가는 사랑의 존재가 되려고 한다면, 내 안에 사랑이 가득해야 하고 나눠줄 것이 오직 사랑뿐이어야 한다. 내가 사랑하는 사람이 나의 에고가 그리 좋아하지 않을 존재가 되기로 한다면, 이 책에서 반복해서 이야기했듯 나의 최상위 자아이자 사랑 그 자체인 신의 요소들을 그에게 보내야 한다.

나의 인간적인 자아가 얼마나 올바르고 도덕적인지와는 상관없이 다른 사람의 생각, 감정, 행동에 대한 비판과 비난은 신을 깨닫고 실현하는 데서 한 걸음 멀어지는 길이다. 그리고 소원이 내 존재의 근원과 일치하기만 한다면 나의 소원들을 이루게 해주는 것은 신-의식(God-consciousness)이다.

내가 왜 신의 다른 자녀들을 판단하고 비난해야 하는지, 또 왜 내가 옳은지 줄줄이 써서 아주 긴 목록을 만들 수도 있다. 하지만 나의 세상을 완벽하게 만들고 싶다면(물론 그렇게 하고 싶다) 이런 판단을 사랑으로 대체하거나 소원이 이루어지지 않은 결과를 받아들여야 한다.

나는 파탄잘리(힌두교의 정통 육파철학 중 요가학파의 창시자로 『요가수트라』의 저자-옮긴이)의 가르침을 수년간 연구했는데, 그가 몇천 년 전 우리에게 일깨워준 내용은 이런 것이다. 우리가 꿋꿋한 태도를 취할 때, 즉 타인을 향한 해로운 생각을 성공적으로 자제할 때 모든 생물체는 우리 존재에 대해 적대감을 느끼지 않게 된다고 한다. 알다시피 여러분과 나, 우리 모두 사람이다. 그래서 가끔은 최상위 자아에서 멀어져 판단, 비판, 비난으로 빠져들 때가 있지만, 그렇다고 그런 행위가 정당화되는 것은 아니다.

내가 여러분에게 말할 수 있는 것은 이것뿐이다. 내가 마침내 파탄잘리의 가르침과 같은 진리를 깨닫고 나서 지금껏 판단하고 비판해 왔던 신의 다른 자녀들에게 오직 사랑만을 보냈을 때 내면의 만족이라는 즉각적인 결과가 나타났고 내 소원도 확실히 이루어졌다. 여러분에게 권하는 바는, 다른 사람들이 우리의 기쁨과 행복을 방해한다고 느낄 때는 판단하고 비판하는 대신 사랑을 보내고 사랑으로 그들을 감싸주라. 파탄잘리의 가르침대로 꿋꿋한 태도를 지킬 때, 즉 우리가 세상을 보는 방식을 바꿀 때 세상이 정말로 바뀐다는 사실에 주목하기 바란다.

질문 5_ 내 기도가 이미 실현된 것처럼 기도하는가?

내가 일생 동안 접해왔던 전통적인 기도법은 뭔가를 요청하고는 우리 외부의 신이 우리의 바람에 응답해주기를 기대하는 방식이었다.

나의 가까운 친구이자 동료이고, 나와 마찬가지로 네빌 연구자이자 추종자인 그렉 브레이든(Gregg Braden)은 그의 예리한 시각을 담은 『이사야 효과(The Isaiah Effect)』에 이렇게 적었다.

> 우리는 기도의 결과가 일어나게 해달라고 요청하는 대신 우리가 창조 행위에서 능동적인 역할을 맡고 있음을 인정하고 우리 스스로 창조했다고 확신하는 것들에게 감사한다. 즉각적인 결과를 보든 보지 못하든, 우리의 감사하는 마음은 창조 과정 어디쯤에선가 우

리의 기도가 이미 이루어졌다는 점을 인정하는 것이다.

여기서 기도란 우리가 자주 접해본 '구하라, 그리하면 얻으리라'와 같은 종류의 기도와 반대되는 듯하다. 다소 생소하게 느껴질 수도 있지만, 영적으로 신과 동조하는 소원을 이루는 과정에서 우리의 신성한 역할을 인정하는 것은 매우 중요하다.

우리가 신성한 기도로 들어갈 때 이상 또는 비전은 우리의 상상 속에 있다. 그리고 이 비전은 매우 강력해서 몸속에서 이미 그 성취를 느낄 수 있다. 다시 한 번 네빌의 말을 인용해보자. "우리가 소원을 이미 성취된 사실로 받아들이는 순간 잠재의식은 그 소원을 실현할 방법을 찾는다. 그러므로 기도에 성공하기 위해서는 그 소원에 따라야 한다. 즉 소원이 이루어졌다고 느껴야 한다."[10]

창조의 전 과정에서 한 부분을 맡은 신의 일부로서, 우리는 매우 사적이고 은밀한 기도 시간에 능동적인 참여자가 된다. 감각과 그 감각의 증거를 모두 차단해보라. 기도할 때 우리는 틀림없이 감각이 부정할 만한 느낌을 경험하려 할 것이기 때문이다. 내가 어떻게 기도하는지를 들으면 도움이 될 것이다.

나는 기도할 때마다 나의 소원을 강요하려 하거나 신이 모든 상황을 장악하고 내 명령을 실행해주기를 바라기보다는 나를 위한 소원, 내가 사랑하는 사람들을 위한 소원, 그리고 전 지구와 그 거주자들을 위한 소원에 따른다. 나는 마음속에서 내 소원들이 성취되는 것을 보고 그 느낌을 몸으로 음미한다. 또 깊이 감사하는 상태를 유지

한다. 나는 기도할 때 힘들게 노력하지 않는다. 그보다는 기도가 이미 성취된 사실임을 느낀다.

그런 후에는 나의 감각과 나를 둘러싼 모든 것들이 그렇지 않다는 증거를 내보이더라도 내가 기도하는 것이 나의 진실인 것처럼 행동한다. 나는 기도할 때 특별한 부탁을 하지 않는다. 에고가 만들어낸 신, 즉 모든 사람을 치유할 능력이 있으면서도 우리에게 뭔가를 바라기 때문에 그런 호의를 베풀지 않는 편파적인 신을 믿지 않기 때문이다. 나는 창조가 이루어지는 전 과정의 일부다. 또한 나는 신성한 의식이며, 이 사실을 결코 잊지 않는다. 나는 나 자신이 창조되어 나온 근원과 의식적으로 접촉할 수 있음을 안다. 따라서 에고가 만들어낸 신을 모욕할까 봐 염려할 필요가 없다.

『아이엠 담론』에서 세인트 저메인은 이렇게 말한다. "수련자들에게 진정으로 밀하노니, 어떤 자질이나 속성을 요청하지 않고서는 그런 자질과 속성을 얻을 길은 없다."[11] 이 말을 마음에 품고서 나는 내가 살면서 알게 된 모든 사람들의 평화, 건강, 행복, 기쁨, 풍요를 요청하고, 나와 인류와 전 세계를 위해서는 평화와 만족을 요청한다. 또 이 모든 일에서 나의 불가사의한 역할에 대해 감사하고 잠재의식에게 이 메시지를 입력하면서 감사함을 몸으로 느낀다. 신성한 기도 시간이 끝나면 이 느낌을 내면에 품고서 무엇이든 하러 다닌다. 감각이 전해주는 느낌 때문에 낙담하지 않는다. 기도가 성취될 때까지 걸릴 시간과 타이밍에 대한 생각은 모두 남겨둔다. 나의 진정한 정체성인 아이엠 존재가 알아서 해줄 것을 믿기 때문이다.

밤에 가끔 기도와 관련된 시각화를 할 때도 있다. 나는 아는 사람들의 얼굴을 모두 마음속에 그려본다. 세상을 떠난 사람, 매체에서 봤지만 만난 적은 없는 사람, 어렸을 때 알던 사람들의 얼굴을 그리고 이 사람들을 사랑으로 감싼다. 나는 그 사랑을 보고, 그 사람들과 나 자신을 위해 그 사랑을 느껴본다. 이렇게 함으로써 아이앰 존재를 불러내는 셈이다.

다음은 『아이앰 담론』의 가르침이다. "바람직하지 않은 존재는 밖으로 나가고 '아이앰 존재'가 들어온다. 그러면 여러분은 자신이 정말로 새로운 세상에 들어왔음을 알게 된다. 이 새로운 세상이란 여러분의 마음속 어딘가에 항상 있음을 알고 있었던 행복과 완벽함으로 가득한 세상이다."[12] 나에게 이것은 기도다. 이런 기도의 순간이 지나고 그 상태에서 빠져나오면 마치 해피엔딩으로 끝나는 영화를 한 편 감상한 느낌이다. 어떻게 해피엔딩에 이르렀는지 자세히 보지는 못했을지라도.

이것은 기도의 위대한 힘일 뿐만 아니라 소원을 이루는 삶의 힘이기도 하다. 에고도, 강요도, 특권도 없다. 우리의 기도 내용이 항상 최상위 자아와 조화를 이루고 이미 완성된 사실임을 받아들일 때 그 힘이 우리 안에 있다는 것을 그저 의식할 뿐이다. 우리 한 명 한 명은 모두 이 창조의 춤에 함께하고 있다.

질문 6_ 내 마음은 무한한 가능성에 열려 있는가?

우리는 모든 존재를 아우르는 무한한 우주에 살고 있다. 이곳은 무한하므로 이 밖에서는 아무 일도 일어날 수 없다. 이 장(field) 안에서 일어나는 모든 일은 전적으로 그 자신에게 영향을 받으므로 우연이란 없다. 이 책의 서두에서 언급했듯 의식의 장 안에서 우리는 신의 단편으로, 전지전능하고 어디에나 있을 수 있다. "하느님께서는 무슨 일이든 하실 수 있다." 이 말이 '할 수 있는' 일에 단 하나의 예외도 없다는 의미라면 엄청나게 신나는 일이다.

이런 관점에서 본다면, 우리의 소원이 이 단일한 우주의 신적인 힘과 조화를 이룰 때 기적은 일상이 된다. 우리의 지적 호기심은 이런저런 일들이 왜 일어나는지에 대한 과학적이고 구체적인 답을 얻고자 하지만, 우주는 우리의 이런 호기심이 알지 못하도록 무언가를 꾸미는 것 같다. 우리의 인지 장치가 완전히 넋이 나가 있는 동안 불가사의하고 자비로운 힘이 우리를 도와주러 오기 시작한다. 설명하기 어려운 동시적인 사건들이 좀 더 받아들이기 쉬워지면서 불가능하고 비현실적인 일이라고 배워온 일들이 나타난다.

나는 최근 삶에서 예상치 못하게 의미심장한 사건들을 겪으면서 내가 무한한 가능성에 열려 있는지를 생각해봐야 했다. 당시 나는 이 책의 내용을 연습하면서 내가 신이라는 관점에 따라 살고 있었다. 그리고 이러한 의식이 없었다면 십중팔구 받아들이지 못했을 일을 많이 경험했다. 다시 말하지만 나는 이 새로운 의식들이 나를 둘러싼 에고를 꿰뚫게 하지 못했을 것이다.

다음은 내가 한 인간으로서, 교사로서, 영적인 존재로서 이 영적인 길에서 최근에 겪었던 세 가지 개인적 경험이다.

첫 번째 개인적 경험

앞서 이야기했듯 지금까지 내 사진에는 정체를 설명할 수 없는 구체가 상당히 많이 찍혔는데, 특히 구체가 많이 찍히는 경우는 이 책의 내용을 주제로 청중 앞에서 이야기할 때다. 비슷한 경우로 이런저런 행사에서 사람들에게 둘러싸여 있을 때 사진에 구체가 나타난다. 사인회를 하고 있다든가, 아니면 그냥 사람들과 함께 사랑이 넘치고 친밀하며 열정적인 대화를 즐기고 있을 때다. 나는 이 구체가 무엇인지도 모르고, 분명 예전에는 나타난 적이 없다가 왜 지금 나타나는지도 모르겠다. 또 여기에 어떤 숨은 의미가 있는지도 모르겠다(본문 컬러 화보 참조).

나는 클라우스와 건디 하이네만의 『구체 : 임무와 희망의 메시지』라는 책을 읽어보았는데, 여러분에게도 권하고 싶다. 이 책에는 세계 전역에서 열린 다양한 행사에서 찍힌 구체 사진이 많이 실려 있고 그에 대한 해설도 들어 있다. 클라우스 하이네만은 실험물리학으로 박사 학위를 받았고 스탠퍼드 대학교에서 강의했다. 배우자인 건디 하이네만은 캘리포니아에서 존경받는 교육자다. 분명 이들은 사려 깊고 교육도 많이 받은 사람들이다. 구체 현상에 대한 이들의 의문은 충분히 근거가 있는 관점에서 시작되었다.

구체들이 내 삶에 나타나기 시작한 것은 최근 강연 중이나 강연 후 무리지어 대화를 나눌 때였다. 나는 신-의식의 여러 측면을 탐색하고 적용하며 그것에 대해 글을 씀으로써 나 자신과 다른 사람들이 신을 깨달은 의식이라는 높은 차원에서 살도록 도와주기로 결심했다. 이 결심과 동시에 구체가 나타나기 시작한 것 같다.

이 책에 실린 사진에 나타난 구체를 유심히 살펴보면 내 머리 위에 특히 큰 것이 떠 있다. 그보다 작은 구체가 방을 가득 채우는 경우도 종종 있다. 마치 그 행사에 스며든 사랑의 메시지와 기운을 이 불가사의한 빛의 구체가 바라보는 것처럼 말이다. 나는 그 정체가 뭔지, 왜 이제야 내 삶에 나타나 자신들의 존재를 알리고 있는지 아는 척하지 않겠다. 어쩌면 나의 에너지를 높여주고 메시지를 이해하기 쉽게 만들어주는 새로운 에너지가 있어서 나를 둘러싼 영적인 존재가 그 에너지를 뿜어내는 것일 수도 있다. 어쨌든 나는 모르겠다. 내가 확실히 아는 점은 '모든 일이 가능하다'는 사실, 그 구체들이 무엇이든 받아들일 수 있도록 내 마음이 열려 있다는 사실뿐이다.

지인인 린다 밀렉은 얼마 전 헤이하우스 출판사가 주최했던 카리브해 유람선 여행 중에 사진에 나타난 이 빛의 기운을 나에게 처음으로 알려주었다. 린다는 아들이 18년 전 친구를 구하다가 자동차 사고로 세상을 떠났다고 말해주었다. 이 모자는 일종의 채널링 방식으로 소통하고 있고, 린다가 아들의 존재를 가까이에서 느낄 때면 다양한 형태의 구체가 사진에 찍힌다고 한다. 세인트마틴 섬에 정박한 배 위에서 이 이야기를 해주던 린다는 그곳에서도 아들의 존재를 느낄 수 있다고 말했다. 이때 린다가 찍은 사진에는 내 왼쪽, 오른쪽 엉덩이 부근에 확성기 모양의 구체가 담겼다. 그녀의 집에 있는 사진에 찍힌 구체와 똑같은 것이었다. 구체가 처음 나타난 것은 이 유람선 여행을 하고 있을 때였다(본문 컬러 화보 참조).

다시 말하지만 이 구체들이 계속 내 삶에 나타나는 현상에 대해 지적으로 설명할 수 있는 척하지는 않겠다. 하지만 로욜라의 성 이그나티우스가 언젠가 제자들에게 들려줬던 말이 정말 마음에 들어 소개한다. "믿는 자들에게는 아무 말도 필요하지 않고, 믿지 않는 자들에게는 어떤 말도 할 수가 없다." 이것을 믿거나 믿지 않는 것은 여러분이 결정할 일이니 관여하지 않겠다. 하지만 나는 여전히 이 불가사의한 현상에 대해 더 알아보고 싶은 마음이 있다.

두 번째 개인적 경험

합리적으로 설명할 수 없는 두 번째 사례는 브라질의 어베디아니아라는 작은 마을에 사는 남자와 함께 최근에 경험한 일이다. 이 남자는 주앙 드 데우스(João de Deus)라는 이름으로 통한다. 캘리포니아의 안과의사인 내 지인 레이나 피스코바는 브라질에 사는 주앙 드 데우스를 여러 번 찾아갔다. 내가 백혈병 진단을 받았다는 이야기를 들은 레이나는 주앙 드 데우스에게 치료를 받으러 가보자고 했다. 하지만 나는 막상 약속한 날이 다가오자 그냥 미국에 머물기로 마음을 바꾸었다. 이 책을 써야 한다는 생각이 강하게 들어서였다. 여러분이 지금 읽고 있는 이 책을 완성하기 위해서는 몇 달 동안 매일 방해받지 않고 글을 쓰고 스스로 훈련할 시간이 필요했다.

레이나는 주앙 드 데우스가 시술하는 집에 2주 동안 머물렀다. 원래 나를 치료받게 하려던 것이었지만 나 대신 자기가 시술을 받은 것이다. 나는 그곳에 머물던 레이나에게서 내 사진을 넉 장 보내달라는 문자 메시지를 받았다. 흰 옷을 입고 앞, 뒤, 좌, 우에서 찍어달라고 했다. 금요일에 레이나는 그 사진을 주앙 드 데우스에게 보여주고서 사진을 통해 나를 치료해줄 수 있는지 물어보았다. 내가 글을 쓰고 있던 하와이와 브라질은 멀리 떨어져 있었지만 말이다. 사진을 본 주앙 드 데우스는 내가 특별한 약초를 먹어야 한다며 치료해줄 수 없다고 말했다.

정말 거룩한 천사인 레이나는 그 특별한 약초를 구한 다음 택시를 타고 페덱스 지사로 가서 나에게 부쳐주었다. 3일 후 약초가 도착했다. 나는 48시간에 걸쳐 약초가 든 캡슐을 여덟 개 먹고 나서 흰 옷을 입은 다음 다시 사진을 찍어 이메일로 보내달라는 지시를 받았다. 내 딸 세레나가 사진을 넉 장 찍어서 레이나에게 이메일로 보냈다. 그 다음 날 레이나는 흥분한 목소리로 전화를 걸어 주앙 드 데우스가 치료해주기로 했다고 말했다. 시술은 목요일 아침 7시(브라질 시간으로 오후 2시)에 하기로 했고, 레이나는 내가 무엇을 준비해야 하는지 아주 자세히 알려주었다.

그 목요일 아침 7시에 나는 새로 찍은 사진을 이용한 장거리 시술이 진행되는 동안 잠자리에 누워 있었다. 나는 개방적인 사람이지만, 당혹감과 의심이 은근히 마음속을 맴돌았다고 고백할 수밖에 없다.

흰 옷을 입고 찍은 사진 넉 장으로 장거리 원격 수술을 한다니, 그리고 브라질에서 페덱스로 날아온 약초 캡슐을 삼켜야 한다니!

레이나에게서 문자가 왔다. 다시 침대로 돌아가서 지금부터 24시간을 더 자야 한다는 것이었다. 봉합선이 사라질 때까지 일주일 동안 후추, 돼지고기를 비롯해서 자극적인 음식을 먹지 말아야 하고, 운동도 안 되고, 휴대전화, 글쓰기, 섹스, 문자 메시지도 안 된다고 했다. 이 말을 듣고 처음에는 꼬박 여덟 시간을 자고 방금 일어났는데 어떻게 다시 24시간을 자느냐고 대답했다. 레이나가 말하기를 잠이 안 오면 자는 시늉이라도 해야 한다면서 치료를 해주는 실체인 영이 나를 마취시킬 것이라고 했다. 5분도 안 되어 나는 갑자기 피로가 덮쳐오는 것을 느꼈다. 그래서 다시 침대에 누워 그대로 24시간을 보냈다. 간단히 요기를 하고 화장실에 가려고 두 번 일어난 것 빼고는 계속 누워 있었다.

그다음 날 지난 35년 동안 거의 매일 일상적으로 해왔던 걷기, 수영, 계단 오르기, 근력운동 등을 하려던 내 생각은 내 몸의 느낌과 완전히 어긋나버린 듯했다. 몇 걸음 걷기만 해도 숨이 찼다. 레이나에게 이 이야기를 했더니 그녀는 이렇게 말했다. "선생님은 수술을 받았어요. 일주일 동안 완전히 안정하셔야 된다고요. 그러지 않으면 주앙 드 데우스의 치료를 전부 망쳐버리실 거예요."

그렇게 일주일이 꼬박 지나갔다. 아무것도 못하고 쉬는 동안 딸 세레나가 나를 돌봐주었다. 내 몸은 대대적으로 독소를 제거하고 있었다. 나는 그럭저럭 괜찮은 상태였다가 기침을 하고, 가래가 올라오고, 감기 증상을 겪고, 숨 쉬기가 어렵고, 기진맥진하고, 눈물이 자꾸 흐르는 등 온갖 증상이 다 나타나는 지경이 되었다. 운동은 말할 필요도 없이 불가능했다. 나는 완전히 안정을 취한 상태로 일주일을 보냈다.

그때 레이나에게서 연락이 왔다. 레이나는 수술 후 7일째인 수요일 밤에 내 '봉합선'을 없애기로 했다면서 그 영혼들이 봉합선을 없애는 여덟 시간 동안 어떻게 잠을 자야 하는지 자세히 가르쳐주었다. 나는 지시를 정확히 따르면서도 보이지 않는 봉합선을 없앤다는 영혼에 대해 약간의 의심은 여전히 품고 있었다. 레이나는 어떤 일이든 일어날 수 있다고 했다. 자기가 처음 치료를 받았을 때는 약한 지진이 난 것처럼 실제로 방이 흔들렸다면서 나도 똑같은 일을 겪을 수 있으니 높은 곳에 귀중한 물건이 있으면 치워놓는 편이 좋다고 말했다.

레이나는 주앙 드 데우스가 축복한 물을 다시 브라질에서 택배로 보내주었다. 나는 그 물을 머리맡에 두어야 했다. 그리고 흰 옷을 입고 잠자리에 들어 기도하고 순수한 사랑이 되어야 했다. 깜박 잠이 들었을 때 내가 마음속으로 상상할 수 있는 모든 사람이 나타났다. 그래서 폭포처럼 쏟아지는 순수한 사랑으로 그들 모두를 감싸주었다.

다음 날 아침 나는 손목시계를 보았다. 고장도 없고 시간도 항상 정확해서 1초도 어긴 적이 없는 시계였다. 아침 7시 5분이었다. 침대 옆에 있던 휴대전화가 울려서 받아보니 친한 친구인 케리였다. 케리가 어젯밤에 몸이 좀 괜찮았느냐고 물었다. 내가 지금 일어났다고 말하니 케리가 말했다. "지금 8시 25분인데. 난 공항이야!"

나는 케리의 시계가 맞지 않는다고 말했지만 케리는 8시 25분이라고 꿋꿋하게 말했다. 나중에 알고 보니 정확했던 내 시계가 밤사이에 80분 동안 멈춰 있었던 것이다. 주방으로 들어가자 우리 아이들이 마약이라도 했느냐고 장난스럽게 물었다. 동공은 작아졌고 왼쪽 눈은 누가 할퀸 것 같았으며 오른쪽 눈은 눈물을 흘리고 있었던 것이다. 나 자신이 순수한 사랑이라는 느낌이 들었다. 나는 눈에 띄는 모든 것을 새로운 눈으로 바라보았다. 나무도 사랑이었고, 화초도 사랑이었고, 바다도 사랑이었다. 그날 사람을 만날 때마다 내가 그를 얼마나 사랑하는지 말해주고 싶었다. 나는 걸어 다니는 사랑이었고, 그때부터 지금까지 그 사랑의 마음은 사라지지 않았다.

이틀이 지났을 때 그 정확하던 시계가 또 한 번 설명할 수 없는 이유로 딱 80분 동안 멈췄다. 그다음 날, 전화를 걸어온 레이나는 자신의 차 안에 있던 시계가 원래 시간보다 80분 느려졌다고 말하며 증거로 사진을 찍어서 보내주었다. 그 80분 동안 대체 무슨 일이 일어났는지는 지금도 모르겠다. 레이나는 주앙 드 데우스를 통해 수술을 행하는 영들에게서 나오는 치유 에너지의 전자기장이 내 시계의 전자기장보다 강력해서 그 영들이 수술을 하고 봉합선을 제거하는 동안 시계가 멈췄던 것이 아니겠느냐는 가설을 내놓았다. 합리적으로 설명할 수는 없지만 나는 부정할 수 없는 물리적 증거를 보았다. 그때 일어났던 일은 실제였다. 나는 사람들에게 많이 노출되는 생활을 하므로 이 현상을 다른 사람들에게 말해줄 수 있었다.

어쨌든 내 몸은 여전히 독소를 제거하는 중이었다. 나는 모든 사람들에게 한없는 사랑을 느꼈다. 당시 나와 소송 중인 사람이 있었다. 그가 내게서 금전적인 이익을 얻으려고 하는 바람에 한때 심하게 화난 적도 있었다. 그런데 그 사람마저 사랑스러웠다. 지금 내가 할 수 있는 일은 그 사람 역시 온통 사랑으로 감싸주는 일뿐이었다(그리고 그 소송은 곧 마무리되었다).

이쯤에서 최근 내 삶에 끼어든 구체 현상에 대한 이야기로 돌아가 보자. 하이네만의 책에는 세계 전역에서 열린 다양한 행사에서 찍힌 구체 사진 65장이 들어 있다. 나는 주앙 드 데우스에게 수술을 받은 후 하이네만 부부가 어베디아니아에서 찍힌 구체 사진 몇 장을 받은 적이 있다는 사실을 알게 되었다(본문 컬러 화보 참조).

하이네만의 책에서는 중재(intervention, 몸을 완전히 여는 외과시술과 달리 최소의 절개를 통해 기구를 삽입하거나 영상장비를 사용해서 치료하는 기법-옮긴이) 치유를 하는 주앙 드 데우스의 머리 위에 커다란 구체가 나타난 것, 또 구체가 치유 장면을 거의 가리다시피 하는 사진에 주목하라. 주앙 드 데우스의 주변에 나의 강연장에 나타나는 것과 비슷한 구체가 존재한다는 것은 추리나 논리로는 설명할 수 없는 동시성이다. 하지만 분명히 구체는 존재하고, 나는 그 구체에 무슨 의미가 있는지 알아내거나 그 신비함 속에서 만족스럽게 살아가는 데 긍정적인 입장이다. 확실히 말할 수 있는 점은, 내 몸에 물리적 차원에서 변화가 일어났고 느낌 차원에서는 더더욱 의미심장한 변화가 일어났다는 것이다.

백혈병 진단을 받았을 때 몇몇 의사들은 내가 일주일에 네 번씩

하던 비크람 요가를 더 이상 할 수 없을 것이라고 말했다. 그 열기가 몸에 무리를 주기 때문에 요가를 계속하라는 말은 무책임한 조언이라는 것이었다. 확실히 요가를 하기에는 몸이 많이 약해졌다는 느낌이 들었으므로 결국 나는 요가를 그만두었다.

그런데 주앙 드 데우스에게 봉합선을 없애는 시술을 받고 20일밖에 지나지 않았을 때 아침 명상 중에 "오늘은 산책을 가지 마라, 이제 요가를 해도 된다"라는 내면의 목소리를 들었다. 나는 그 말을 듣고 11개월 만에 처음으로 요가 수업에 나갔다. 몸이 예전 같지 않았지만 끝까지 수업을 듣고 기분이 한결 좋아졌다. 나는 요가를 좋아했기 때문에 요가가 엄청나게 하고 싶었다. 지금은 다시 일주일에 네 번 새벽 반에 나가고 있고, 열기 속에서 자세를 유지하는 능력은 백혈병 진단을 받기 전보다 나아졌다. 나는 전보다 강해졌다고 느끼고 있고 요가를 그만두었을 때의 통증과 고통도 완전히 사라졌다.

그리고 며칠 후 나는 아주 특별한 방식으로 71세 생일을 기념했다. 영적 치유를 경험한 이후 느꼈던 가슴 벅찬 사랑이 깨어 있는 모든 순간마다 느껴졌다. 그날 나는 샌프란시스코의 거리에 나가 노숙자 여러 명과 이야기를 나누었다. 그저 사랑하고 줘야겠다는 느낌이 들었다. 그러기 위해 나는 현금을 한 뭉치 가지고 나가서 50달러짜리 지폐를 적어도 30명의 길 잃은 영혼에게 나눠주었다. 호텔 방에 돌아온 나는 침대에 앉아 감사하는 마음으로 그저 흐느꼈을 뿐이었다. 그렇게 기억에 남을 만한 생일은 처음이었다. 돌려받으려는 기대 없이 손을 뻗어 사랑을 주고 싶은 충동을 느꼈던 날이었다.

지금 나는 완전히 사랑으로 가득 찼음을 느낀다. 그리고 내 몸이 독소를 제거하는 것 같았던 그때 식습관을 바꾸었기 때문에 지금은 몸이 훨씬 깨끗하고 건강해진 느낌이다. 새로 피검사를 하거나 의사에게 검진을 받지는 않았다. 불가사의하고 신비한 일이 일어났다는 것을 믿기 위해 외부의 확인이 필요하지 않을 만큼 내가 경험한 일을 믿기 때문이다. 나는 수술을 받기 위해 그곳에 있었고, 봉합선을 제거하기 위해 그곳에 있었다. 이것 말고는 더 말할 필요가 없다.

나는 기적을 믿고, 또 내가 이 육신이 아니라는 점을 안다. 나는 탄생도, 죽음도, 변화도 없는 존재이므로 죽음이 두렵지 않다. 이것이 신과 하나 된 나의 아이앰 존재다. 이 느낌에 더해 주앙 드 데우스와의 경험 이후 분명해진 것이 있다. 바로 '천사의 인도'라고 할 수밖에 없는 이런 일을 점점 더 많이 겪는다는 사실이다.

・・・

나는 아침 명상에서 하루를 어떻게 꾸려갈지에 대한 지시 같은 것을 받는다. 그리고 이 지시에 따를 때마다 예외 없이 사람들에게 손을 뻗어 봉사할 놀라운 기회와 마주치게 된다. 내 내면의 목소리는 이렇게 말한다. "끝까지 따르고 누군가에게 도움을 주어라." 최근 일어났던 일은 내가 일상적으로 겪는 사례다.

어느 날, 결혼 생활을 힘들어하는 어떤 남자와 새벽 6시 30분까지 대화를 나눈 적이 있다. 나는 그에게 지금부터 24시간 동안 무조건적인 사랑에 집중해보라고 조언했다. 그때 그 사람을 만나리라고는 예상치 못했던 터라 나는 그에게 책 두 권과 내가 출연한 영화「시프트」DVD를 선물했다. 기운을 차린 그 사람은 나와의 대화 덕분에 큰 짐을 벗은 것 같다고 말했다.

집에 돌아오는 길에 벤치에서 자고 있는 젊은 노숙자와 마주쳤는데, 나는 그에게 100달러를 주고 약물중독을 극복할 수 있도록 도움을 구하는 방법에 대해 열심히 이야기했다. 그는 입이 귀에 걸리도록 웃으면서 마우이에서 만난 사람 중에 자기를 비난하지 않은 것은 내가 처음이라고 했다.

집에 돌아왔는데 열쇠를 잘못 가져오는 바람에 들어갈 수가 없었다. 그래서 열쇠를 복사하러 아파트 관리실에 가는 길에 2년 전쯤 자동차 사고로 아들을 잃은 부인을 만났다. 이야기를 나누던 중 그 부인은 바로 전날 친구가 보내준 자기 아들의 2학년 종업식 비디오를 처음으로 보게 됐다고 말했다. 그 부인은 아들을 죽인 음주운전자가 판결을 받는 며칠 동안의 일을 이야기하면서 눈물을 흘렸다. 나는 그 부인을 우리 집에 초대해 아니타 무르자니의 책을 한 부 주었다. 이 책에서 아니타는 죽음이란 순수한 사랑의 빛 속으로 걸어 들어감을 의식하는 것이라고 정의했다. 나는 그 부인에게 아니타의 글을 읽고 나면 분노가 조금 가라앉을지도 모른다고 말해주었다.

내 느낌에 이 세 가지의 동시성은 명상 중에 천사의 지시를 받고 그대로 따른 결과였던 것 같다. 나는 그 보이지 않는 힘이 특정한 시간에 특정한 방향으로 걷도록 나를 이끌어주었다고 믿는다. 저 세 사람의 마음이 움직인 것은 내가 언제 어디로 걸어가야 할지 들었기 때문만은 아니다. 사람들에게 손을 뻗어 도움을 주어야 한다는 설득력 있는 내면의 목소리 덕분에 그렇게 하지 않으면 안 되겠다는 마음이 들었기 때문이기도 하다. 내면의 목소리를 따른 결과로 일어난 이러한 동시성 현상은 주앙 드 데우스를 통해 영에게 치료를 받은 이후로 매일 일어난다. 나는 관찰하고, 듣고, 행동한다. 그리고 내가 '사랑하고 있는 존재'를 넘어서 '사랑의 존재'라는 느낌이 든다.

이 일로 소원이 이루어진 느낌을 받아들이라는 가르침을 얻은 것 같다. 나는 단순히 사랑하고 있는 사람이 아니라 사랑 그 자체다. 나는 주앙 드 데우스와의 만남을 통해 변했고, 마주치는 모든 존재에게 사랑을 주면서 지극한 기쁨을 느낀다.

'느낌', 이 말은 여러분이 마음속에 품어야 할 중요한 단어다. 『아이 앰 담론』에는 이 점이 분명히 표현되어 있다. "여러분에게 말하노니, 친애하는 미국의 벗들이여, 이 우주 전체에 여러분과 접촉하면서 여러분을 제한하고 해칠 수 있는 것은 오직 여러분 자신의 느낌의 세계를 통해 작용하는 것뿐이라는 사실을 이해한다면 여러분은 삶의 충만함 속으로 들어갈 수 있을 것이다. 그 사실을 깨달을 때까지는 삶의 충만함 속으로 들어갈 수 없다."[13] 나는 주앙 드 데우스에게 치유 받은 경험을 통해 이 사실을 깨달은 듯하다.

세 번째 개인적 경험

세 번째 사건은 전생, 아니 평행 인생이라는 수수께끼 같은 주제와 관련이 있다. 무한한 우주에 시간이란 존재하지 않으니 말이다. 나의 좋은 친구이자 동료인 브라이언 와이스는 이 주제에 대해 폭넓게 글을 쓰고, 조사하고, 강연해왔다. 나는 브라이언과 전 세계 무대에 함께 설 수 있어서 기쁘다. 나는 브라이언의 획기적인 저서 『나는 환생을 믿지 않았다』를 통해 전생 퇴행에 대해 처음으로 실제적인 내용을 알게 되었다. 이 분야와 관련된 직접적인 경험을 한 일은 거의 없지만 나는 늘 환생과 전생이 매혹적인 연구 분야라고 생각했다.

몇 달 전 나는 와이스 박사와 함께 일하는 한 여성으로부터 전생 퇴행 최면을 받아보지 않겠느냐는 제안을 받았다. 그녀가 보낸 편지의 내용은 이러했다. 자기에게 최면 요법을 받으면 내가 뭔가를 얻으리라는 직관적인 느낌이 들었기 때문에 내가 그럴 생각만 있다면 기꺼이 마우이로 와서 최면 요법을 해주겠다는 것이었다.

그녀의 이름은 도브로미라 켈리(Dobromira Kelley)였고, 내가 이 책에서 여러 번 언급한 비전학의 스승 옴람 미카엘 아이반호프와 레이나처럼 불가리아 태생이었다. 그녀는 미라라는 이름을 쓰며 뉴욕에서 변호사로 일하고 있다. 미라의 편지는 매우 정직하고 상세하고 따뜻한 느낌이었다. 그래서 나는 미라를 만나 제안을 들어보기로 했다.

미라는 나에게 이 제안을 꼭 해야겠다는 느낌이 들었다고 했다. 그녀는 뉴욕에서 내 강연을 들었고, 내 책을 몇 권 읽었으며, 내가 만성 림프성 백혈병 진단을 받은 것도 알고 있었다. 미라는 나에게 달리 바라는 것은 없었다. 이 일은 그녀의 진심이자 무시할 수 없는 소명이었다.

몇 주 후 나는 우편물을 하나 받았다. 그 안에는 아니타 무르자니가 자신의 임사체험에 대해 묘사한 보고서가 들어 있었다. 이렇게 아니타와의 인터뷰를 나에게 보낸 미라의 결정은 여러 면에서 동시성을 보여주는 일이었다. 이 덕분에 나는 아니타의 인터뷰 내용을 여러 부 복사해서 요양원에 계시는 아흔다섯 살의 우리 어머니 등 많은 사람들에게 나눠주었다. 어머니는 아니타가 혼수상태로 36시간 안에 확실히 죽으리라는 진단을 받고 '저 세상'에 갔다가 기적적으로 살아난 이야기를 매우 마음에 들어하셨다. 음주운전자에게 여덟 살짜리 아들을 잃은 부인에게도 이 글을 주었다.

그때부터 나는 아니타에 대해 알게 되었다. 아니타의 이야기를 담은 『그리고 모든 것이 변했다』는 헤이하우스에서 출판되었다. 아니타는 내 라디오 프로그램에 출연했고, 최근에는 내가 출연하는 PBS 특집 방송에 나와 전 세계 사람들에게 자신의 이야기를 들려주고 있다. 그리고 이전에도 언급했듯이 나는 아니타의 책에 서문을 쓴 것을 영광스럽게 생각한다.

아니타는 자신이 임사체험을 하고 죽음 직전에서 살아나 기적적으로 회복된 이유가 바로 신을 깨달은 의식 상태에 있는 동안 알게 된 내용을 세상에 들려주기 위해서였던 것 같다고 말했다. 우리가 만나서 아니타의 이야기를 책으로 내고 함께 텔레비전에 출연한 것이 모두 그녀와 나를 위해 마련된 신의 계획 중 일부임을 우리는 느끼고 있다. 아니타의 임사체험 보고서를 나에게 보내준 미라의 결정은 이 놀라운 일련의 사건들을 이어준 결정적인 연결고리였다.

나는 미라에게 전화해서 다음 달 내내 이곳에 있을 예정이지만 확실히 약속해주지는 못하겠다고 말했다. 미라는 괜찮다고 말했고, 나는 별로 신경 쓰지 않았다. 그러던 어느 날 미라가 전화를 해서 자기가 마우이에 왔으며 다음 주에 언제든 시간을 낼 수 있다고 말했다. 우리는 목요일 오전 10시로 약속을 잡았다. 내가 주앙 드 데우스에게 수술을 받기 일주일 전으로, 이때는 사실 수술 날짜도 잡지 않았었다. 이날은 브라질에 있던 레이나가 주앙 드 데우스에게 장거리 수술을 해주겠다는 약속을 받아내지 못했을 때였다.

미라가 정확히 목요일 아침 10시에 나를 찾아와 우리 집 문을 두드린 지 한 시간도 안 되어, 나는 최고로 흥미진진한 세 시간짜리 시간여행(최면)에 빠져들고 있었다. 미라는 전 과정을 녹음하고 대본 형식으로 한마디 한마디 빠짐없이 기록했다. 여러분이 이것을 읽고 무한한 가능성에 마음을 열 수 있도록 그날의 경험을 일부 옮겨보았다.

웨인 사막이오. 모래의 산이랑…… 사막 옷, 아랍 옷 같은 걸 입은 사람들이 보여요.

미라 아주 좋아요. 밖에 있나요, 아니면 안에서 바깥을 내다보고 있나요?

웨인 밖에요. 주변에 걸어 다니는 사람이 많아요. 무거운 옷을 엄청 많이 입고서.

미라 사람들이 사는 도시 안인가요?

웨인 아니에요. 여긴…… 무슨 마을 같은데, 그냥 천막이 모여 있는 곳이에요. 사람들이 주변을 돌아다녀요. 턱수염을 기른 남자들이랑 얼굴을 가린 여자들이에요.

미라 그래요. 발을 내려다보고 뭘 신었는지, 뭘 신고는 있는지 말해주세요.

웨인 맨발이에요.

미라 맨발……. 다리는 어때요? 천을 두르고 있나요?

웨인 치마 같은 것, 티셔츠 같은 것만 입고 있어요. 사실 뭘 그다지 많이 걸치지는 않았어요.

미라 피부에 닿는 천의 느낌이 어떤가요? 가공된 천 같은가요, 아니면 거친 느낌인가요?

웨인 뭘 입고 있는지 확실히 모르겠어요, 사실.

미라 당신의 에너지는 어떤 느낌인가요?

웨인 기저귀 같은 걸 차고 있어요. 그런데 아기는 아니에요.

미라 당신의 에너지가 남성적으로 느껴지나요?

웨인 네.

미라 젊은 느낌인가요, 나이 든 느낌인가요?

웨인 열한 살, 열두 살인 것 같아요.

미라 눈앞에 손을 펴고 장신구나 뭐, 그런 것이 있는지 보세요.

웨인 아니오……. 녹색 루비가 보여요. 아마 내가 갖고 있는 것 같아요. 녹색 루비예요……. 음…… 이상하네요, 녹색이라니.

미라 목 주변에는 뭔가 없나요? 그러니까, 장식 같은 거요.

웨인 없어요.

미라 그래요. 얼굴과 머리는 어떤가요, 어떤 느낌인가요?

웨인 그냥 어린 느낌이에요……. 어린 남자애 얼굴 같아요. 금발이고요.

미라 머리엔 뭔가가 없나요?

웨인 헝겊이나 뭐 그런 게 있어요. 무슨 천 같기도 하고…… 그냥…… 음…….

미라 그 천막 주변을 좀 걸어 다니면서 주변에 무슨 일이 있는지 좀 봅시다.

웨인 그냥 많은 사람들이 천천히 걷고 있어요. 아프가니스탄 같아요. 그 비슷한 곳 같아요. 어떤 부족 같은, 수염 난 사람들, 그런데 난 아주 어려요. 그리고 나는 그 사람들 같은 모습이 아니에요.

미라 그 사람들이 당신과 다르게 생겼나요?

웨인 나이가 많아 보이고 턱수염이 있어요. 여자들 얼굴은 가려졌어요.

미라 이제 당신 천막으로 가서 당신이 밤에 어디서 자는지 봅시다.

웨인 아니……. 난 여기 사람이 아닌가 봐요. 나는 그냥 떠돌아다니는 것 같아요. 여기에 집이 있다는 느낌이 안 들어요. 저 사람들은 내가 있는지도 모르는 것 같아요. 저 사람들한테는 내가 안 보이는 것처럼요.

미라 이 장면에서 조금 더 전으로 돌아가서 당신이 어디서 왔는지, 거기 어떻게 가게 됐는지 봅시다.

웨인 난 그냥 떠돌아다녔던 것 같아요. 떠돌아다니다가 숲이나 뭐, 그런 곳에서 살고요. 내가 있다는 걸 아무도 알아채지 못하는 것 같아요.

미라 그럼 거기서 조금 시간이 지났을 때로 가서 무슨 일이 일어나는지 봅시다.

웨인 난 음식을 찾고 있어요. 난 아주 말랐어요. 그리고…… 갈비뼈가 보여요.

미라 보통 어떻게 음식을 찾나요?

웨인 그냥 사과나 과일 같은 걸 먹고…… 숲에서 자라는 건 뭐든지요.

미라 가족이 있나요, 아니면 혼자인가요?

웨인 혼자예요. 가족들은 숨어 있거나 그런 것 같아요.

미라 그건 알 수 있어요. 얼마 전으로 돌아가서 알고 있는 것을 떠올려 봐요.

웨인 내 생각에…… 내 생각에 나는 오랫동안 가족이 없었던 것 같아요. 침입자나 그런 것에 살해당한 것 같아요. 난 도망 나왔고요.

미라 이제 좀 더 시간이 지나 생애의 다른 순간으로 가서 무슨 일이 일어나는지 봅시다.

웨인 나는…… 나를 알아보는 사람이 아무도 없어요. 난 옷을 찾고 있어요. 따뜻하게 해줄 수 있는 뭔가를요. 그래서 훔쳐왔는데 아무도 몰라요.

미라 아직도 손가락에 루비가 있나요?

웨인 녹색이에요.

미라 그걸 어떻게 얻었죠?

웨인 내가 찾아냈어요.

미라 찾아냈다고요? 그건 귀중한 보석이잖아요. 당신은 그걸로 뭘 하나요?

웨인　이건 아무 의미도 없어요. 나한테 전혀 중요한 물건이 아니에요. 난 길을 잃은 것 같은데, 무슨 일이 일어났는지 아는 사람이 아무도 없어요. 난 오랫동안 달렸어요. 몸에 베인 상처랑 다친 곳이 여러 군데 있어요.

미라　그 베인 상처와 다친 곳에 대해서 말해주세요. 그 상처들은 어떻게 생긴 거죠?

웨인　나무랑 가시랑 덤불에 긁힌 것 같아요. 덤불 같은 게 우거진 곳을 돌아다니면서요. 아무것도 못 먹은 지 좀 됐어요.

미라　이제 다음엔 뭘 하죠?

웨인　사람들한테 다가가서 음식을 달라고 할 거예요. 난 그 사람들한테 안 보여요. 그 사람들은 내가 거기 있는지 몰라요. 내가 원하는 대로 뭐든지 가질 수 있어요. 유령처럼요. 창백하고요. 조그만 샅바 같은 걸 걸쳤어요. 난 전혀 두렵지 않아요. 왜 아무도 신경 쓰지 않는지 알 수가 없을 뿐이에요.

미라　좀 더 시간이 지났을 때로 가서 무슨 일이 일어날지 봅시다.

웨인　과일, 무화과, 말린 과일, 오렌지, 살구를 주워 모아요. 그런데 그걸 넣을 주머니가 없어서 이 귀한 것들을 한 무더기 들고 돌아가요. 전혀 말이 안 돼요. 덤불 안으로 다시 들어가요.

미라　그럼 거기서 먹나 봅시다.

웨인　네. 그런데 난…… 난 여동생이 있었던 것 같아요. 그리고 아직 살아 있는 것 같아요. 이걸 그 애에게 가져가고 싶어요. 그 애를 찾고 싶어요.

미라 　당신이 돌아가면 여동생이 거기 있나요? 아니면 지금 동생을 찾고 있나요?

웨인 　네, 난 지금 돌아다니고 있어요. 뒤를 보면…… 불 피우는 곳이 있는데 불은 꺼졌어요. 주변에 시체들이 있어요. 사람들이 살해당했어요. 우리 아빠도 살해당했어요. 아빠는 나이가 많아요. 우는 여자들이 있어요.

미라 　당신의 엄마도 살해당했나요?

웨인 　난 엄마가 없어요.

미라 　다른 가족은 어떤가요? 여동생은?

웨인 　그 애는 나이 든 여자 뒤에 숨어 있어요. 할머니인가 봐요. 그 애 엄마가 없어진 것 같아요. 끌려갔어요. 그 애는 작아요. 그리고 머리카락이 금발이에요.

미라 　이 모든 걸 보면서 기분이 어때요?

웨인 　토할 것 같아요. 화가 나요. 슬퍼요. 그리고 난 그 애한테 음식을 가져다줘요. 살구, 말린 살구, 오렌지. 그리고 그 애는 세 살, 네 살밖에 안 됐어요.

미라 　당신은 그 아이를 뭐라고 부르나요?

웨인 　사만다. 샘. 새미.

미라 　그리고 그 아이는 당신과 이야기하고 싶을 때 당신을 뭐라고 부르나요?

웨인 　그냥 웃어요. 그 애는 말을 안 해요.

미라 좀 더 시간이 지났을 때로 가서 그 아이와 당신에게 무슨 일이 일어나는지 봅시다.

웨인 그 애는 너무 겁을 먹어서 움직일 수가 없어요. 나는 거기서 벗어나야 된다는 느낌이 들어요. 나는 떠나야 한다고 그 애를 설득하지만, 그 애는 떠나고 싶어하지 않아요. 나이 든 사람들은 여전히 다치지 않은 상태이고, 슬퍼하고 있어요. 우리 주변으로 시체들이 보여요.

미라 살해당한 아빠보다 더 오래된 시체인가요?

웨인 저게 우리 아빠예요. 아빠 저기 누워 아무것도 할 수 없어요. 아빠는 죽었어요. 입에서 피가 흘러나오고 있어요. 아무 소리도 안 나요. 이상해요. 아빠의 할머니는 아랍 여자 같은 옷을 입었어요. 아빠는 갈색 바지를 입고, 허리띠를 맸고, 신발은 없고, 바지는 종아리까지밖에 안 와요. 꽉 끼어요. 위에는 아무것도 안 입었어요. 그리고 아빠는 숨어 있었어요. 그리고 그 할머니는 전부 까만 옷을 입고 있어요.

미라 나이 든 사람들은 서로 뭐라고 말하나요? 그 사람들은 무슨 일이 일어났다고 생각하나요?

웨인 여자들은 그냥 울고 있어요. 이 사람들은 분명히 공격받았고, 나는 이 난리를 어떻게 수습할지, 어쩔 줄 모르고 있어요.

미라 그다음엔 뭘 하나요?

웨인 이제 아빠 시체 주변에 파리가 날아다녀서 아빠를 묻으려고 땅을 팔 물건을 찾고 있어요.

미라 찾은 게 있나요?

웨인 그냥 나뭇가지 몇 개요. 그리고 나는 아빠를 묻을 장소를 찾고 있어요.

미라 누가 도와주고 있나요?

웨인 아니오, 도와줄 사람이 없어요. 머리를 땋아 내린 여동생 말고는 여기 나밖에 없어요.

미라 그럼 이제 더 나중에 중요한 일이 일어난 날로 가서 무슨 일이 일어나는지 봅시다.

웨인 난 그냥 떠나요, 그냥 떠나고 있어요.

미라 여동생은 남겨두고 가나요?

웨인 네, 그런 것 같아요. 믿을 수 없는 일이지만, 그래요.

미라 그럼 이제 어디로 가나요?

웨인 난 바다로 가요. 배가 많은 곳으로 가요. 옛날 배예요. 높은 돛대가 달린 그런 배.

미라 당신은 뭘 하나요?

웨인 난 이제 좀 더 컸어요. 어딘가로 배를 타고 가는데, 어디로 가는지 몰라요. 그리고 나는 일을 하기로 해요. 내가 어디로 가고 있는지 모르겠어요. 배가 어디로 가고 있는지 모르겠어요. 난 이 사람들을 몰라요. 난 이 사람들이 하는 말을 못해요.

미라 배에서 어떤 일을 하나요?

웨인 나는 갤리선(노예나 죄수에게 노를 젓게 했던 대형 군용선-옮긴이)에서 일해요. 이 배는 그리스로 가는 것 같아요.

미라 배가 도착하고 당신이 내리는 모습을 보고 어딘지 보세요.

웨인 나는 나이가 훨씬 많아졌어요. 나는 스물두 살이에요. 강해요. 윗도리를 안 입었어요. 내 물건을 전부 담은 배낭 같은 것이 있는데 거의 아무것도 들어 있지 않아요. 장화를 신었고……. 아빠가 입었던 것과 같은 바지를 입었어요.

미라 다음에는 어디로 가나요? 다음에는 뭘 하나요?

웨인 나는 머물 곳을 찾고 있어요. 그리고 여기 오두막에 사는 사람들이랑 친해져요. 그리스인이에요.

미라 그 오두막에는 누가 사나요?

웨인 남편이랑 아내…… 그게 다예요. 어떤 남자랑 아내. 나이 많은 사람들이에요. 그리고 그 사람들은 나를 아주 좋아해요. 그들은 땅을 일구어요. 농사를 지어요. 올리브. 올리브 나무. 포도. 아주 가난해요. 먼지투성이에요. 나는 거기서 지내요. 나는 땅 일구는 걸 좋아하지 않아요. 나는 마을로 들어가고, 땅을 일구고 싶지 않아요. 그 일을 하고 싶지 않아요.

나는 어떤 여자를 만나요. 어디서 일하는 여자냐 하면…… 포도주 파는 곳, 포도주 같아요. 그리고 나는 포도주를 마시지 않아요. 술통, 술 담는 통…… 그 여자는 그걸 컵에 따라요. 나는 그 여자에게 끌려요. 그 여자의 얼굴은…… 분명 그 여자예요. 그리고 우리는 사랑에 빠져요. 이 작은 그리스인…… 길고 검은 머리에, 아주 좁은 얼굴이에요. 그리고 작은 입. 그리고 큰 눈. 그리고 어려요. 열여섯, 열일곱, 열여덟 살 정도. 그 여자는 그냥 시시

덕거리다가 내가 왜 이렇게 입었는지, 왜 내 생김새가 이런지, 어떻게 자기랑 그렇게 다른지 알고 싶어해요. 나는 피부가 희고, 그 여자는 안 그래요. 그 여자는 내 손을 잡아요. 그리고 나는 그 여자와 사랑에 빠져요. 거의 그 자리에서 바로. 그리고 나는 배에서 일하는 직업을 갖고, 떠나요. 우리는 결혼했어요.

그리고 그 배는 새로운 세계로 갈 거예요. 탐험가들이에요. 섬 이야기랑, 저 바다 건너 섬에 사는 사람들의 이야기를 해요. 그 이야기는 재미있어요. 그리고 나는 가요, 그 여자를 남겨두고 떠나요. 그 여자는 아이를 뱄어요. 하지만 나는 어쨌든 떠나요. 아무도 보지 못한 것을 찾는 것이 너무나 매력적인 이야기로 들려요. 위대한 모험 같아요. 그리고 나는 오랫동안 나아가요. 몇 년인 것 같아요. 우리는…… 우리는 원주민과 새로운 물건, 새로운 사람들을 발견해요. 많은 시람들이 바다에서 죽어가고, 시체들은 바다에 던져져요. 많은 사람들이 괴혈병에 걸리고, 병에 걸리고, 토하고, 죽어가요. 우리는 어떤 장소를 찾아요. 에스파뇰라? 무슨 뜻인지 모르겠어요. 피부색이 어두운 사람들이에요.

미라 바다 한가운데에서 그곳을 찾았나요?

웨인 네, 몇 달 후에, 바다에서 여섯, 일곱, 여덟 달을 보낸 후에. 거의 남지 않은 산딸기 같은 열매를 먹고 우리는 드디어 땅에 도착했어요. 나는 턱수염이 자랐어요. 하지만 나는 강해요. 많은 사람들이 죽어가요. 하지만 나는 죽어가지 않아요. 나는 계속 살아남아요.

미라 그곳은 어떻게 생겼나요?

웨인　섬 같아요. 원주민. 많은 나무, 코코넛 나무. 무성해요. 신선한 과일이 많아요. 원주민은 친절하지만 우리는 아니에요. 선장이랑은 그곳 사람들을 포악하고 잔인하게 대해요. 그들이 그런 일을 하다니, 상상하기 어려워요. 나는 그러지 말라고 설득하려고 해요. 그들은 넓적한 칼 같은 걸로 그곳 사람들을 죽여요. 그들은 그곳 사람들에게 이유 없이 잔인하게 굴어요. 그냥 우리와 다르니까. 이해할 수 없어요. 그리고 그들은 배에 짐을 싣지만, 나는 사람을 죽이고 폭력을 쓰는 데는 끼지 않아요. 그 사람들은 아프리카 사람 같아요, 원주민이에요. 우리가 왜 그렇게 그 사람들을 잔인하게 대하는지 알 수 없어요.

미라　그다음에는 뭘 하나요? 탐험을 계속하나요, 아니면 돌아가나요?

웨인　아니에요. 우리는 짐을 실어요. 어떤 사람이 여기가 어딘지를 적어요. 나는 여기가 어딘지 알 수 없어요. 나는 이런 것들을 어떻게 알아내는지 전혀 몰라요. 나는 그들이 바다 한가운데에서 어떤 장소를 어떻게 찾아내는지 알 수 없어요. 하지만 낚시로 많은 물고기를 잡아요. 그리고 우리는 돌아와요. 돌아오는 데 여섯, 일곱 달이 걸려요. 나는 아내를 보고 싶지만 돌아와 보니 그녀를 찾을 수가 없어요.

미라　아내에게 무슨 일이 생겼나요?

웨인　죽었어요.

미라　무엇 때문에 죽었나요?

웨인　가슴에 있는 어떤 병 때문에요. 숨을 쉴 수가 없었어요.

미라 아기를 낳기 전에 죽었나요?

웨인 남자 아이가 있었을 텐데, 아무도 그 아이에게 무슨 일이 일어났는지 몰라요. 두 살. 하지만 뭔가 아는 사람이 아무도 없어요. 그 사람들은 전부 아내가 나를 기다리고 또 기다렸다고 말해요, 하지만 나는 오랫동안 다른 데로 가버렸어요. 나는 이제 훨씬 나이가 들었어요. 백발이 됐어요. 나는 오랫동안 이곳에 없었어요. 10년 동안.

미라 아내를 찾을 수 없고, 아내가 죽었다는 사실을 알고 나니 기분이 어떤가요?

웨인 굉장히 슬퍼요. 굉장히 죄책감을 느껴요.

미라 자, 기운 내세요. 그다음에는 무슨 일이 일어나는지 봅시다.

웨인 나는 굉장히 슬프고 우울해져요. 왜 내 주변에는 이렇게 폭력이 많을까, 살인이 많을까 알아내려고 노력해요. 왜 사람들은 그냥…… 모든 사람이 서로를 해치고 싶어한다니 이해할 수 없는 일이에요. 나는 이 일에 대해 써야 해요. 나는 말해줘야 해요. 이건 정말 공허한 일이에요. 모든 사람이 그렇게 폭력적이고, 모두가 서로를 미워해요. 어디에도, 어떤 사랑도 없어요. 모두 살아남는 데만 급급하고, 다른 사람에게 뭔가를 빼앗으려고만 해요. 사람들에게 이런 얘기를…… 서로 마음을 써주는 것에 대해 이야기하려고 해요. 그리고 그것에 대해서 글을 쓰고 싶어요.

미라 어떻게 그렇게 하나요? 사람들에게 어떻게 이야기하나요? 일대일로 이야기하나요, 아니면 어디에 서서 이야기하나요?

웨인 아니에요. 나는 그냥 이치에 맞을 것 같은 이야기를 써요. 어떻게든 사람들이 그 메시지를 찾아낼 것 같아요.

이런 식인 것 같아요. 언젠가, 누군가 자리를 잡으면 모든 것이 정리되고, 다시 누군가 들어와서 사람들을 죽이고 목을 베기 시작해요. 그래서 나는 항상 당혹스러워요. 나는 알 수가 없어요, 도대체…… 왜 사람들은 서로 이런 짓을 하지요? 나는 혼란스러워요. 사람들이 서로에게 보여주는 잔인함 때문에 항상 혼란스러워요. 자기 가족도, 한 마을에 사는 사람도, 여전히 서로 싸우고 있어요.

나는 이 모든 일 바깥에 있는 것 같아요. 나는 싸우지 않아요. 나는 누구에게도 맞서 다투지 않아요. 나는 그냥 혼자 남고 싶어요. 사람들을 남겨두고, 그 사람들을 자기 식대로 살게 하고, 뭔가를 강요하지 않고요. 아무도 그걸 이해 못하는 것 같아요. 모든 사람에게 낯선 생각인 것 같아요. 사람들은 정말로 나를 미친 늙은이라고 생각해요. 내 말이…….

나는 빛이 있다고 쓰고 있어요. 빛이, 커다란 빛이, 흰 빛이……. 나는 동굴 속에 있고, 그곳에서 나는 조금이나마 평화로워요. 그 동굴의 지붕, 천장을 통해서 빛이 동굴 속으로 들어와요. 나는 그저 거기 앉아 있어요. 그리고…… 어디다 쓰냐고요? 어떤 판 같은 곳에다 써요. 돌 같네요. 이 진리들은 천장을 통과해서 이 빛 안으로 들어오고 있어요. 그리고 나에게 그 진리들은 아주 명백해 보여요. 나는 왜 그런 진리들이 나에게 오는지 알 수 없어요. 마치 나에게 빛으로 통하는 특별한 통로가 있는 것 같아요. 이 빛이 무엇이든지. 이 빛은 정말 밝아요. 지금도 정말로 밝아요. 난 소크라테스가 된 기분이에요. 지금은 알맞은 때가 아닌 것 같아요. 나는 현명한 노인이에요. 여기 흰 턱수염이 있어요. 그리고 흰색의 기다란 옷을 입었어요. 교황이 입을 것 같은 옷이에요. 들어오는 이런 것들은……

미라 진리가 들어올 때 어떤 느낌인가요? 생각 같은 느낌인가요?

웨인 아니오, 그림처럼 들어와요. 사랑이 바로 그런 거죠. 그냥 사랑 말이에요. 그리고 사랑이라는 느낌이 들어요. 그다음엔 그 모든 위선. 이런 걸 아는 사람은 나밖에 없어요. 이걸 아는 사람은 아무도 없어요.

미라 그런 진리를 사람들과 어떻게 나누나요? 여행을 다니나요?

웨인 아니오. 나는 그냥 동굴에 앉아 있는데 이런 지식이 나에게 들어와요. 그 지식은 나를 가볍게 만들어줘요. 아는 것과 비슷하죠. 나는 내가 곧 죽을 것을 알아요. 그리고 이 지식을 어떻게든 남겨야 한다는 생각이 들고요. 이 동굴로 들어오는 진리들을 어떻게 이해해야 하는지, 혼란스러워요.

난 동굴에 있단 말이에요. 내 머리 위에는 동굴 지붕이 있지만 빛은 동굴 안으로 바로 들어와요. 여기는 온통 캄캄한데, 그, 스포트라이트 같은 빛이 있어요. 그 빛은 이렇게, 좁게 시작해서 점점 더 넓어지고 또 넓어지고 또 넓어져요. 이 빛에서 진리가 나와요. 이 모든 진리는 오직 사랑에 대한 거예요. 그저 사랑에 대한 거예요. 내가 볼 수 있는 유일한 단어예요. 사랑. 이 메시지를 저 밖으로 가지고 나가요, 이 메시지를 저 밖으로 가지고 나가요. 당신들은 서로 사랑해야 해요. 이걸 깨달을 수 있다면, 이 모든 고통과 이 모든 죽임, 이 모든 폭력과 이 모든 증오, 아주 간단해요, 이건 나에겐 정말 간단해요. 나는 깨달아요. 그건 마치…… 와우.

내가 해야 할 일은 사람들을 설득하는 일이지만, 그때 내 마음속을 들여다보고는 아무도 믿지 않을 거라는 사실을 알아요. 그건 전부 모든 사람에게 헛소리로밖에 안 들릴 거예요. 아무도 이걸 받아들이려고 하지 않을 거예요. 하지만 당신은 이게 심오한 진리라는 걸 알죠. 당신들은 서로 사랑해야 해요. 서로 사랑하면, 아내도 다시 찾을 수 있고, 여동생도 다시 찾을 수 있어요.

그리고 이제 그녀가 돌아왔어요. 그녀가 돌아왔어요. 나는 그녀의 전 생애가 바로 눈앞에서 펼쳐지는 것을 볼 수 있어요. 내 아내가 돌아왔어요. 그리고 나는 그녀가 미소 짓는 모습을 보면서 그녀가 나를 얼마나 사랑했는지를 느껴요. 그녀는 내가 떠나지 않기를 바랐어요. 내 여동생은 내가 떠나지 않기를 바랐어요. 아버지는…… 너무나 비통해요. 아무도 이걸 이해할 수 없으리라는 사실을 알기 때문이에요. 아무도 이걸 이해하지 못해요.

나는 사람들을 설득할 수 없어요. 그들은 살아남으려고 눈이 시뻘겋고, 누군가 들어와서 자기 것을 가져갈까 봐 두려워해요. 모두 그러기 때문이에요. 그들은 군대를 만들고 이 모든 것들에 대해…… 아주 작고 말라빠진 과일 조각에 대해, 아무것도 아닌 것들에 대해, 자기네들이 가진 얼마 되지도 않는 물건들에 대해, 자기들에게 있는 한 줌의 작물에 대해 증오를 쌓아올려요. 나는 이해할 수 없어요. 그걸 쌓아만 놓지 말고 서로 나누면 어때요? 그러면 당신들은 그걸 몇 배로 늘릴 수 있을 거예요. 이게 그 빛에서 곧바로 들어오는 진리 중 하나예요. 나누면……

미라 나누면 더 많아진다?

웨인 아무도 그걸 이해하지 못해요. 나누면 몇 배로 커진다는 걸. 쌓아만 두면 잃는다는 걸. 그렇게도 간단한데 말이에요. 하지만 그건…… 아무도, 아무도…… 이건 모든 것에 어긋나요. 모두 웃어요. 뭐, 이런 어이없는 생각이 다 있냐. 나누면 잃는 거지. 아니에요. 나누면 더 갖게 돼요. 아무도 그걸 이해하지 못해요. 모두들 다른 사람이 가져가기 전에 자기 것부터 챙기고 싶어해요.

그리고 우리는 사람들을 땅에 묻어요, 우리는 사람들을 죽여요. 머리는 여기에, 다리는 저기에……. 그건 마치…… 나는 그런 장면을 너무나 많이 보았어요. 정말로 확실해요, 이 진리는 정말 확실해요. 이 진리는 정말로, 정말로 확실해요. 당신들은 서로 사랑해야 해요. 자신을 사랑하세요. 서로 사랑하세요. 하지만, 당신들은 그것 때문에 십자가에 매달려 죽게 될 거예요. 비웃음당할 거예요. 따돌림당하고 버림받을 거예요.

지금 되돌아보면 어린아이였을 때도 나는 그걸 알았어요. 나는 누구도 해치고 싶지 않았어요. 나는 그저 사람들을 먹이고 싶었어요. 나는 칼을 들고 엄청나게 해를 끼치고 싶어하는 이 미친 사람들에게 분별 있게 말하고 싶어했어요. 그저 조그만 남자아이가 말하는 것밖에 안 됐죠……. 그들은 나를 죽이고 싶어했고 나를 막았고 멀리 달아나게 했어요. 그 대신 우리 아빠를 죽였어요. 우리 엄마를 어딘가로 데려갔어요. 신은 엄마에게 무슨 일이 일어났는지 알아요.

미라 당신이 동굴 안에 있고 이런 진리들을 받을 때 거기 있는 당신의 모습을 보세요. 그 진리를 어떻게 쓰는지 보세요. 당신의 손을 보고, 당신 앞에 무엇이 있는지 보세요.

웨인 사실 나는 그 진리를 보고 기록하고 싶어요. 하지만 그걸 적는 건 시간 낭비 같은 느낌이 들어요.

미라 그래요. 사람들이 당신을 믿지 않을 테니까?

웨인 아무도 믿지 않아요. 그들은 자기 자신을 돌보는 것밖에 몰라요. 그들은 자기 자신밖에 모르죠. 나눔은 거의 없어요. 그래서 그건…… 내 아들이 왔어요. 나는 그 진리를 적지 않을 거예요. 나는 그걸 적지 않아요. 그냥 아들에게 말해요.

미라 아들을 어떻게 찾았나요?

웨인 아들은 서른 살…… 더…… 마흔 살…… 쉰 살……. 나는 많이 늙었어요.

미라 그래서 아들에게 그 진실들을 말해주나요?

웨인 나는 이것들을 기억하라고 말해요. 이것들은 위대한 진리라고 말이에요. 나누면 몇 배가 된다. 쌓아만 두면 잃어버린다. 남들보다 덜 할수록 더 많이 얻는다. 겸손하고 점잖으며 관대하다면 훨씬 많이 얻는다. 정말이다. 너는 신과 아주 가까워진다. 빛은 이곳으로 들어오는 신이란다. 아주 밝지.

난 빛을 볼 수 있어. 그 빛이 또 들어오는구나. 여기서 이렇게 시작해서 이런 식으로 가는 거야. 이 안에서 헤엄쳐봐. 이 빛에 푹 빠져봐라. 정말 쉬워. 사람들에게 가서 이렇게 쉽다고 얘기해라. 어렵지 않아. 자연스러운 일이란다. 정상적인 일이야. 이건 네가 온 곳이야. 이건 너 자신이야. 네가 누구인지 깨닫고, 그렇게 되어라. 네가 누가 아닌지 깨닫고 그렇게 되려고 해서는 안 돼. 이건 또 하나의 진리란다. 단순하고 또 단순한 진리 중 하나야. 부디 네가 아닌 사람이 되지 말고 너 자신이 되어라.

그리고 너는 너 자신 이외에는 어떤 것도 될 수 없어. 그건 허상이야. 네가 아닌 어떤 존재가 되려고 한다면, 네가 아닌 어떤 존재도 되지 못할 거야. 너는 증오도 아니고, 죽임도 아니야. 그건 너 자신이 아니야. 너 자신이 되어라. 저 다른 것들은 전부 네가 아니야……. 그저 너 자신이 되어라.

내 아들은 혼란스러워 보여요. 그 애는 내가 미친 늙은이라고 생각하는군요. 난 미친 늙은이가 맞아요. 내 주변 사람들은 모두……. 이걸 이해하는 유일한 사람은, 오 세상에, 그 아름다운 여인이에요. 나는 그 여인을 아주 잠시밖에 알지 못했어요. 그리고 난 그 여인을 두고 떠났어요. 그녀는 그걸 알았어요. 그녀는 기다렸어요. 그녀는 가슴에 뭐가 있어서 죽은 게 아니었어요. 그녀는 죽임을 당했어요.

내 아들이 그렇게 말해주었어요. 내가 없는 동안 그녀도 죽임을 당했다고……. 사랑을 잃으면 당신이 사랑하는 모든 걸 잃어요. 사랑을 잃으면 당신이 사랑하는 모든 걸 잃게 돼요. 아주 간단하죠. 그녀는 강간당하고, 죽임을 당했어요. 내 아들은 내가 그 강간범에 대해 어떻게 느끼는지 알고 싶어해요.

"어떤 느낌인가요, 아버지, 당신이 사랑하는 여자를 죽인 사람들에 대해서는?"

빛이 저기 있어요. 당신은 그 안으로 들어가거나 그 주변을 맴돌 수 있어요. 그 안에 들어가면 그곳엔 사랑밖에 없어요. 그 주변을 맴돌려고 하면 그곳엔 어둠뿐이에요. 그 어둠 속으로 들어가면 나는 그 개자식들을 죽이고 싶어져요.

빛 안으로 들어가면, 나는 그 강간범을 사랑해요. 사랑을 잃으면, 그렇죠. 사랑을 잃으면 당신 자신을 잃게 돼요. 당신 자신이 사랑이니까요. 그리고 남은 일생 동안 떠돌아다니며 어둠 속을 헤매고, 그 빛을, 당신을 부르고 끌어당기는 그 빛을 피하려고 하죠. 그 빛은 간절히 그 안에 있고 싶어해요. 그 빛은 너무나 밝죠. 그 빛은 그 밝음으로써 당신을 눈멀게 해요.

당신은 당신이 사랑하는 여자를 죽인 그 사람들을 정말로 사랑할 수 있어요. 아마도…… 아마도 나는 그럴 수 있을 것 같아요, 그게 바로 나라는 사람이니까요. 당신이 사랑할 때 다른 것이 들어갈 자리는 없어요. 사랑한다면 사랑이 아닌 존재 같은 것은 없어요. 사랑은 당신이 주어야 할 모든 것이죠. 당신이 그 스포트라이트에서 떠나면, 이 동굴 안으로 들어오는 그 빛에서 벗어나면……. 그 빛이 이렇게 들어오는 모습이 보이고, 그 주변에는 이렇게 어두운 곳만 보이죠.

당신은 내가 그 어두운 곳으로 들어가길 원해요. 하지만 난 그럴 수 없어요. 나는 그 빛과 똑같으니까요. 그 빛은 나 자신이에요. 그것 때문에 나는 슬퍼지지만, 그게 내가 여기 있는 이유인 것 같아요.

아들은 그녀가 나를 많이 사랑했다고 말해요. 그녀는 기다리고 또 기다리고 또 기다렸고, 나는 그녀의 기대를 저버렸어요. 모험을 좇아야 했기 때문이에요. 나는 새로운 곳들을 찾아내야 했어요. 아들이 자기는 그럴 수 없다고 말해요. 그리고 나는 그에게 말해요. "너는 아직 준비가 되지 않았다. 하지만 그것도 너 자신이란다."

그리고 나는 일어나서 그 빛 안으로 걸어 들어갔어요. 이제 그 빛을 볼 수 있어요. 그리고 나는 아들에게서도 떠났어요……. 혼란스러운 그 애를 남겨두고. 그리고 나는 그 빛 안에 몸을 실었어요. 나는 아들을 내려다보면서 말했어요. "아들아, 그 빛 안으로 아주 조금만 움직여 들어가라. 빛은 너에게서 한 발자국도 안 되는 곳에 있어. 그저 미끄러져 들어가라. 그러면 너는 빛 안에 있게 될 거야. 여기에 빛이 있고 너는 여기에 있다. 그냥 여기로 조금만 움직여봐라. 너는 이만큼만 움직이면 돼."

그 아이가 뭐라고 했는지 아세요? "엿이나 먹어, 이 미친 늙은이

같으니. 난 그놈들을 잡으러 갈 테니까."

이게 다예요. 메스꺼워요. 토할 것 같은 기분이에요.

미라 숨을 크게 들이쉬세요.

웨인 물 마시고 싶어요.

미라 갖다 드릴게요.

웨인 오, 세상에. 오, 이럴 수가.

미라 다시 누우세요. 아주 잘하셨어요. 눈을 감으세요. 이제 그 빛이 모든 감정과 모든 에너지를 흡수하게 하시고, 감정과 에너지가 모두 몸속에서 사라지게 하세요. 전부 사랑으로 변하게 하세요. 전부 치유되게 하세요. 아주 잘하셨어요. 이제 다시 그 동굴로 가서 그 아름다운 빛이 머리 위에 있게 하세요. 그 빛 안에 머물러요. 그 빛이 당신을 감싸도록 하세요. 이제 말해주세요, 아들이 떠난 후에는 무슨 일이 일어나죠?

웨인 글쎄요……. 나는 더 이상 존재하지 않아요. 나는 형상이 없어요.

미라 당신은 모든 걸 볼 수 있죠……. 일어났던 모든 일을요. 이 생애에서 배우고 나누어야 했던 목적이 뭐라고 생각하나요?

웨인 이건 배우고 나누는 일에 대한 게 아니에요. 이건 존재에 대한 거예요. 나는 무언가가 되려고 노력하는 대신 그 존재로 그냥 있는 법을 배워야 했어요. 나는 그 존재로서 있는 법을 배워야 했어요. 그리고 나는 이 생애의 끝으로 이끌려 와서 이해하게 됐어요. 이제 나는 신이고, 신과 함께 있으니까요. 이 모든 게 사소한 일 같아요.

최면이 진행되는 동안 내가 정확히 뭐라고 했는지는 거의 기억나지 않지만, 그 시각적 심상은 아직도 아주 똑똑히 남아 있다. 그것은 내 전생의, 평행 인생의 반영이었을까? 그렇게 짐작만 할 수 있을 뿐이지만, 미라가 이끈 반최면 상태에서 일어났던 일과 내가 말한 것이 강하게 흥미를 끈다. 아니타 무르자니는 최근 편지에서 이렇게 말했다. "불확실함과 모호함의 영역으로 한 발 들여놓으려고 마음먹는 것은 자신을 무한한 가능성을 향해 열어놓는 것입니다." 이 불가사의에 대해 깊이 생각해보는 일은 여러분에게 맡긴다.

질문 7_ 신의 주파수에 맞춰 명상하는가?

『모세의 코드』의 작가 제임스 타이먼은 소리 치유 전문가인 조너선 골드먼(Jonathan Goldman)에게 거룩한 신의 이름을 부호화하는 튜닝 포크(tuning forks, 소리굽쇠나 음차라고도 하며 특정 주파수의 음을 내는 기구로 주로 청력 검사에 쓰임-옮긴이)를 고안해달라고 의뢰했다. 그리고 그 주파수를 이용해서 음악 명상 프로그램을 만들어달라고도 했다. 이 음악들의 바탕은 조너선이 설계한 튜닝 포크다. 이 튜닝 포크의 음은 '나는 곧 나'라고 하는 거룩한 이름의 게마트리아(gematria, 알파벳과 같은 문자 체계에서 문자를 수로 치환하여 단어를 수로 나타냄으로써 의미를 해석하는 일종의 암호 해독법으로 주로 신비주의적 성경 해석 방법을 말한다-옮긴이)와 상응한다. 이 '나는 곧 나'라는 이름은 「출애굽기」에 자세히 기록되었듯이 모세가 불타는 떨기나무와 마주쳤을 때 들은 이름이다.

『모세의 코드』 끝부분에서 타이먼은 특정한 숫자가 단어나 어구에 대응되게 하는 고대 카발라 전통에 맞추어 이 주파수가 어떻게 만들어졌는지 설명한다. 그는 이런 명상용 주파수를 만들어내는 연구에 대해 이렇게 결론 내린다. "'나는 곧 나'에 해당하는 튜닝 포크와 그로 인해서 생겨난 관련 분야는 매우 흥미롭고 자극적인 소리의 경험으로 그 잠재력은 기대할 만하다."

명상은 최상위 자아와 의식적으로 접촉하기 위한 필수적인 훈련이다. 나는 오랫동안 명상을 해왔고 명상의 여러 이점에 대해 『공백 속으로(Getting in the Gap)』라는 책을 쓰기도 했다. 명상용 음악 CD인 「모세의 코드 주파수 명상(Moses Code Frequency Meditation)」을 사용할 때면 이 책의 메시지와 공명하는 깊은 평화를 느낀다. 속으로 '아이엠'이라는 만트라(기도나 명상을 할 때 외우는 짧은 글-옮긴이)를 읊조리고, 내가 마음에 두었던 상태에 이미 도달한 나 자신을 본다. 그러고 나서 모세에게 알려준 신의 이름이자 최상위 자아와의 협력을 영광으로 생각하는 표현이자 신성과 일치하는 소원을 인정하는 '아이엠'을 조용히 되뇐다. 이렇게 영혼을 고양시키는 소리가 방 안에 부드럽게 퍼져나가거나 내 이어폰 속에서 흘러나오면 나는 신과 의식적으로 접촉하고 평온함을 느끼는 의미에서 깊이 호흡한다.

나는 이러한 주파수를 명상의 구성 요소로서 자주 이용해왔다. 지난 1년간은 영적 활동을 실현하여 내 삶에 나타나게 하는 데 이용하기도 했다. 사실 나는 매일 40분씩 의식적으로 신과 조우하는 신성한 명상 수련을 하면서 이 정확한 주파수를 사용한다. 우리 아이들 몇 명에게도 '나는 곧 나'라는 만트라를 외우면서 이 신성한 소리를 듣는 명상을 함께하자고 권했다. 성인이 된 우리 아이들은 이런 경험을 한 번 한 뒤로 이 명상에 푹 빠져, 매일 나에게 다같이 명상할 수 있도록 그 소리를 틀어달라고 부탁하곤 했다.

나는 이 신성한 소리를 「소원을 이루는 명상(I AM Wishes Fulfilled Meditation)」이라는 제목의 CD로 따로 내놓았다. 이 CD에는 세 개의 트랙이 들어 있다. 첫 번째는 이 CD를 이용해서 명상을 하는 방법, 그리고 그 결과 나에게 일어난 일들에 대한 설명이다. 나는 헤드폰을 쓰거나 쓰지 않고서 방 안에 하얀 촛불을 켠 채 매일 이 명상을 한다. 내가 듣기에 이 소리는 신성하다. 나는 '예흐예 아셰르 예흐예(EHYEH ASHER EHYEH)'라는 구절과 관련된 특별한 숫자들에 해당하는 소리들을 재현하기 위해 광범위한 연구와 조사를 벌여준 제임스 타이먼과 조너선 골드먼에게 깊이 감사한다. 이 말은 「출애굽기」에 기록된 내용으로, 모세가 신에게 이름을 물었을 때 신이 대답해 준 말이다. 히브리어인 이 말은 보통 '나는 곧 나'로 번역된다.

이 신성한 소리를 들으며 명상을 하면 나는 물론이고 우리 아이 몇몇도 평온함과 함께 신성과 완전히 하나가 됨을 느낀다. 나는 소원을 성취하는 삶이라는 전체 과정 속에서 일종의 도구로서 거룩한 명상

수련을 하는 동안 이 신성한 주파수가 담긴 소리가 내 주변에서 울리는 것이 좋다.

두 번째 트랙은 「모세의 코드 주파수 명상」을 재구성한 음악으로, 길이는 20분이고 깊은 명상에 쓰이도록 제작되었다. 그리고 세 번째 트랙은 조금 더 활기찬 경험을 위해 기타 반주를 넣은 버전으로 역시 20분 동안 재생된다. 나는 트랙 1의 설명대로 매일 트랙 2와 3을 연속으로 재생하고 '나는 곧 나'라는 만트라를 외우면서 명상을 한다. 이것은 신을 깨달은 상태에서 품는 소원을 우리 삶에 모두 실현하기 위한 아주 강력한 도구다.

요약

1. 스스로 자아 개념을 바꿔라. 즉 자신이 진실이라고 믿어왔던 것을 바꿔라.
2. 항상 자기 존재의 근원과 연결되어 있음을 인식하라.
3. 에고에서 벗어난 관점으로 "나는 창조자다"라고 당당하게 말할 수 있게 하라.
4. 우리가 받은 가장 위대한 선물, 상상을 귀중하게 여기라.
5. 소원이 이미 실현된 것처럼 살아라.
6. 소원이 이루어졌다는 느낌을 받아들여라.
7. 자신의 최상위 자아를 제외한 그 어떤 것이나 어떤 사람에게도 주의가 이끌리지 않게 하라.
8. 잠들기 전에 하루의 마지막 순간을 활용하여 소원이 이루어졌다고 마음속에 강하게 심어라.
9. 모든 가능성에 마음을 열라.

그대는 잠재력을 갖고 태어났다.
그대는 선함과 믿음을 갖고 태어났다.
그대는 이상과 꿈을 갖고 태어났다.
그대는 위대함을 갖고 태어났다.
그대는 날개를 갖고 태어났다.
그대는 기어 다니라고 태어난 것이 아니다. 그러니 그러지 마라.
그대는 날개가 있다.
그것을 사용해서 날아오르는 법을 배우라.
_루미

이 모든 것을 지면에 옮기는, 내가 좋아서 했던 일이 이렇게 끝을 맺는다. 나는 이 책에 인용했던 많은 영적 스승들에게 깊은 감동을 느꼈고 지금도 그러하다.

주석

1_ 원하는 것을 이루기 위해 알아야 할 것들

1 Neville, *The Power of Awareness*, pg. 7. Camarillo, CA : DeVorss Publications, 2005.
2 Neville, *The Power of Awareness*, pg. 12.
3 Neville, *The Power of Awareness*, pg. 9.

3_ 내 안에 살아 있는 신

1 Neville, *The Power of Awareness*, pg. 121.
2 Neville, *The Power of Awareness*, pg. 122.
3 Ascended Master Saint Germain, *The "I AM" Discourses*, Volume 3, Foreword. Schaumburg, IL : Saint Germain Press.
4 Ascended Master Saint Germain, *The "I AM" Discourses*, Volume 3, Discourse 01.
5 Neville, *The Power of Awareness*, pg. 3.
6 Ascended Master Saint Germain, *The "I AM" Discourses*, Volume 3, Discourse 02.

4_ 이미 이루어진 것처럼 상상하라

1 Ascended Master Saint Germain, *The "I AM" Discourses*, Volume 3, Discourse 16.
2 Neville, *The Power of Awareness*, pg. 45-46.

5_ 이미 이루어진 것처럼 살아라

1 Neville, *The Power of Awareness*, pg. 63-64.

2 Neville, *The Power of Awareness*, pg. 10.
3 Neville, *The Power of Awareness*, pg. 11.
4 Neville, *The Power of Awareness*, pg. 69.
5 Ascended Master Saint Germain, *The "I AM" Discourses*, Volume 3, Discourse 21.

6_ 이미 이루어진 것처럼 느껴라

1 Neville, *The Feeling Is the Secret in The Neville Reader*, Camarillo, CA : DeVorss Publications, 2005.
2 위의 책.
3 위의 책.
4 위의 책.
5 위의 책.
6 위의 책.
7 위의 책.
8 위의 책.
9 Neville, *The Power of Awareness*, pg. 46.
10 Neville, *The Power of Awareness*, pg. 82-83.
11 Neville, *The Feeling Is the Secret*.

7_ 원하는 것에만 집중하라

1 Neville, *The Power of Awareness*, pg. 49.
2 위의 책.
3 Neville, *The Power of Awareness*, pg. 50.
4 위의 책.
5 Ascended Master Saint Germain, *The "I AM" Discourses*, Volume 3, Discourse 11.
6 Neville, *The Power of Awareness*, pg. 80.
7 Ascended Master Saint Germain, *The "I AM" Discourses*, Volume 3, Discourse 06.
8 Neville, *The Power of Awareness*, pg. 86.
9 Ascended Master Saint Germain, *The "I AM" Discourses*, Volume 3,

Discourse 16.

10 Neville, *The Power of Awareness*, pg. 24.

8_ 잠재의식 속으로 들어가라

1 Neville, *The Feeling Is the Secret*.
2 위의 책.
3 위의 책.
4 Ascended Master Saint Germain, *The "I AM" Discourses*, Volume 3, Discourse 04.
5 Neville, *The Feeling Is the Secret*.
6 위의 책.
7 Ascended Master Saint Germain, *The "I AM" Discourses*, Volume 3, Discourse 16.

9_ 확신하는 대로 살기 위한 7가지 질문

1 Neville, *The Power of Awareness*, pg. 111-112.
2 Neville, *The Power of Awareness*, pg. 112.
3 Ascended Master Saint Germain, *The "I AM" Discourses*, Volume 3, Discourse 16.
4 위의 책.
5 Ascended Master Saint Germain, *The "I AM" Discourses*, Volume 3, Discourse 26.
6 위의 책.
7 위의 책.
8 Neville, *The Feeling Is the Secret*.
9 Ascended Master Saint Germain, *The "I AM" Discourses*, Volume 3, Discourse 27.
10 Neville, *The Feeling Is the Secret*.
11 Ascended Master Saint Germain, *The "I AM" Discourses*, Volume 3, Discourse 07.
12 Ascended Master Saint Germain, *The "I AM" Discourses*, Volume 3, Discourse 31.

13 Ascended Master Saint Germain, *The "I AM" Discourses*, Volume 11, Schaumburg, IL : Saint Germain Press.

KI신서 5069
확신의 힘

1판 1쇄 발행 2013년 8월 16일
1판 3쇄 발행 2023년 1월 27일

지은이 웨인 다이어 **옮긴이** 김아영
펴낸이 김영곤 **펴낸곳** (주)북이십일 21세기북스
디자인 표지 윤영선 **본문** 윤영선 정란
출판마케팅영업본부 본부장 민안기
출판영업팀 최명열 김다운
출판등록 2000년 5월 6일 제10-1965호
주소 (10881) 경기도 파주시 회동길 201(문발동)
대표전화 031-955-2100 **팩스** 031-955-2151 **이메일** book21@book21.co.kr
홈페이지 www.book21.com **트위터** @21cbook **블로그** b.book21.com

(주)북이십일 경계를 허무는 콘텐츠 리더

21세기북스 채널에서 도서 정보와 다양한 영상자료, 이벤트를 만나세요!
페이스북 facebook.com/jiinpill21 포스트 post.naver.com/21c_editors
인스타그램 instagram.com/jiinpill21 홈페이지 www.book21.com
유튜브 www.youtube.com/book21pub

서울대 가지 않아도 들을 수 있는 **명강의!** 〈서가명강〉
유튜브, 네이버, 팟캐스트에서 '**서가명강**'을 검색해보세요.

ISBN 978-89-509-5010-1 13320
책값은 뒤표지에 있습니다.

이 책 내용의 일부 또는 전부를 재사용하려면 반드시 (주)북이십일의 동의를 얻어야 합니다.
잘못 만들어진 책은 구입하신 서점에서 교환해 드립니다.